꿈의
학교,
헬레네 랑에
Helene-Lange-Schule

상상을 현실로 만든
혁신학교 이야기

꿈의 학교, 헬레네 랑에

Helene-Lange-Schule

에냐 리겔 지음 | 송순재 옮김

COOPERATIVE
착한책가게

한국 독자들에게

이 책이 한국에도 소개된다니 매우 기쁩니다. 모쪼록 교사 여러분, 교장선생님 그리고 학부모들이 이 책을 재미있게 읽으셨으면 좋겠습니다. 그리고 그 가운데서 아이들의 교육과 수업에 도움이 될 만한 의미 있는 내용들을 많이 발견하셨으면 합니다. 무엇보다도 이 책을 통하여 자신의 손으로 학교를 혁신할 수 있다는 믿음과 용기를 갖게 되시기를 바랍니다.

이 책은 기존 수업방식을 고수하던 독일의 한 전형적인 김나지움이, 저마다 강점과 약점을 지닌 학생들 개개인이 중심에 서는 혁신학교로 변화해가는 과정을 그리고 있습니다. 이 같은 개별화된 수업을 하기 위해 우리는 대학에서는 들어보지도 못한 전혀 새로운 방법들을 개발해내야 했습니다. 연필과 종이 그리고 기존의 교과서만으로는 모든 아이들에게 합당한 수업을 제공할 수 없다는 사실을 깨달았기 때문이지요. 우리는 머리뿐 아니라 가슴과 손 그리고 우리의 모든 감각을 이용한 수업을 하고자 했습니다. 학생들이 더는 수동적인 가르침의 대상이 아니라 스스로 질문을 던지고 탐구하는 주체로서, 학교문 밖 실제 삶의 현장으로 나가보고, 연극을 하고, 실험을 하고, 작업실에서 아름답고 쓸모 있는 물건을 만드는 등의 활동을 통해 전인적인 배움을 얻어야 한다고 생각했습니다.

한마디로, 배움은 될 수 있는 한 모든 아이들에게 하나의 도전이 되어야 한다는 생각입니다. 그래야만 그 안에서 성장할 수 있기 때문이지요. 이는 오로지 각 학년의 교사들이 하나의 팀으로서 긴밀한 연대를 이루고, 어떻게 하면 천차만별의 학생들과 함께 좋은 수업을 만들어나갈 수 있을까 하는 과제 앞에서 다시 한 번 공부하는 자세로 임했기 때문에 가능한 일이었습니다.

이러한 노력은 학생들의 기쁨과 관심 그리고 매우 훌륭한 학업성취도라는 열매로 돌아왔습니다. 헬레네 랑에 학교는 2000년 국제학업성취도평가(PISA) 연구에서 독일 내 최우수 학교로 선정되었습니다.

저는 최근 한국에서도 기존의 학교를 새로운 시각에서 변화시키고자 하는 용기 있는 시도들이 도처에서 이루어지고 있다는 소식을 들었습니다. 이를 위해 부족하나마 이 책이 작은 동반자가 될 수 있다면 더할 나위 없이 기쁘겠습니다.

2011년 10월
에냐 리겔

한 해 전 저는 '저의' 학교에게 작별을 고했습니다. 이 학교 또한 저와 작별하였지요. 저는 6일 동안 모든 학년에게서 연극, 노래, 춤, 강연, 그리고 이야기 마당 등이 펼쳐진 행사에 초대를 받았습니다. 마치 참여한 모든 선생님과 학생들이 제가 언젠가 이 작별의 날들을 되돌아보며 아름다운 기억을 간직하기를 바라는 듯했지요. 그들은 저와 함께 그들의 학교와 그들 자신을 위해 축제를 벌였습니다. 마지막에는 학교에 몸담고 있는 모두와 참여한 모든 손님들을 축복하는 '공식적인' 축제가 있었습니다. 유쾌하면서도 애석한 시간이었지요.

저에게는 쉽지 않은 작별의 시간이었습니다. 이 책의 내용을 조금 훑어보신 분은 그 까닭을 짐작하실 수 있겠지요. 저는 십구 년간 헬레네 랑에 학교의 교장으로 일했습니다. 그 시간을 돌아보건대, 이 학교는 제 인생의 한 부분으로, 제가 그 어떤 것과도 비교할 수 없이 열정을 쏟아부은 곳이었습니다. 방학 중에도, 심지어는 꿈에서까지 말이죠. 학생과 교사, 그리고 학부모들과 함께 저는 이 학교에서 이룬

성취에 기뻐하고 실패에 안타까워했고, 길을 돌아가기도 했으며, 막다른 골목에 처한 듯하다가도 결국에는 아름답게 해결되어가는 여러 상황들을 겪었습니다. 성심을 다한 후원과 흔들리지 않는 연대감(때로는 전혀 예상치 못한 경우도 있었죠.)을 경험할 수 있었던 반면, 불신과 상황에 따라서는 노골적인 적대감 또한 맞닥뜨려야 했습니다. 저는 또한 자신감이 무너져 내려 일을 그만두고 싶다는 마음이 들 때마다 끊임없이 제 자신과 맞서야 했습니다. 이를 이겨낼 수 있었던 것은 바로, 이 모든 것이 "의미 있다!"라고 말할 수 있는 날들과 시간들을 온몸으로 체험하였기 때문입니다. 한 발짝 물러나 되돌아보건대, 이 모든 것은 참으로 '아름다운 시간들'이었습니다. 저는 이 과정에 함께한 많은 이들이 저와 한뜻이기를 바랍니다. 아니, 그러하리라 믿어 의심치 않습니다.

시간이 흐르면서 저는 점차 이 모든 일이 어떻게 가능했는지 이해하게 되었습니다. 우리에게는 '꿈'이 있었습니다. 요새는 이를 '비전'이라고도 하더군요. 처음에는 이 꿈이 안개 속에 가려져 있는 듯했습니다. 첫 십 년간 우리가 얻은 중요한 깨달음은 바로, 여러 시도와 실패의 경험들을 거치면서도 이 꿈이 그 신비를 잃지 않고 점점 구체화되고 탄탄해졌다는 사실입니다. 우리는 학생과 교사가 날로 새로운 경험을 할 수 있는 그런 학교를 꿈꾸었습니다. "내가 이곳에 있어 참 좋다."라고 느껴지는 곳 말입니다. 자신이 하고 있는 일이 비록 어렵고 힘들더라도, 아니 그러한 장벽이 앞에 있기에 오히려 참으로 의미 있고 즐겁다고 모두가 느끼기를 바랐죠. 저는 제가 다른 이들과 함께 일구어낸 일이 참으로 자랑스럽습니다.

우리는 물론 좌절의 경험 앞에서 실망도 했고 심지어 의심도 했습니다. 이 같은 순간마다 우리에게 다시 한 번 힘을 모아 새롭게(설령 새로운 길이라 할지라도) 길을 걸어갈 수 있는 힘을 준 것은 다름 아니라 이 꿈과 그 첫 열매들이었습니다.

이 책에는 우리가 꾸었던 꿈이 현실이 되어가는 과정이 담겨 있습니다. 이 책이 특히 다른 학교의 학부모, 교사회 그리고 교장들에게 새로운 발걸음을 향한 희망을 주었으면 하는 바람입니다. 또한 이 책에 나와 있는 대로 저에게 이토록 아름다운 나날들을 선사해준 헬레네 랑에 학교에 감사의 마음을 전합니다.

옮긴이의 말

　이 책은 1980년대 중반을 기점으로 학교 혁신을 시도하여 이제는 독일은 물론 유럽을 비롯한 여러 나라에도 널리 알려지게 된 헬레네 랑에 학교에 관한 이야기다. 헬레네 랑에 학교에 대해서는 옮긴이가 1990년대 말 교육전문지 〈처음처럼〉에 처음 소개한 뒤 《유럽의 아름다운 학교와 교육개혁운동》(2000)의 첫 장에서 그 개요를 본격적으로 소개한 적이 있다. 그리고 2011년 5월 서울에서 열린 '제1회 학교혁신 국제 심포지엄'에서도 소개되어 우리나라 교사들에게는 그리 낯설지 않다.

　헬레네 랑에 학교는 5~10학년(10~16세) 학생들이 다니는 종합학교다. 2012년 현재 재학생은 620명가량 되고 각 학년은 4개 반으로 모두 24반(학급당 인원수는 26명가량)이다. 학년마다 각각 6~8명의 교사팀이 맡아서 가르친다. 1980년대 중반에 부임한 에냐 리겔 교장의 주도하에 20년 이상 지속적으로 전개되어 온 이례적인 혁신 작업으로 이 학교는 독일은 물론 국제적으로도 널리 알려지게 되었다.

흥미진진하지만 험난한 혁신의 과정에서 헬레네 랑에 학교가 거둔 성과들은 이미 초기에 전문가들 사이에 회자될 만큼 인상적 면모를 보였으며, 방문객들이 줄을 잇기 시작했다. 이에 따라 학교 차원에서 학교를 소개하기 위한 소소한 자료들을 마련했으나, 시간이 지나면서 그 실제에 대해 좀 더 포괄적으로 소개할 필요가 있었다. 이런 취지에서 1997년《만들고 행동하고 표현하라 - 독일 공립학교의 개혁 모델, 헬레네 랑에 학교의 교실 혁명》(이승은의 한국어 역본, 2011)이 출간되었다. 이 책의 저자는 게롤트 베커 외 세 사람으로 되어 있지만, 실상 이들은 혁신 과정과 저술 활동에 참여한 수많은 사람들을 대표한 것에 지나지 않는다. 이는 이 학교를 혁신하는 일에 시동을 걸고 그 주축을 만들어낸 것은 에냐 리겔 교장선생님이지만, 수많은 동료 교사, 학생, 학부모들의 역할과 참여 역시 같은 중요성을 지니고 있음을 말해주는 것이다.

에냐 리겔 교장은 20여 년 동안 이 학교에서 일했다. 그리고 2003년 2월 퇴직한 뒤 학교의 주요한 면면들을 보여주기 위해 책 한 권을 준비했는데, 이 책이 바로 그것이다. 이전의 책이 여러 저자들의 다양한 시각을 모아 체계적으로 펴낸 것이라면, 이 책은 가능한 한 에냐 리겔 자신의 눈과 필치로 주요 국면을 이야기 식으로 쉽게 풀어낸 것이다. 내용상 이전 책에 상당 부분 의거하고 있기도 하다. 하지만 이 책은 시기적으로 몇 년 뒤에 나온 것이고 그 사이 학교도 변화를 거듭했기 때문에, 새로운 내용 또한 적지 않다. 더 중요한 것은 한 사람이 자신이 몸담았던 현장에서 발을 뗀 뒤, 시공간적으로 멀찍이 떨어져서 그 현장을 되돌아보며 성찰하는 마음으로 이야기를 풀어낸 것이라 여러

면에서 감흥을 자아낸다.

헬레네 랑에 학교는 이제 하나의 유력한 혁신학교 모형으로 자리 잡게 되었다. 하지만 자세히 들여다보면 이를 위해 역사상 선구적이라 할 만한 고전적 모형들과 현대적 시도들, 이를테면 프레네 학교, 몬테소리 학교, 슈타이너 학교, 예나 플랜 학교 등을 비롯해 빌레펠트 실험학교, 카셀 발다우 종합학교, 오덴발트 학교 등이 그 길잡이가 되었음을 알 수 있다. 여러 이론과 실천들이 어떻게 한 학교 안에서 의미 있게 전개될 수 있는지를 보여주는 좋은 사례이기도 한 것이다.

혁신학교 만들기에는 두 가지 길이 있을 것 같다. 하나는 가능한 한 하나의 완결된 모형을 찾아가는 것이고, 다른 하나는 그때그때 떠오르는 착상들을 한데 모아 실현해보는 것이다. 하지만 무엇보다 중요한 건 단순한 모방이 아니라 '자기 자신만의 작품'을 만들어내는 것이다. 이 점에서 헬레네 랑에 학교가 시사하는 바는 매우 크다. 그 안에서 여러 모형 이론과 착상들이 작용했지만 결국에는 이런 것들을 자기 자신의 작품이 되도록 만들어냈기 때문이다. 혁신학교를 꿈꾸는 우리나라 교사들에게도 충분히 시사적인 대목이다.

이 책은 중국어로도 이미 번역되었다. 이는 어떤 점에서 보면 동아시아권에서 교육의 향배를 짚어볼 수 있는 하나의 단서를 뜻할 수 있다. 우리나라에서 신자유주의적 경쟁교육은 이미 도처에서 그 한계를 드러내고 있다. 학교 패러다임의 전환에 대한 목소리는 그 어느 때보다 거세다. 그런 뜻에서 헬레네 랑에 학교를 하나의 매우 신뢰할 만한 대화 상대자로 소개하고 싶다.

지면을 빌어 번역의 기본 얼개를 잡고, 까다로운 용어들을 우리말로 옮기는 과정에서 요긴한 도움을 주었으며, 번역 원고 전체를 읽어준 사랑하는 딸 진영에게 많은 고마움을 표한다. 이 책은 착한책가게 출판사의 적극적 관심과 참여 없이는 빛을 볼 수 없었을 것이다. 사장님과 편집진 여러 선생님들의 도움과 노고에 심심한 감사의 말씀을 드린다.

2011년 겨울 삼각산 자락에서
송순재

일러두기

1. 독일의 학제는 다음과 같다.

초등학교 Grundschule
모든 아이들을 위한 기초 교육을 제공하는 4년제 학교.

김나지움 Gymnasium
대학 진학을 목표로 하며 중등교육단계 I (5~10학년)과 II (11~13학년)를 포괄한다. 전통적으로 세 가지 유형, 즉 고전어 김나지움, 현대어 김나지움, 수학·자연과학 김나지움이 있으며, 드물게 음악, 경제, 사회과학 김나지움도 있다.

레알슐레 Realschule
기본적으로 대학 입학을 목표로 하지 않는 학교로, 중등교육단계 I 에 해당하는 실업학교[6년제: 5~10학년(우리나라 고등학교 1학년 수준)]다. 주에 따라 레알슐레와 하우프트슐레가 합쳐진 경우도 있다. 졸업 후 보통 직업훈련을 받거나 직업전문대학으로 진학하며, 성적이 좋을 경우 10학년에서 김나지움 상급단계(II)로 진학할 수 있다. 레알슐레와 김나지움의 차이는, 레알슐레에서는 실제 생활과 관련된 교과를 배치하고 제2외국어를 가르치지 않는다는 점이다.

하우프트슐레 Hauptschule
직업교육을 위한 학교로 중등교육단계 I 에 해당[5 혹은 6년제로 주에 따라 다름. 5~9/10학년(우리나라 중학교 3학년 혹은 고등학교 1학년 수준)]하며 레알슐레나 김나지움에 입학하기에 성적이 부적합하거나 재능이 다른 학생들이 입학한다. 학업종료 단계에서 '도제 수업'을 받아야 하며, 졸업자격을 갖춤과 동시에 '도제로서 일하기 위한 자리(Lehrstelle)'를 찾아야 한다. 학업종료 단계에서 재능이 인정될 경우 레알슐레나 김나지움으로 진학할 수 있다.

종합학교 Gesamtschule
김나지움, 레알슐레, 하우프트슐레 세 개의 학교 유형을 하나로 합하여 모든 아이들이 5~6년간 함께 다니도록 한 학교다. 대학 진학을 목표로 하는 경우 2~3년 더 학교에 다닐 수 있으며, 직업세계에 진출하려는 학생들의 경우 9학년을 마친 뒤 수공업이나 공장 일을 위한 교육을 받거나, 장래 수공업 분야나 산업 분야에서 마이스터(匠人, Meister)가 되기 위한 과정(3년간)을 밟는다. 두 가지 유형이 있는데, 하나는 '협력형 종합학교'이고 다른 하나는 '통합형 종합학교'다. 협력형 종합학교는 5~10학년 과정에서 우수, 중간, 하위의 세 등급에 따라 학생들을 분류하되 이 세 등급의 학생들을 하나의 지붕 아래 두고 가르치는 형태이고, 통합형 종합학교는 모든 학생들을 소질과 성취도에 상관없이 한울타리에서 가르치는 형태를 말한다.

2. 독일의 학제와 그 흥미로운 최근 상황에 대해서는 송순재 편저인 《대학입시와 교육제도의 스펙트럼》(학지사, 2007, 199~257)과 박성숙의 《독일 교육 이야기 - 꼴찌도 행복한 교실》(21세기북스, 2010)을 참조하기 바란다.

차례

01 아이들에게 말할 기회를 주기

읽기와 쓰기 배우기*

"네 공책을 보여주렴." 토마스**는 반응이 없다. 토마스의 선생님은 다른 아이들이 눈치채지 못하게 수업이 끝난 뒤 토마스를 자기 방으로 불렀다. "선생님도 네 나이였을 때는 다른 사람들 앞에서 내가 쓴 글을 소리 내어 읽지 못했단다." 토마스의 눈에 눈물이 고였다. 토마스는 자기 공책을 선생님에게 내밀어 보였다. 날짜별로 짤막한 글이 적혀 있었는데 그 가운데 읽을 수 있게 쓴 글은 하나도 없었다. 단 한 낱말도 바르게 쓴 것이 없었다.

토마스는 특수한 경우가 아니다. 우리 학교 5학년 학생 성적표에 다음과 같이 적혀 있는 경우는 흔한 일이다. "국어 성적에서 마르틴

---

* 이 장의 일부는 저자가 슈피겔지에 게재한 글, "부모와 함께 글 읽기 Mit den Eltern Klartext lesen, (22/2002, 66쪽부터)"에서 따왔다.

** 이 책에 나오는 학생과 교사의 이름은 모두 가명이다. 단, 학교의 의미와 관련하여 실명이 거론되는 것이 옳고 중요하다고 판단되는 경우에만 예외로 하였다.

17

의 맞춤법 성적은 반영되지 않았다(맞춤법 오류 여부와 상관없이 내용만을 보고 성적을 평가했다는 뜻–옮긴이)." 또는 "베레나는 맞춤법에 특히 노력이 필요하다." 토마스의 부모는 자기 아이가 사실은 영민한데 유독 "맞춤법에서 약간 모자란다"며 걱정 어린 말을 내비친다. 요사이 우리 학교 신입생 가운데 읽기와 쓰기에서 눈에 띄게 어려움을 겪는 학생이 20퍼센트에 이르기도 한다. 아이들 성적표에 '읽기·쓰기 능력 부족'이라고 쓰인 확인서가 덧붙여지는 경우가 점점 늘고 있으며, 아이들이 소아과의사, 학습심리상담가, 언어치료사에서 (고가의) 사설 학원에 이르기까지 전문가들을 찾아 전전한 기록을 흔히 볼 수 있다.

열 살인 토마스는 쓰기를 전혀 못 한다. 이러한 아이들은 이야기는 아주 잘하면서도 그 내용을 종이에 옮기는 데는 어려움을 느낀다.(나는 지금 고작 몇 개의 실수에 대해 이야기하는 것이 아니다!) 자신이 굉장히 중요하게 여기는 주제에 대해서도 그것을 써보라고 하면 어려워한다. 그리고 이를 못 하기 때문에 싫어한다.

국제학업성취도 평가(PISA) 연구에서는 독일의 15세 학생 중 10퍼센트가량을 이른바 '실질적 문맹', 다시 말해 수십 개 이하의 단어밖에는 읽거나 쓰지 못하는 경우로 기록하고 있다. 그밖에 13퍼센트가량은 고작 '초등학교 초급단계 수준' 정도의 읽기 능력을 보이는 것으로 파악된다. 이 둘을 합친 23퍼센트에 이르는 수가 연구에서 이른바 '잠재적 위험집단'으로 분류된다. 몇 해 전까지만 하더라도 독일에서 이런 경우는 아주 특수한 사례였다. 하지만 이제는 우리 교사들 사이에서도 '집단'이라는 말을 쓰기 시작했다.

빈 교실에 토마스와 담임교사가 틀린 문장으로 가득한 이야기가 적힌 공책을 앞에 놓고 앉아 있다. 담임선생님이 공책을 덮으며 말한다. "오늘 네가 생각한 이야기를 내게 말해주겠니?" 처음에는 더듬더듬, 그러더니 점점 자연스럽게 토마스는 검치호와 영양의 우정에 대해 이야기를 풀어가기 시작했다. 선생님은 종이에 적으면서 이야기를 듣는다. 토마스가 이야기를 마치자 선생님은 그 종이를 토마스에게 건네준다. "내일까지 네 힘껏 이대로 따라 써오렴." 이튿날 아침 토마스는 최선을 다해 끼적거린 글을 선생님에게 제출했다.

예전에는 특수한 사례에 그치던 일이, 오늘날에는 적지 않은 아이들과 청소년들에 해당한다는 점에서 우려의 목소리가 커지고 있다. 직업생활과 일상생활에서 '문자언어 능력'에 대한 요구가 커지는 반면, 초등학교에서 학생 대부분이 제대로 읽고 쓸 수 있는 능력을 갖추도록 하는 교육은 더 이상 성공을 거두지 못하고 있는 듯하다. 왜 그럴까? 아이들이 더 멍청해졌거나 초등학교 교육수준이 떨어졌기 때문은 아니다. 오히려 정반대다! 그렇다면 왜 이런 일이 벌어진 것일까?

대다수 아이들에게 읽기와 쓰기 공부는 아주 버거운 일이다. 짐작건대, 읽기와 쓰기에 대한 동기를 부여하는 가장 중요한 곳은 가정이다. 아이들이 집에서 읽기와 쓰기가 정말 중요하고 쓸모 있으며 심지어 달콤한 것이라는 사실을 경험하면, 아이들은 자연스럽게 스스로 배우려 한다.

반대로 집에서 어른들이 되도록이면 쓰기와 관련된 일을 줄이고자 한다면 어떨까? 할아버지의 생신카드가 전화 한 통화로 대체되고, 읽는 행위가 집안에서 하나도 중요한 일이 아니며, 책을 둘러싸고 진지한 이야기가 오간다거나 어떤 책에 매료되어 이야기를 나누는 풍토가 없다면, 아이들이 어떻게 책을 읽고 글을 쓰는 것이 중요하고 멋진 일이라 여기겠는가?

오늘날 대중매체는 이 같은 안타까운 현실을 부추기고 있다. 텔레비전 영상과 인터넷에 올라오는 글들 역시 진지함이 없고 겉핥기식이다. 대체로 텔레비전에서 방영되는 영상 장면들은 점점 빨라지고 그 내용들은 점점 비슷해져 간다. 이렇게 되면 시청자가 프로그램에 집중하기가 어려워진다. 하나의 프로그램에 집중하기보다는 이리저리 채널을 바꾸는 행동을 거듭 보이게 된다. 혹 조금 어려운 내용이 나오기라도 하면 기다리기보다는 재빨리 재미있는 프로그램으로 채널을 돌려버린다.

토마스는 또래 아이들과 마찬가지로 재기 발랄한 이야깃거리와 상상력이 넘치는 아이다. 토마스의 상상 속에서는 유령이 나타나기도 하고, 영웅이 난관을 헤쳐나가기도 하며, 서로 적이었던 이들이 함께 모험을 하며 친구가 되기도 한다. 하지만 이런 이야기들을 다른 사람들도 읽을 수 있게끔 종이에 적는 데는 어려움을 많이 느낀다. 그래서 담임선생님은 시험 삼아, 쓰기에 큰 어려움을 겪는 아이들에게 효과가 있는 것으로 밝혀진 방법을 토마스에게도 적용해보기로 했다. 바로 수업시간에 타자기를 갖고 들어간 것이다. 이내 토마스는 타자기를 쳐보겠다고 맨 먼저 자원했고, 자기 글을 한 글자 한 글자 올바르게 쳐내려 가기 시작했다. 다 치고 나서 토마스는 처음으로 친구들 앞에서 자기 이야기를 읽겠다고 손을 들었다. 이런 식으로 아이들이 자기 글을 반 친구들 앞에서 읽는 것이 하나의 의식으로 자리를 잡았다. 아이들은 교실 앞쪽에 있는 발언대에서 자기 글을 읽는다. 보통 아이들은 모두 누군가 발표하는 이야기를 귀 기울여 듣고 발표가 끝나면 어김없이 박수를 친다. 아이들은 경험상 다른 사람들 앞에 서는 것이 얼마나 어려운지 알고 있다. 토마스는 상기되어 더듬더듬 자기가 쓴 글을 다른 아이들 앞에서 읽어내려 갔다. 토마스는 반 친구들에게 큰 호응을 얻었다. 대부분의 아이들이 토마스의 이야기를 마음에 들어 했던 것이다. 이렇게 아이들이 발표한 글들은 보통 한데 묶어서 보관한다. 한 해가 끝날 무렵에는 학급마다 이렇게 모은 이야기들을 엮어 하나의 책으로 만든다. 토마스의 글도 함께 엮어내게 될 것이다.

글쓰기의 동기

자연스럽고 거침없이 그리고 즐기면서 글을 읽고 쓰는 것은 보통 많이 읽고 씀으로써 배우게 된다. 따라서 좋은 학교란, 글을 읽고 쓰는 것(게다가 '아름다운' 글을 쓰는 것)이 얼마나 중요하며 가치 있는 일인지 끊임없이 상기시킴으로써 아이들에게 글쓰기의 동기를 부여하는 학교다. 다시 말해 각양각색의 아이들이 그들 방식대로 글쓰기의 의미를 느낄 수 있도록 해야 한다. 이는 초등학교에서 글쓰기 능력을 제대로 키우지 못한 아이들에게도 해당한다. 특히 집에서 독일어를 쓰지 않는 아이들의 경우 혹은 부모 자신이 읽고 쓰지 못하는 가정의 아이들인 경우에는 더욱더 그러하다.

우리 경험에 따르면, 잘못된 글자를 바로잡는 데 목표를 두고 정기적으로 이루어지는 '받아쓰기 시험'은 오히려 문제가 있다고 판단된다. 맞춤법에 어려움을 겪는 아이들의 약점을 부각시킴으로써, 이런 아이들에게서 글쓰기의 재미를 앗아가기 때문이다. 토막글(일정한 주제를 담은 짧은 글 – 옮긴이)을 쓰는 경우에도 마찬가지다. 이 같은 형식의 글은 글을 쓰는 이가 독자들에게 이야기하고 싶은 것을 자신만의 언어로 전달하는 것이다. 이러한 글쓰기는 어른들에게도 쉽지 않다. 글쓰기를 처음으로 배우고 이와 같은 기법을 처음 시도하는 사람들은 반드시 한 가지 경험을 하게 된다. 즉, 내가 하고 싶은 말을 다른 사람들도 이해할 수 있도록 풀어내는 경험이다. 나 자신 역시 반 년 전보다는 지금, 글쓰기를 훨씬 더 정확하고 매끄럽게 할 수 있다고 느낀다. 처음부터 맞춤법이 맞는지 틀리는지에 지나치게 큰 비중을 두다 보면, 많은 이들이 '자유로운 글쓰기'의 정신을 잃어버리고, 의무가 아닌 한 더는 아무것도 쓰지 않으려고 하게 된다. 이것이야말로 우리가 학교에서 글쓰기를 배우는 근본목적에 반하는 것이 아니겠는가!

읽기와 글쓰기에 흥미를 잃은 아이들까지 아우를 수 있는 좋은 방법이 있다. 즉, 벽보, 학급일지, 아이들이 쓴 희곡을 연극으로 공연하기, 교사와 학생 간의 편지교환 혹은 함부르크와 오버암머가우에 있는 학교들과의 학급 간 편지교환이 그 예다. 또 아이들이 쓴 글을 직접 책으로 엮는 방법도 있다. 자신이 쓴 글들 중 상당수가 '공개적으로 제시되거나 출판'되기 때문에, 아이들도 '바르게' 쓰기 위해 노력할 것이다. 글쓰기에 약한 아이들에게 '교정'을 보도록 하는 것 또한 글쓰기 연습을 할 동기를 불러일으키기에 좋은 예다. 이 과정에서 아이는 맞춤법에 자신이 있는 다른 친구들에게 어떻게 하면 '바르게' 쓴 것을 분별해낼 수 있는지 물어볼 수 있다.

타자기 하나로 시작된 일이 토마스와 그 반 아이들에게 오전시간의 중요한 일과로 자리 잡았다. 이내 교실 앞 공간에 타자기를 하나 더 놓았는데, 이는 타자기 두드리는 소리가 다른 아이들에게 방해가 되지 않도록 하기 위해서였다. 곧이어 담임선생님은 그 옆에 필요한 장비를 모두 갖춘 작은 인쇄소(인쇄시설이 있는 작은 공간 – 옮긴이)를 마련했고, 아이들은 인쇄기술을 배울 수 있게 되었다. 활자(네모기둥 모양의 금속 윗면에 문자나 기호를 볼록 튀어나오게 새긴 것 – 옮긴이) 하나 하나를 정렬하고, 제대로 놓였는지 거울에 비춰 다시 한 번 확인한다. 그러고 나서 인쇄판을 정비하고 잉크를 칠한 뒤 시범으로 한 장을 인쇄한다. 인쇄물을 보고 다시 한 번 확인해 잘못된 부분이 있으면 바로잡고, 모든 것이 완벽하다고 판단되면 50에서 100장을 인쇄한다. 그리고 이렇게 해서 완성된 인쇄물은 걸어두어 말리고 활자들은 깨끗하게 닦아 다시 상자에 넣어둔다. 2주마다 '자유글쓰기(아이들 스스로가 각자 주제와 문체, 글의 분량 등을 자유자재로 정한 데서 붙은 이름)'를 한 작품씩 쓰고, 이 과정을 거쳐 선정된 글들이 인쇄, 출판된다. 아이들이 쓴 글을 모아 책으로 엮는 과정은 일주일가량 걸리며 학급 아이들 모두가 참여한다. 첫 번째에 실린 글은 토마스가 많은 정성을 들여 쓴 '검치호와 영양의 우정'에 관한 이야기였다. 마침내 이 학급의 모든 아이들은 자신들이 쓴 스물다섯 개의 이야기가 담긴 책을 손에 쥐게 되었다. 이게 다가 아니다. 이 책은 그 뒤 마인츠 소책자 박람회에서 성황리에 판매되는 성과를 거두었다. 1쇄 발행본 100부를 판매하기 위해 아이들이 직접 나섰는데, 사람들에게 뜨거운 호응을 얻어 6학년 말경까지 3쇄를 더 발행해야 할 정도였다.

이 같은 자유글쓰기야말로 '아이들에게 말할 기회를 주기'에 더할 나위 없이 적합한 방식이다. 1920년대 프랑스의 대표적인 개혁교육가였던 셀레스탱 프레네(Célestin Freinet) 역시 이러한 글쓰기를 특별히 강조하였다. 아이들에게 타자기, 인쇄시설 또는 컴퓨터를 마련해줌으로써 자기들이 쓴 글을 전문적으로 발행할 수 있도록 해주는 것이다. 자기가 쓴 글이 독자에게 읽히고 진지하게 받아들여진다는 사실을 경험하게 되면, 아이들은 자신감이 생기고 글 쓰는 즐거움을 만끽하게 된다. 따라서 우리 학교에서 이런 식의 자유글쓰기는 교사가 정한 주제에 대하여 서술, 요약, 결론 그리고 논박에 이르기까지 기존 형식에 의거한 글(우리 학교에서는 당연히 이러한 글 역시 가르치고 연습한다)과 위상이 같다. 자유글쓰기 작품을 반 아이들 앞에서 발표한 뒤에는 공동 '작업'을 거친다. 다시 말해서 반 아이들이 그 글을 놓고 함께 수정사항을 제안할 수 있다는 뜻이다. 글을 쓰는 저자는 연애소설이나 모험담 등의 이야기를 쓰는 청소년들이다. 어떤 아이들은 장편소설을 쓰기도 하고, 미처 주제를 정하지 못한 아이들은 다른 아이들의 아이디어를 빌리기도 한다. 아이들이 공책을 서로 바꾸어가며 읽고 비평하는 일은 흔히 볼 수 있는 일이다. 시간이 지남에 따라 거의 모든 아이들이 좋은 글은 어떤 조건을 지녀야 하는지에 대한 자기만의 기준을 형성해가는 것을 볼 수 있었다. 어떤 아이들은 자기가 쓴 글을 학급 도서관에 있는 다른 책들과 비교해가면서 '진짜 글쟁이'들이 어떻게 글을 쓰는지에 대한 호기심을 키우기도 한다. 그밖에도 아이들은 이야기라는 형식을 통해, 그것이 자기 이야기라는 것을 직접 밝히지 않으면서도 자신들이 맞닥뜨린 문제가 무엇인지 은연중에 드러낸다. 따라서 글을 통해 아이들의 삶을 엿볼 수 있다. 디어크는 우수하고 겉으로 보기에 아무런 문제가 없는 학생이지만 친구가 없다. 한 자유글쓰기에서 디어크는 오후에 늘 혼자 집에서 시간을 보내야 하는 플로리안이라는 아이의 그리움과 외로움에 대한 이야기를 썼다. 릴로가 쓴 이야기의 배경은 오스트레일리아인데, 여기서 주인공은 여섯 명의 남매를 돌봐야 하기 때문에 종종 다른 친구들과 놀러 가지도 못하고 가끔은 숙제도 해가지 못한다. 이런 경우 아이에게 어떤 문제가 있는지 엿볼 수 있다.

　다른 사람들 앞에서 자기 이야기를 읽는 것은 아이들에게 커다란 경험이다. 특히 이 과정이 아이들이 스스로 글을 쓰고 발표하는 데 자신감을 불어넣어 주는 분위기 속에서 이루어질 때 더욱 그러하다. 이 같이 수업시간에 정기적으로 아이들이 글쓰기를 하게 하려면 많은 시간이 필요할 뿐 아니라, 모든 아이들이 똑같은 것을 똑같은 시간에 하도록 강요할 수 없다는 점에서 특별한 틀을 갖추어야 한다. 학생 개개인의 읽기와 쓰기 능력은 종전의 직접적인 평가방식으로는 드러나지 않는다. 토마스의 경우 맞춤법 실력은 물론 좋아졌지만, 단 한 번 자기 글을 한 자 한 자 인쇄판에 끼워 넣은 경험만으로 완벽해진 것은 아니다. 그래도 토마스는 몇 해 동안 꾸준히 연습하고 다른 친구들이 자기가 쓴 글을 즐겨 읽는다는 경험을 함으로써 자신감을 회복하고 글쓰기를 포기하지 않게 되었다. 이에 비추어볼 때 학교 수업에서 아이들이 읽기와 쓰기에 대한 호기심과 기대 그리고 즐거움을 느끼도록 환경을 조성하는 것은 의미가 있다. 읽고 쓰는 것을 좋아하는 사람은 이를 지속하는 법이다.

이를 위한 방법을 새로 고안해내야 하는 것은 아니다. 우리 학교 역시 이미 다른 학교들에서 실험적으로 운영했던 방식을 빌려왔다. 예를 들면, 자유글쓰기는 매우 오랜 전통이 있는 방식이다. 적어도 개혁교육학(19세기 말에서 20세기 초 서구에서 일어난 개혁운동. 아동과 삶을 존중하는 철학에 바탕을 두고 방법론을 혁신하는 등 학과 교육 패러다임에 일대 전환을 꾀했다. - 옮긴이)의 영향을 받은 초등학교들에서는 말이다. 아이들이 쓴 글을 직접 인쇄물로 찍어내는 것 역시, 한때 셀레스탱 프레네를 중심으로 일어난 하나의 '운동'이었다. 오늘날에는 아쉽게도 이와 같은 수작업보다 손길이 덜 가는 컴퓨터가 등장해 인쇄물로 찍어내는 방식이 위협을 받고 있는 상황이다. 컴퓨터를 거부하자는 말이 아니다! 그러나 공들여 활자 하나하나를 짜맞추고 이를 손으로 인쇄하는 작업은, 단순하고 편리해 보이는 모니터 화면과 레이저 프린터와는 비교할 수 없는 감각적 성질을 지닌다. 프레네는 이러한 맥락에서 '생각하는 손의 교육학'을 주장했다. 손수 엮는 '아름다운' 책이나 벽보 역시 우리가 창안해낸 것이 아니다. 아무튼 우리는 이러한 작업을 하고 있으며, 이러한 활동은 우리 학교의 중요한 일상으로 자리 잡았다.

읽기를 하나의 사건으로 연출하기

독일 청소년은 대부분 글을 즐겨 읽지 않는다. 할 수 있어도 하지 않는다. 어쨌건 자신이 좋아서 읽지는 않는다. 그 대신 아이들은 하루 중 많은 시간을 텔레비전이나 게임기 앞에서 보낸다. 이러한 현실에 대응하고자 얼마 전부터 헬레네 랑에 학교에서는 '책 읽는 밤' 행사를 열고 있다. 5학년 학생들이 자기 교실에 이부자리를 마련해놓고 다 함께 저녁식사를 한다. 그런 뒤 교사가 책을 읽기 시작한다. 반 시간쯤 지날 무렵 한 아이가 선생님이 읽던 책을 이어받아 읽는다. 또 다시 다른 아이가 연이어 읽고, 그 뒤를 또 다른 아이가 잇는다. 거의 모든 아이들이 잠들 때까지 이렇게 읽는다.

마크 트웨인의 《허클베리 핀》 같은 책을 읽다가 적어도 몇몇 아이들은 심심치 않게 그 이야기에 매료된다. 집을 나와 한 섬에 숨어 있다가 뗏목을 타고 미시시피를 따라 여행하는 허크의 이야기 말이다. 만일 내가 집을 나와 이러한 모험을 떠난다면 어떨까? 부모님은 어떻게 생각하실까? 놀라실까, 화를 내실까, 아니면 슬퍼하실까? 이런 식의 책 읽는 밤을 보내면서, 아이들은 종종 책을 읽는 행위를 통해 텔레비전으로 접하는 모험이야기와는 다른 어떤 경험을 하게 된다. 책 읽는 밤을 보내고 난 이튿날 아이들이 전날 읽었던 책을 끝까지 읽고 싶어 선생님에게 빌려가는 경우도 드물지 않다.

언젠가 어린이청소년 도서 담당자들이 생각해낸 이 같은 식의 '책 읽는 밤'은 수많은 방법 가운데 하나일 따름이다. 이와 더불어 '책 소개하기'라는 것도 있다. 우리 학교의 초등과정 수업에서 이는 매우 중요한 역할을 한다. 2주마다 서너 명의 학생들이 같은 반의 다른 아이들에게 책 하나씩을 소개하는 것이다. 자유글쓰기에서처럼 여기에도 하나의 의식이 치러진다. 책 소개는 책의 제목과 저자를 소개하는 것에서 시작된다. 그런 뒤 짤막하게 책의 내용을 간추려 소개한다. 마지막으로 다른 아이들에게 책 내용 가운데 가장 마음에 들었던 부분을 골라 읽어준다. 바로 이 부분에서 아이들은 가장 정성을 많이 기울인다. 자기가 고른 책이 다른 아이들 마음에도 들었으면 하기 때문이다. 아이들은 어떤 부분을 읽을 것인지 세심하게 고르고, 소리 내어 읽기 연습을 한다. 이런 식으로 책을 읽어주는 아이들의 목소리를 듣는 것은 큰 즐거움이다. 가장 이상적인 경우는 같은 반의 다른 아이들이 이렇게 소개받은 책에 흥미를 느껴 자기가 직접 읽게 되는 것이다.

몇 해 전부터 학교 도서관이 적지 않게 문을 닫고 있다. 우리 학교도 학교도서실장 자리가 없어졌으며, 새로운 직원을 채용할 만한 자금이 없었다. 도서관 자리는 연극연습실과 분장실로 혹은 작업실과 전시실로 바뀌었고, 이렇게 되자 우리는 아예 도서관 자리를 완전히 비우고 필요한 책을 각각의 교실에 두기로 결정하였다. 이렇게 하여 학교 도서관 대신에 학년마다 다섯에서 일곱 개의 도서관 혹은 교실 모퉁이를 활용한 책 읽는 공간(독서 코너)을 마련하였다. 이러한 공간들은 '주간계획활동(한 주 동안 공부할 내용을 스스로 짜고 수행하는 과정 – 옮긴이)'과 '열린 학습'에 지친 아이들에게 쉼터 역할을 한다. 여기에 아이들이 자기가 가장 좋아하는 책을 가져다 놓기도 하고, 학부모가 책을 기증하는 경우도 있다. 8학년에서 10학년의 학생생활나눔터에는 여러 대의 컴퓨터와 백과사전과 전문서적들이 비치되어 있다. 한 학급이 하나의 주제를 연구하는 프로젝트를 진행하게 되면 시립도서관에서 이와 관련된 문헌들을 모아 일정 기간 제공한다. 이렇게 하여 모든 아이들이 부족함 없이 책을 열람하고 훑어볼 수 있을 정도로 풍부하게 책을 이용할 수 있게 되었다. 또한 모든 아이들은 당연히 이 시립도서관의 열람증을 가지고 있다. 5학년이 되어 가장 먼저 배우는 것은 바로 시립도서관에서 어떻게 책을 찾고 빌리는가에 관한 것이다. 이렇게 우리 학교에서는 아이들이 시립도서관에 가서 끊임없이 많은 책을 읽도록 하고 있다.

농촌지역의 경우 공립도서관이 보통 멀리 떨어져 있지만, 중소도시나 대도시에 있는 학교들은 그렇지 않다. 따라서 사실상 따로 학교도서관이 없어도 된다. 오히려 아이들이 가까운 공립도서관을 자연스럽게 이용하도록 유도하여, 학교라는 울타리를 벗어나 책 읽기 습관을 익히도록 해주는 것이 중요하다.

책 읽기라는 문제를 넘어, 읽은 것을 어떻게 소화시킬 것인가 하는 문제 또한 매우 중요하다. 학생들은 보통 10학년이 될 때까지 독서일지를 작성하는데, 여기에 책에 대한 자기 감상을 상세히 기록한다. 소감을 간추려 적고 그림을 그리기도 하고, 이어질 내용을 상상해보고, 읽은 글을 희곡으로 바꾸어보고, 저자에게 편지를 쓰거나 학교의 독서수업 때 저자를 초대하기도 한다. 9학년의 한 교사는 먼저 학생들에게 프란츠 카프카의 단편 〈변신〉의 첫 문단을 읽어준 뒤, 각자 그 뒤를 이어 이야기를 지어보라고 했다. 이렇게 하여 만들어진 스물다섯 개의 이야기는 교정과정을 거친 뒤 인쇄, 출판되어 나중에 학교 축제에서 판매되었다. 아이들은 호기심을 잔뜩 갖고 카프카의 원작을 읽게 되었고 이어서 그 내용을 상세히 분석하는 작업이 뒤따랐다. 10학년에서 학생들은 하나의 작품에 대한 포괄적인 자료들을 정리하고 수정작업을 거친 뒤 학부모들 앞에서 발표한다. 말과 글을 가지고 씨름하여 얻은 모든 결과물은 출판물로 간행한다. 이때 출판물은 단순히 읽히는 용도를 넘어 무언가 창조적인 작업을 끌어내는 매개가 된다. 즉, 자신이 쓴 글을 다른 사람들 앞에서 소리 내어 읽어주기, 전시회, 책 만들기, 연극공연, 성우가 되어 이야기해주기 등이 그러한 예다.

10세에서 16세의 아이들을 위해 학교에서 가장 중시하는 과제 중 하나가 바로 '읽기와 쓰기를 배우는 학교'로서의 역할을 수행하는 것이다. '읽는 것(처음에는 글자를, 그 다음에는 글을, 그 다음에는 그 글 뒤에 숨은 뜻을, 그 다음에는 적어도 몇 개의 맥락을 파악하는 것)'을 배우지 못했거나, 자신의 생각과 의견 그리고 주장이 무엇인지 말하고 쓰는 능력을 키우지 못한 아이는 위험집단에 속한다고 봐야 한다. 이런 아이들은 앞으로 다가올 삶의 과정에서 그리 많은 기회를 얻지 못하게 될 것이다. 사회적 차원에서 보자면, 우리는 민주주의 국가로서 이 나라의 시민이, 되도록이면 많은 수가 실제로 여러 문제에 대해 함께 의결하고 적극적으로 참여할 때에야 비로소 진정한 의미에서 그 생명력을 지닌다고 할 수 있다. '읽기'와 '쓰기'는 죽은 사회에서는 이루어질 수 없다. 끊임없이 정확하게 비판적으로 '읽는 것'을 배운 사람은 혼잡스러운 텔레비전 영상이나 심지어 이른바 '진실'을 말한다고 하는 인쇄 매체를 안심하고 대할 수 있다. 관청에서 날아오는 얽히고 설킨 단어나 끝없이 긴 문장에 대해, 그리고 자기 자신도 참여하여 공동설립한 시민단체가 낸 성명서에 대해 명철한 판단력으로 반기를 들 수 있는 사람은, 바로 용기 있고 기꺼운 마음으로, 분명히 이해할 수 있고 정확하게, 그리고 설득력 있게 대중 앞에서 '말하고' 또한 '쓸' 줄 아는 사람일 것이다. 이 같은 '읽기와 쓰기를 배우는 학교' 없이 '시민의 학교' 또한 존재할 수 없을 것이다.

학생생활나눔터의 나무 한 그루

프로젝트 수업과 교과수업에서 하는 실천학습

월요일 아침, 수업이 시작될 무렵. 층과 층을 연결하는 건물 계단부에서 아이들의 상기된 목소리가 울려 퍼진다. 학생 두 명이 입구에서 문을 열고는 닫히지 않도록 잡고 있다. 나뭇잎이 바스락거리는 소리. 여기저기서 외친다. "위를 조심해!" "여기 두 명만 더 와서 나무 밑동 좀 잡아봐!" 학교 건물 안으로 한 무리의 아이들이 나무 한 그루를 조심스럽게 들고 당기고 밀면서 들여오고 있다. 모든 일은 아주 천천히 이루어진다. 사실 건물 계단부는 다 자란 나무가 들어서기엔 비좁다. 결국 나무는 아무도 예상치 못한 곳에 자리를 잡았다. 6학년 C반 교실 바로 맞은편인 4층 복도다.

교실에는 질문이 적힌 쪽지들이 걸려 있다. 우리에게는 왜 숲이 필요한가요? 얼마나 많은 종류의 나무들이 있나요? 한 아이는 모든 종이가 다 나무로만 만들어지는지 궁금해한다. 바로 옆에는 숲에 어떤 동물들이 사는지 묻는 쪽지가 붙어 있다. 튼실한 나무 사진 바로 옆에는 "무엇이 숲을 멸종시키나요?"라는 질문이 붙어 있다. 한쪽 벽면이 이런 질문들로 가득하다. '숲'을 주제로 한 프로젝트에서 무엇을 알고 싶으냐는 선생님의 물음에 아이들이 써낸 쪽지들이다. 교사는 교실 밖에 숲을 주제로 학습활동과 모임을 위한 공간을 꾸민다면 어떻게 하면 좋겠는지 함께 생각해보자고 했고, 한 아이가 바로 이 나무에 대한 아이디어를 냈다. 이웃집에서 정원 공사를 하면서 나무 한 그루를 베어내려 하는데, 그 나무를 소품으로 활용하면 어떻겠냐는 것이었다.

'나무 옮겨오기'나 수많은 질문 쪽지들은 일상적인 학교 수업의 관점에서 볼 때 한 가지 공통점을 지닌다. 둘 다 일종의 모험이라는 점이다. 스물여섯 명의 아이들과 함께 건물 계단부에 나무를 옮겨온다는 건 일단 거추장스럽고 소란스러운 일이다. 게다가 주변을 더럽히는 데다 시간도 많이 할애해야 한다. 아이들의 행동을 하나하나 파악하기도 어렵다. 그 누구도 아이들이 모두 제자리에서 제 할 일을 하고 있는지 통제할 수 없다. 질서를 중시하는 학교에서 이 같은 상황은 그야말로 지나친 무질서 그 자체다.

아이들의 질문 역시 차분한 수업진행을 망칠 수 있다. 만일 어떤 질문에 대해 교사가 대답하지 못하면 어떻게 하나? 어떤 질문은 답을 하려면 시간이 너무 많이 든다. 원래 계획했던 수업진도를 마치지 못하면 어떻게 하나? 혹은 어떤 질문에 대한 답이 곧 또 다른 수많은 질문들을 불러일으켜 아이들이 일일이 대답을 요구하면 어쩐단 말인가? 교사라면 누구나 아이들과 청소년들의 머리에서 나오는 질문이,

완벽히 짜인 수업계획에는 잘 들어맞지 않는다는 사실을 잘 알고 있을 것이다.

프로젝트 수업

헬레네 랑에 학교의 프로젝트 수업은 통합교과적 성격을 띤 특수한 수업방식으로 학기마다 한 번씩 이루어진다. 6주에서 8주의 기간에 한 가지 주제에 주당 최소 10시간에서 12시간을 할애한다. 숲이라는 주제는 하나의 예다. 그밖에도 원시사회, 로마인, 식생활, 물, 청소년 등 다양한 주제를 다룬다. 이 프로젝트의 중요한 특징은 바로 여기서 아이들이 배우고 탐구하고 논의하는 모든 내용이 이미 주어진, 교과별로 나뉜 학습목표에 바탕을 두지 않고, 아이들 스스로 지니고 있는 관심과 질문에서 출발한다는 점이다.

숲에는 어떤 생물이 살고 자라는가? 6학년 C반의 프로젝트를 준비하는 과정에서 6학년 담당 교사들은 다양한 질문들 가운데 이 질문을 꼽아 놓았다. 교사들은 공동으로 프로젝트 초안을 만들고 이 초안에 의거하여 앞으로 몇 주간의 수업을 계획한다. 우선 질문에 걸맞는 연구방법과 수행과정에 대해 논의한다. 질문 옆 빈칸에는 "나무, 동물, 식물과 강의 종류에 대한 탐구"라고 쓰여 있다. 그 옆에는 학생들이 무엇을 관찰하고 창조할 수 있을까를 예상한 긴 목록이 적혀 있다. "생태계 균형에 대한 관점 키우기 – 개체 수 조절의 원인과 결과"라고도 쓰여 있다. 교사들은 주요 질문에 대하여 자기가 맡은 교과목 영역과 관련지어 성급히 해답을 도출하는 대신, 학생 개개인과 탐구모둠, 그리고 교사모둠의 관심을 한껏 불러일으켜, 실천학습을 하도록 유도하는 데 중점을 둔다.

막바지에 이르러서야 교사들은 프로젝트 주제가 각각의 교과목과 어떤 연계성을 가지는지 제시한다. 이렇게 하는 것은 이 같은 절차가 수행과정에서 꼭 필요해서라기보다는, 아이들에게 자기가 프로젝트 수업에서 탐구한 내용이 실제로 정규 교과과정과 맥을 같이 한다는 점을 확인시켜주기 위해서다. 생물, 노작, 음악, 예술, 지리, 사회, 독일어와 역사에 이르는 여덟 개의 과목이 숲이라는 프로젝트에서 만난다. 프로젝트 계획안의 마지막 열에는 E 1, SI- Mu 9쪽, UE 1, DK 2.4, G 10과 같은 문자와 숫자들이 표기되어 있다. 이는 교과과정을 지칭하는 표시들이다. 교육청이나 학부모들이 학교에서 정규 교과과정을 시행하고 있는지 확인하고자 할 때 이러한 기록들을 가지고 정규수업 내용에 어긋나지 않음을 입증할 수 있다.

마리아는 왜 가을이 되면 나무 잎사귀들이 떨어지는지 알고 싶어 한다. 이 열한 살배기는 교실 한쪽 벽면에 이런 질문을 써서 다른 질문들 사이에 걸어놓았다. 프로젝트를 마칠 때까지 이 질문에 대한 해답을 찾을 것이다. 마리아의 반 친구들도 이와 비슷한 목표를 세웠다. 아이들은 자신이 무엇을 알고자 하는지를 적어봄으로써, 무엇에 관심을 가지고 배우고자 하는지를 자연스레 밝힌 셈이다. 이는 교사들이 어떤 내용에 주안점을 두고 심화시켜 나갈 것인지 결정하는 데 중요한 지침이 된다.

한 학년 네 개 학급이 동시에 한 가지 주제를 가지고 각각 프로젝트를 진행한다. 교사팀이 제시하는 프로젝트 초안은 모든 학급에게 똑같이 적용된다. 하지만 학기말이 되면 학급마다 서로 다른 데 중점을 두고 프로젝트를 진행했음이 드러난다. 모두가 똑같이 따라야 하는 일괄적인 계획서 같은 것이 없기 때문이다. 프로젝트 초안은 단지 교사들이 학생들의 관심사를 파악하고 그에 따라 수업을 진행하기 위해 필요한 받침돌일 뿐이다. 이는 통합교과수업을 위한 전제조건이기도 하다.

오늘날에는 프로젝트 수업이 많은 학교에서 널리 이루어지고 있다. 거의 모든 지역에서 이른바 프로젝트 수업하는 날 혹은 프로젝트 주간을 정해놓고 특정한 활동을 한다. 이때 학교마당 새롭게 꾸미기, 외국인 학생들과 음식만들기 등 온갖 활동들이 창의적이고 즐겁게 이루어진다. 그러나 이 프로젝트 주간이 끝나고 나면 학생들은 다시 '진짜' 수업을 하는 자리로 돌아와 '제대로' 공부를 하거나, 방학을 하거나 둘 중 하나다. 성적처리 기간과 방학 사이의 빈틈이야말로 일반적으로 학교들에서 프로젝트 주간으로 선호하는 시기다. 이 시기에는 아이들이 어차피 수업에 집중을 하지 않는다는 까닭에서다. 이 같은 현실은 프로젝트 수업에 교사들이 어떤 가치를 부여하는지 여실히 보여준다. 프로젝트 주간은 즐김 혹은 사치로서 일상적인 수업과는 별개라는 것이다. 많은 교사들은 실천학습을 부담스러워하는데, 이는 아이들이 얌전히 제자리에 앉아 교사가 하는 말을 듣지 않기 때문이다. 이와 대비되는 것은 정규수업이다. 교사가 도입을 진행하고 설명을 하고 질문에 답한 뒤 아이들에게 되묻는 식의 수업 말이다.

두 가지 방식 모두 저마다 정당성을 지니며 학교 일상에 균형 있게 적용되어야 한다. 그러나 독일 학교들에서 이런 식의 열린 수업은 교사가 정확히 계획하고 통제하는 수업을 그저 다시 한 번 보강하는 의미로서만 예외적으로 이루어질 따름이다. 요사이 이 같은 일반적인 수업 방식에 대한 회의는 갈수록 커지고 있다. 독일 학교들이 국제 학업성취도 평가 결과 평균 정도에 그쳤기 때문만은 아니다. 최근 뇌 과학의 연구 성과 역시 이 점에 대해 되묻게 한다. 울름대학교 정신 의학과 교수이자 대학병원 원장으로 있는 만프레드 슈피처(Manfred Spitzer)는 프라이부르크 대학병원의 연구를 예로 들며, 아이들과 청소년들의 두뇌활성화 정도가 학교에서 공부하는 오전 시간 중 가장 떨어지는 것으로 밝혀졌다고 지적한 바 있다. 슈피처 자신도 연구를 통해 이를 다시 한 번 확인할 수 있었는데, 두려움과 불신 그리고 스트레스 상황에서 수용하는 경험과 정보들이 뇌에 부정적인 신호로 각인될 수 있다는 것이다.* 그는 아이들과 청소년들이 좀더 주도적이고 창조적으로 문제를 해결할 수 있도록 하기 위해서는 학교에서 긍정적인 학습환경을 조성해야 한다고 강조한다.

마리아의 담임교사는 학급 아이들을 데리고 포겔스베르크로 향했다. 아이들은 이곳 산장에서 일주일 동안 머물면서 산지기와 함께 일하고, 키 작은 나무들을 베기도 하고, 꺾꽂이를 하며, 길을 내기도 하고, 울타리를 고치기도 한다. 조망대를 만드는 일에서 새를 관찰하는 활동에 이르기까지 아이들이 참여하지 않는 일이란 없다. 아이들

---

* 만프레드 슈피처, 《학습□뇌 연구와 학교(*Lernen□Gehirnforschung und die Schule des Lebens*)》, 161쪽. (Spektrum Akademischer Verlag, Herdelberg/Berlin, 2002.)

은 비가 오든, 햇빛이 쨍쨍 내리쬐든 상관없이 열심히 일해야 한다. 그렇게 저녁이 되면 아이들은 하루 일과를 돌아보며 글을 쓰고 배운 것을 되새기며 채집한 것을 분류하는 작업을 한다. 아이들이 다시 학교로 돌아갔을 때에는 숲에서 몸소 배운 것을 펼쳐 공부하게 된다. 어떤 아이들은 현장에서 가져온 채집물에 표식을 달기도 하고, 어떤 아이들은 학부모를 대상으로 발표 준비를 하기도 한다. 모든 아이들이 각자 정한 주제로 소논문을 쓴다.

열린 학습

이 같은 형태의 실천학습에서는 학생들이 혼자 혹은 집단을 이루어 동시에 서로 다른 주제와 학습목표를 가지고 공부하게 된다. 교사들에게 이런 상황은 낯설 뿐만 아니라 매우 불편할 수 있다. 모든 학생을 지속적으로 통제하기가 어렵기 때문이다. 아이들은 자기들을 단계별로 이끌어주는 사람이나 다른 이의 도움 없이 많은 부분을 스스로 수행해봐야 한다. 교사는 학생이 문제를 해결하고자 할 때 교과서에 나와 있는 것과는 전혀 다른 방법을 택하더라도 이를 감당할수 있어야 한다. 또 어떤 아이는 학습 속도가 다른 아이들보다 눈에 띄게 느리다. 이런 경우 아이들이 시간을 낭비하고 있지 않다는 것을 누가 증명하겠는가?

또 프로젝트 수업을 진행하면서 교사들은 모든 학생들이 각기 다른 주제를 가지고 공부하기 때문에 아이들의 성적을 '공정하게' 평가

하지 못할 수도 있다는 걱정이 생겨나기도 한다. 게다가 이미 말했듯이, 아이들에게 특정 과목의 범주를 넘어서는 질문을 받는 것은 교사로서는 굉장한 모험이다. 생물공부와는 아주 거리가 멀었던 독일어 교사가 낙엽에 대한 마리아의 질문에 어떻게 대답하란 말인가?

헬레네 랑에 학교의 교사들 중에도 이 같은 난관을 피하고자 기존의 학과목 수업 방식을 고수하려는 이들이 있다. 이렇게 되면 비록 숲이라는 주제가 여러 과목들에서 동시에 다루어지기는 하겠지만, 통합교과적인 접근과 실천학습 방식은 실종되고 말 것이다. 교사들에게 새로운 수업에 대한 새로운 접근방법을 요구하는 교육 방식은 제도적 뒷받침 없이는 항상 위태롭다.

우리 학교에서는 구조적 장치를 마련하여 이러한 상황에 대응하였다. 모든 학급의 시간표에는 '열린 학습'이라고 표기된, 주당 연속 4교시로 이루어진 시간이 배정되어 있다. 이는 별도의 교과목이 아니라, 이 시간에는 실천학습이 이루어진다는 점을 명시하는 것이다. 이 시간을 어떻게 구성할 것인지는 각각의 학급이 연구하는 내용에 따라 매주 새롭게 짠다. 한 학급의 열린 학습 시간에는 4교시 중 두 교시에 두 명의 교사가 동시에 수업에 들어간다. 그중 한 명은 언제나 담임교사이다. 이 4교시가 끝나면 담임교사는 이 날의 나머지 두 교시 수업도 진행한다. 이렇게 함으로써 일주일에 하루는 교과목 시간표에 의해 끊길 염려 없이 한 주제를 중심으로 6교시에 걸쳐 수업이 진행된다. 이로써 시간이 부족해서 특정 내용을 다루지 못하게 되는 상황에 대처할 수 있다. 열린 학습에 할애되는 시간은 학교에서 애써 별도로 마련해야 하는 시간이 아니다. 오히려 이렇게 함으로써 5학년에서 8학년까지는 전체적으로 과목별 수업시간이 줄어들었다.

마리아는 이번 주 열린 학습 시간에 책 읽는 모퉁이에 자리를 잡았다. 마리아 앞에는 책이 여러 권 쌓여 있고 산지기를 인터뷰한 테이프도 놓여 있다. 왜 가을이 되면 낙엽이 지는지를 마리아는 이미 오래 전에 이해했다. 이제 마리아는 지난 몇 주간 수집한 정보를 정리해야 한다. 내일은 반 친구들에게 자신의 질문에 대해 얻은 답을 이야기해주고, 토요일에 열릴 학부모를 위한 발표회에서 사용할 프레젠테이션 자료도 준비해야 한다. 이 일은 선생님 없이도 할 수 있다. 교사는 이를 알기에 마리아가 자기가 맡은 일에 열중하도록 하는 한편, 도움을 요청한 다른 두 학생을 도와주고 있다.

열린 학습에서는 아이들이 흩어져 일하게 되는 상황이 종종 벌어진다. 한 모둠이 목공실*에서 조망대 모형을 칠하는 동안 어떤 아이들은 교실과 학생생활나눔터에 옹기종기 모여 작업을 하는가 하면, 어떤 모둠은 인터뷰를 하기 위해 시내 거리를 활보한다. 학생 스스로 무엇을 어떻게 해야 할지 모르는 경우에만 누군가가 나서서 도와준다. 이러한 역할은 대개 교사가 하지만 간혹 부모가 '전문가'로서 참여하는 경우도 있다. 아이 스스로 할 수 있다면 그 누구도 간섭할 필요가 없다.

이 같은 열린 학습구조는 수준차가 있는 아이들이 서로 협동작업을 할 수 있도록 해준다. 수작업에 재능 있는 아이가 목공작업을 하는 동안, 다른 아이는 한 주간 탐구한 주제에 대한 답을 찾으려고 힘

---

* '실천학습' 초창기에 로버트 보슈 재단이 작업실을 만들어주었다.

을 기울인다. 섣불리 천적을 풀어놓게 되면 숲에 사는 다른 동물들에게는 어떤 일이 벌어질까? 숲 진드기에게 물리는 것을 의학적으로는 어떻게 설명할 수 있을까? 이러한 질문들은 6학년 학생의 수업목표 수준을 훌쩍 뛰어넘는 것들이다. 그러나 우리는 어린 학생들이 일반적인 기대치를 넘어서는 학습성과를 이루는 경우를 종종 경험한다. 이는 아이들이 학교에서 지적 자극을 받아 궁금증을 해소하기 위해 노력한 결과이지 특별히 똑똑해서 그런 것은 아니다. 학교에서 아이를 옭아매지 않을 뿐이다. 많은 아이들이 더 꾸준히, 더 심화시켜 공부한다. 어떤 경우에는 학부모 모임에서 항의를 들을 정도로 열심이기도 하다. 자기 아들이 밤 열한 시가 되도록 항해사를 주제로 글을 쓰고 있더라는 것이다.

학습결과 발표

프로젝트 수업 마지막 단계에 이르면 각 학급은 학부모와 친구, 지인들을 위한 발표회를 연다. 많은 노력과 시간이 드는 일이다. 어떤 교사들은 이를 시간낭비라고 생각한다. 우리 학교의 모든 교사들이 이 같은 발표회를 하는 취지에 공감하고, 심지어 교과 진도나 시험보다 우선순위에 두기까지는 오랜 시간이 걸렸다. 여러 해에 걸쳐 다른 이들 앞에서 연극 공연이나 연구 발표를 해본 경험이 있는 아이들은, 자유롭고 당당하게 사람들 앞에 서서 이야기하는 법을 배우게 된다.

아이들이 탐구한 내용을 다른 사람들 앞에서 발표한다는 것은, 자기들이 공부한 내용을 다른 사람이 궁금해한다는 말이기 때문에 아이들에게는 의미가 크다. 학부모와 지인들은 아이들이 학교 수업에서 무엇을 성취하고 발견했는지 알고 싶어한다. 발표를 준비하면서 아이들은, 자기들이 한 학기 동안 탐구한 주제를 처음 접하는 사람들에게는 그와 관련된 내용을 어떤 식으로 소개해야 할지를 비롯해 지금까지와는 전혀 다른 새로운 문제와 마주하게 된다. 이 상황에서는 핵심어만으로는 부족하다는 것이 단박에 드러난다. 게다가 발표회 자리는 단지 결과물을 일방적으로 제시하고 마는 자리가 아니라, 토론하고 이야기를 나누는 자리다. 학교 안에서 이루어지는 학습과 작업이 외부 사람들에게 가치평가를 받는 자리이기 때문에 학생과 교사 모두 열정을 다해 이를 준비한다. 이처럼 아이들은 자신이 탐구한 내용에 대해 다른 사람들이 관심을 갖고 있다는 사실을 확인함으로써 공부가 의미 있는 일이라고 여기게 된다.

교과수업

애초에 우리는 헬레네 랑에 학교의 변혁을 꾀하면서 모든 학급이 일 년에 네 개의 프로젝트를 진행할 것을 계획했다. 하지만 이내 이 계획은 학생과 교사 모두를 지치게 한다는 사실이 드러났다. 아이들에게는 체계적이고 지속적으로 이루어지는 학습도 꼭 필요하다. 아이들은 모든 걸 스스로 이해하고 맥락을 알아내고 자기의 경험을 바탕으로 추론해낼 수 없다. 그러므로 기존 학교들에서 일반적으로 이루어지는 형태의 수업을 무턱대고 비판하고 거부할 수만은 없다. 학생들은 단어를 외우고 규칙적으로 숙제를 해야 한다. 장시간 수업에 집중하여 경청하는 법도 배워야 한다. 그 비슷한 상황을 대학이나 직업교육 현장에서도 경험하게 될 것이기 때문이다.

이처럼 재미도 없고 노력을 기울여야 함에도 꿋꿋이 참고 앉아 있어야 할 상황과 까닭은 많다. 그러나 6학년에서 이루어지는 영어수업만큼은 그저 모든 장을 한 번씩 훑는 것으로 만족해서는 안 된다. 교사는 6학년 아이들이 한 해 동안 영어수업을 통해 무엇을 얻게 될지 깊이 생각해봐야 한다. 아이들이 영어수업을 통해 이 낯선 언어를 낯설어하지 않고 자연스럽게 구사하게 되었는가?

아이들과 청소년들이 자기가 배운 내용을 실제 경험과 연관시키지 못한다면 배움은 큰 의미가 없다. 그건 그저 주입에 지나지 않는다. 시험을 보려고 얻은 지식은 금방 잊히고 만다. 하나의 외국어에 통달하기 위해서는 기본적인 어휘와 문법체계를 습득하고 있어야 한다. 배운 것을 실제로 쓸모 있게 써볼 기회가 많으면 많을수록 목표에 도달하기는 쉽다. 우리가 프로젝트 수업을 통해 실험하고 개발한 교수-학습법의 단초들은 헬레네 랑에 학교의 정규수업 방식에도 영향을 끼쳤다. 예컨대, 하루 오전 일과를 미국인 가족과 만나는 시간으로 꾸민다든지, 공항에 가서 여행객들에게 그들이 어디서 왔으며 무슨 일로 여행 중인지를 인터뷰한다든지 하는 것이다. 이는 하루 오전이면 충분하다. 이러한 과정을 겪으면서 아이들은 세상에는 영어로만 소통 가능한 사람들이 수없이 많으며, 영어가 단지 하나의 교과목이 아니라 세상을 살아나가는 데 필요하고 쓸모 있는 언어라는 사실을 자연스럽게 깨닫게 된다. 비행기와 웃고 있는 승무원이 그려진 그림 몇 점에 새로운 단어들이 최대한 많이 나오는 교과서를 통해서는 결코 느끼지 못할 부분이다. 그와 같은 교과서보다는 미국에 가던 길에 프랑크푸르트에 잠시 들른, 사리 입은 인도 여성을 만난 기억이야말로 결코 잊을 수 없을 것이다. 이런 방식으로 수업을 진행했을 때에는 종종 학기말에 교과서 진도를 다 마치지 못한다. 그러나 얻는 것이 있다. 아이들이 한 학년이 지나서까지 자기가 경험한 일을 기억하며 실제로 여러 상황에서 영어를 구사하게 된다는 점이다.

단지 말로 듣기만 할 때보다 자신이 직접 경험한 것이 훨씬 더 기억에 오래 남는다는 사실은 모두가 공감할 것이다. 그런데 왜 유독 학교 수업에서는 무언가를 실제로 경험하게 하기를 마다하는가? 일반적으로 수학은 매우 추상적이고 특히 어려운 과목으로 분류된다. 실제로 수학은 '추상적'이다. 이는 말하자면 이 학문의 성격이라 할 수 있다. 그러나 수학은 동시에 매우 실용적이고 놀라운 매력을 지녔다. 아이들은 특히 어렵다고 여겨지는 과목에 대한 두려움을 떨쳐내기 위해서 이러한 매력을 경험할 수 있어야 한다. 10학년에서 삼각법을 배울 때 우리는 사인과 코사인을 칠판에다만 설명하지 않고, 실제로 측량실험을 한다. 3일 동안 아이들은 비스바덴 주 어딘가에 세오돌라이트(각도를 정밀하게 관측하는 기기-옮긴이)를 설치하고 땅을 측량한다. 아이들은 공동으로 지도를 제작하는 경험을 함으로써 어느새 이 삼각법이라는 것을 매우 쓸모 있고 실용적인 것으로 인식하게 된다.

이 같은 실천학습, 다른 말로 '경험에 의한, 경험을 통한 학습'을 제대로 하려면 기존의 수업시간을 새롭게 구성해야 한다. 소화하지 못하는 지식을 계속해서 강요하기보다는 제대로 이해할 수 있도록 적은 양을, 단, 심도 있게 다루는 것이 그 시작이다. 이는 전혀 새로운 원칙이 아니다. 전문용어로 이를 '범례적 학습'이라고 한다. 이를 주장한 대표적인 인물은 마르틴 바겐샤인(Martin Wagenschein)이다. 그는 이미 수십 해 전에 특히 수학과 물리교육의 의미와 방법에 대해 설득력 있는 주장을 폈다. 어떤 이들은 이러한 원리를 문학이나 역사 교육에 적용하기도 했다. 역사 교육에서 범례적 학습은 하나의 질문을 가지고 몇 개의 사례를 심도 있게 해석하는 방식으로 적용해볼 수 있다. 예를 들어 '좋은 인간, 좋은 삶, 좋은 사회란 무엇인가?'라는 질문에 대하여 고대 그리스인들은 뭐라고 했으며, 유럽의 중세와 1920년대 독일에서는 뭐라고 했는지를 되묻는 것이다. 혹은 권력자들은 그들의 권력을 유지하기 위해 어떻게 했는가? 실패한 까닭은 무엇인가? 지리, 기후, 기술 혹은 종교가 사회 발전에 어떠한 영향을 미쳤는가? 우리는 이러한 사실들을 어떻게 알게 되었는가? 이렇게 얻은 정보에 객관적 출처가 있는가, 혹은 우리의 해석이 정보의 질에 어떠한 영향을 미쳤는지를 어떻게 알 수 있는가? 이 모든 경우들은 결국 한 가지 주제를 심화시키는 데 목적이 있다.

이러한 역사적 질문들에 한 번이라도 나름대로 대답해보고, 스스로 무언가를 발견해본 경험이 있는 아이는 결코 역사라는 과목이 줄줄 외워야 하는 재미없는 공부라고는 생각하지 않을 것이다. 이렇게 공부한 아이가 언젠가, 그저 주어진 운명이라 여겼던 많은 일들에 대하여 역사적 안목을 갖고 그 배경과 상황을 더 자세히 이해하려고 한다면 얼마나 좋겠는가.

물론 우리도 종종 계획했던 바를 수업에 적용시키지 못하기도 하고, 모든 아이들에게서 우리가 기대하는 결실을 얻지 못하기도 한다. 그럼에도 우리가 수업의 성패 여부를 판단하는 기준은 있다. 아이들과 청소년들이 우리가 던진 질문이 중요하고 흥미진진한 것일 수 있다고 느꼈는가? 단순한 대답에 쉽게 만족하지 않고, 근본을 이해하기 위해 끝까지 파고드는 것이 의미 있는 일이라는 것을 이해했는가? 질문하는 것과 질문하는 방법에 자신감이 생기고 자기 비판적 안목을 키웠는가? 혹 이미 주어진 내용 이외에 자신에게서 우러나오는 깨달음으로 감흥을 느끼는 아이가 있는가? 요즘 흔히 하는 말로 공부가 재미있다는 차원의 이야기를 하는 게 아니다. 여기서 말하고자 하는 것은, 아이가 적어도 때때로 어떤 것에 흥미를 느끼고 매료되어 그것에서 새로운 것을 발견했을 때 깊은 성취감을 경험하느냐 하는 것이다.

다름과 마주하기

헬레네 랑에 학교의 6학년 수학수업 풍경이다. 에산과 브뤼안이 책장에서 '멕스박스(MEXBOX)'라 불리는 수학실험상자를 꺼내온다. 상자 안에는 핀을 꽂을 수 있는 판 여러 개와 거기에 꽂도록 만들어진 색색의 플라스틱 핀, 고무줄 등 여러 재료들이 들어 있다. 이것들을 이용하여 판에 기하학적 도형들을 만들 수 있다. 두 아이는 이 실험상자로 작업한 지 이미 일 년이 넘었고, 얼마 전에는 대칭도형의 특성과 삼각자를 이용해 대칭도형을 종이에 그리는 법을 배웠다. 오늘은 연속으로 대칭하는 두 개의 도형을 다룰 차례다. 에산과 브뤼안이 두 사람당 하나씩 판을 나누어주는 동안, 다른 아이들은 거울과 종이를 가져와 주어진 삼각형이 거울에 비친 모양을 보고 플라스틱 핀을 꽂기 시작한다. 작업을 진행하는 속도는 저마다 다르다. 어떤 아이들은 몇 분이 채 지나지 않아 이미 결과를 모눈종이에 옮겨 그리기 시작한다. 그런가 하면 15분이 지나도록 판에 핀을 이리저리 꽂아보는 아이들도 있고, 거울에 비추어보면서 틀린 부분을 고치거나 교탁 위에 놓인 답안지와 비교해보는 아이들도 있다.

25분이 지나자 모든 아이들이 처음 주어진 두 개의 과제를 마쳤고, 이미 다음 과제에 몰두하고 있는 아이도 있다. 토론을 할 시간이다. 베로니크와 타미는 다시 첫 번째 과제였던 삼각형 모양을, 아힘과 벤야민은 두 번째 과제의 삼각형 모양을 판에 꽂았다. 이 네 명은 판을 가지고 바닥에 앉아 자기 판을 보이며 아이들에게 어떻게 해서 그 모양이 나왔는지를 설명한다. 이 대화에서 아이들은 도형의 특성을 파악하고, 다른 모양의 도형으로 작업한 아이들은 자기들이 만든 도형을 보면서 맞는지 확인하고 수정한다. 이렇게 과제를 해결하는 다양한 방법과 속도에 대해 논의를 거친 뒤에 아이들은 자신의 작업방식을 정한다.

헬레네 랑에 학교는 종합학교(Gesamtschule)다. 학생들을 수준별로 분반하지 않으면서, 학생들의 다양한 수준을 존중하는 방식으로 수업이 진행된다. 한 학급에는 문제없이 아비투어(Abitur, 고등학교 졸업 내지 대학입학 자격시험- 옮긴이)를 통과할 학생들과 9학년을 마치면 하우프트슐레 졸업장을 가지고 직업교육을 받게 될 학생들이 함께 있다. 학생 간 수준 차이는 정도는 다르지만 어느 학교에나 존재한다. 교사 입장에서 이는 어려운 문제다. 김나지움에도 하나를 이해하는 데 다른 아이들보다 오래 걸리는 아이가 있는가 하면, 많은 것을 눈에 띄게 빨리 파악하는 아이도 있다. 그러나 모든 아이들이 자기가 묻거나 대답하는 말에 교사가 귀를 기울이고, 자기가 보여주는 것에 눈을 돌려주기를 바라는 것은 당연한 일이다.

우리는 6학년 수학수업에서뿐 아니라, 다른 학년의 다른 과목 수업에서도 역시 이러한 문제에 맞서, 아이들이 자주 그리고 집중적이고 주도적으로 문제를 해결하고 답을 찾도록 노력하고 있다. 되도록이면 많은 것을 스스로 하도록 하는 것이다. 이렇게 함으로써 교사의 과제와 역할 또한 바뀐다. 물론 학생들이 스스로 과제를 해결할 수 있도록 규칙과 방법을 가르쳐주는 것은 교사다. 이에 대해서는 나중에 자세히 다루겠다. 교사는 '그저 가르치는 사람'이 아닌, '배움을 위한 조언자'의 역할을 하게 된다. 그리고 학생 개개인에게 도움이 되는 학습자료를 준비해야 한다. 많은 경우 교사가 직접 이를 계발한다. 교사는 크고 작은 모둠의 활동상황을 한눈에 파악하고 있어야 하며, 동시에 학생 개개인이 어떻게 문제에 접근하고 있고 어떤 지점에 오류가 있는지, 그리고 이를 어떻게 바로잡아야 할지를 알고 알맞은 시점에 개입할 수 있어야 한다. 그리고 이 모든 것을 아이들 각자가 과제에 몰입하는 데 방해가 되지 않도록 해야 한다.

대개는 수업시간에 이야기 나누는 것이 허용된다. 경우에 따라서는 아이들이 침묵하고 있는 것이 오히려 학습에 방해가 될 수 있다. 수학교사가 베로니크와 타미 곁에서 첫 번째 문제를 어떻게 풀었는지 얘기하는 동안, 에산과 브뤼안은 자기 자리에 가만히 앉아 있지 않고 벤야민에게 건너가 정답을 비교한다. 아힘은 옆자리 친구들에게 좌표계에 점 찍는 법을 가르쳐주고 있다. 크리스티안이 고무줄이 다 떨어졌다며 불평하자, 레나가 자기 것을 몇 개 건네준다. 수업시간에 말을 해도 되는 것, 나아가 말을 해야만 하는 것은 사실 당연한 일이다. 침묵해야 하는 상황이야말로 오히려 낯설고 이상한 것이다. 학습은 하나의 '과정'이다. 시행착오가 허용되고, 그 오류의 원인과 개선방법에 대해 이야기하고 나누는 과정이 반드시 필요한, 끊임없는 시도와 수정의 작업이다. 오늘날 기존 학교들에서 널리 시행하고 있는 이른바 '물음을 통해 진보하는' 수업이라는 것은, 교사 한 사람이 모든 학생의 질문에 일일이 홀로 대답하는 구조로 진행된다. 이는 교사에게 매우 버거운 일일 뿐만 아니라, 이렇게 되면 모든 학생이 교사와 실제로 일 대 일의 관계를 형성하기도 어렵다.

에산과 브뤼안 반 아이들은 하나의 문제를 해결하고자 할 때 교사가 가르쳐준 것 이외에 되도록이면 다양한 방법을 찾는 데 익숙해져 있다. 따라서 아이들은 교사가 도움을 주거나 지시 혹은 조정을 해주지 않는다고 해서 당황하지 않는다. 브뤼안은 혼자 문제를 풀다가 막히면 짝꿍인 에산에게 묻는다. 에산도 모르면 둘이 같이 그 반에서 수학을 가장 잘하는 아이에게 가서 묻는다. 그 아이도 모르면 그제야 셋이서 교사를 찾아가 묻는다.

한 층 위 9학년 A반 수학시험이 다가오고 있다. 아드리안은 두 번 결석을 했다. 반 아이들 중에는 아드리안 말고도 복습을 하고 싶어하는 아이들이 있다. 수학교사는 원하는 아이들에 한해 수업이 없는 화요일 5, 6교시 시간에 집에 가는 대신 학교에 남아 반 친구들과 함께 복습을 하면 어떻겠냐고 제안한다. 26명 가운데 절반이 넘는 아이들이 남아 작은 모둠을 지어 앉는다. 수학을 잘하는 학생 두 명과 수학에 약한 아이들 몇 명으로 이루어진 각각의 모둠은 교사 없이 서로 도우며 공부한다. 그렇게 하다가 아무도 풀지 못하는 문제가 있으면, 같은 시간에 다른 교실에서 수업을 하고 있는 수학교사에게 찾아가 도움을 청한다. 그 시간에 진행하고 있는 수업 역시 같은 방식으로 아이들 스스로 문제를 풀기 때문에 교사는 수업진행에 지장을 주지 않으면서 다른 교실에서 물으러 온 아이를 도울 수 있다. 이 같은 공동복습 시간은 이후에도 아이들이 자발적으로 만들어 진행할 정도로 반응이 좋았다.

수학을 잘하는 아이에게 그렇지 않은 아이를 위해 복습을 하는 것이 행여 지루하지는 않은지 물었다. 아이는 다른 친구에게 설명하는 과정에서 자신도 몰랐던 부족한 점들이 드러나는데, 그런 것을 발견하고 보완한다는 점에서 자신에게도 큰 공부가 된다고 했다. 반면 자신이 없던 아이들은 때로는 교사가 없는 상황에서 맘껏 질문을 하고 그 답에 대해 생각할 수 있는 여유가 있어 좋다는 반응을 보였다.

03 네가 만일……

상상력과 학습

학교에서 일반적으로 교육의 주안점으로 삼고 있는 이성적, 분석적 사고(이는 정당하다!) 외에, 상상하는 능력(Imagination)의 영역이 있는데, 많은 경우 학교 교육에서는 이를 등한시한다. 보통 표상능력(Vorstellungsdenken, 현실의 대상을 마음에 그려내는 능력 – 옮긴이)을 키우기 위한 교육은 이른바 '창의성'을 바탕으로 하는 예술과목의 몫으로 한정된다. 그러나 가만히 들여다보면, 어느 교과목 영역에서든 흥미롭고 주목할 만한 인식의 진보는 누군가가 '창의적'으로 새로운 질문을 던지고 지금껏 정립된 것 이외의 답이 있을 수도 있다는 생각을 함으로써 이루어지지 않았던가!

일반적으로 표상능력이라 하면, 우리의 오감과 정신의 힘을 통해 현실에서 다양한 상과 인상을 받아들인 뒤 내적으로 소화해내며, 시간이 지난 뒤에 그것들을 불러내는 능력을 말한다. 이러한 능력을 키우면 학습이 수월해지고 기억력도 좋아진다. 가끔은 이 능력을 활용해 아이들이 목표를 세우는 동시에 자신감을 키워가는 것을 보게 된다. 이렇게 되기 위해서는 산발적이고 부차적인 방식이 아니라 체계적으로 교육해야 한다.[*]

표상능력을 키우기 위한 교육방법에는 여러 가지가 있다. 그리고 이것들은 서로 연관되어 있다.

1. 감각을 발달시키기 위해서는 시각, 청각, 촉각, 신체적 인지를 할 수 있는 기회를 되도록 많이 제공해야 한다. 이 과정에서 온몸이 인지기관으로 작용해야 한다. 실제세계에서 수집하는 인상이 우리의 기억을 이루게 되는데, 이는 결국 우리가 실제로 만지고, 느끼고, 듣고, 보는 행위를 통해 형성된다.

2. 정신분석학과 심리치료에서는 우리 무의식에 잠재된 인상들이 우리의 내면과 대화할 수 있다고 본다. 이러한 내면의 인상들은 긴장을 푼 상태에서 의식적으로 불러올 수도 있는데, 이를 통해 내면을 치료 혹은 강화할 수 있다. 표상능력은 우리 몸과 관련되어 있으며 우리 몸을 통해 이루어진다. 학교에서 이러한 경험은 해봄 직하지 않은가? 예를 들어 매일 아침 수업 시작 전에 이런 훈련을 하는 것이다. 몸을 움직이는 활동(지금의 체육교육은 그 일부에 지나지 않는다) 역시 표상능력을 증진시킨다.

3. 날마다 우리가 원해서, 혹은 가끔은 원치 않지만 인지하게 되는

* 이 부분에서 특히 많은 자극과 도움을 준 에바 마델룽(Frau Dr. Eva Madelung) 박사와 여러 해에 걸쳐 재정 후원을 아끼지 않은 그녀의 '교육과 장애인 후원재단'에 깊은 감사를 드린다.

외부에서 받아들인 인상들은 깊이 살펴봐야 한다. 스스로 인지하는 것을 되돌아봐야만 외부세계에서 홍수처럼 밀려들어 오는 다양한 상(한 예로 대중매체)으로부터 내면의 인상들을 보호할 수 있다.

라디오 스튜디오

"준비, 마이크 온! 고!" 케어스틴이 방송실 마이크 앞에 헤드폰을 끼고 앉아 글을 읽을 준비를 하고 있다. 기술실에서 한나가 고개를 끄덕인다. 모든 상황이 한나의 지시에 맞춰 진행된다. 잠시 뒤 케어스틴이 첫 번째 실수를 한다. "괜찮아. 그냥 그 문장을 한 번 더 읽어. 나중에 그 부분만 편집하면 돼." 그러나 케어스틴은 처음부터 다시 읽기 시작한다. 짤막한 글을 더듬지 않고 완벽하게 읽어내지 못해 기술의 도움을 받아야 한다는 건 자존심이 용납하지 않는다.

우리 학교에 헤센 방송국에서 시간제로 일하는 여교사가 있는데, 아이들은 몇 해 전부터 그 교사에게 방송기술을 배우고 있다. 아이들은 원고를 쓰고, 녹음실에서 직접 녹음을 하고, 녹음한 내용을 편집하고 이를 방송하는 일을 한다. 케어스틴이 지금 녹음하고 있는 것은 동물병원에 대해 자신이 직접 쓴 글이다. 두 달여 전 케어스틴은 한 수의사에게 자기 개를 데려가 안락사시켜야 했다. 그리고 이제 이 슬픈 소식을 다른 친구들에게 전하려고 한다. 처음에 케어스틴은 어려움을 호소했다. 자신이야 모든 일을 자세하고 생생하게 기억하고 있지만, 그 시간 그 자리에 있지 않은 사람들에게 상황을 이해시키려면 그 동물병원을 어떻게 묘사해야 할까? 그곳을 표현해줄 만한 어떤 특별한 소리가 있을까? 중요한 사항을 추려낸 다음엔 이를 어떤 단어로 설명해야 할까?

이러한 질문들은 라디오 방송에서 표상능력이 필요하다는 점을 드러낸다. 어떤 사실이나 문제, 자료, 장면이든 간에, 라디오라는 매체는 우선 청취자가 어떤 것을 듣고, 그것을 자신의 상상세계에서 재구성하는 것을 전제로 한다. 즉, 시각적 인상이 청각 언어로 표현되고, 그것이 듣는 이의 머리 속에서 거꾸로 시각화되는 것이다. 이를 위해 학생들은 먼저 상상하는 연습을 하게 된다.

라디오는 음악방송 말고는 사실 그렇게 인기 있는 매체가 아니다. 그 자리는 이미 오래 전에 텔레비전이 차지했다. 아이들에게 물어보면, 라디오 방송 제작보다는 영상 제작을 선호한다. 그러나 영상매체에서는 자신이 인지한 것과 다른 사람이 인지하는 것을 구별하여 생각할 수 있는 시간 여유가 없다. 기술이 만들어낸 화려한 영상들은 우리의 눈을 사로잡는다. 이렇게 우리가 '완벽'하다고 믿는 영상은 실은 모방에 지나지 않는 경우가 많다. 아이들은 카메라로 자기 눈앞에 보이는 장면을 찍고는, 다른 사람도 자기가 보는 것과 똑같은 것을 본다고 착각한다. 현재 우리 학교 9학년 과정에 영화 프로젝트가 두 개 진행되고 있기는 하지만, 앞서 말한 까닭에서 우리는 라디오 방송을 고수하고 있다.

비스바덴 주에는 어떤 소리들이 있을까? 야니스는 고개를 갸우뚱한다. 7학년인 야니스는 비스바덴에서 태어나 자라긴 했으나 여태 주변 소리에 귀 기울여 보지는 않았다. 어떤 볼거리가 있는지, 비스바덴이 어떻게 생겼는지는 알고 있다. 그런데 이 도시는 어떤 소리를 낼까? 7학년 B반 아이들이 녹음기를 들고 거리로 나섰다. 시장 분수에서 물이 찰싹거리는 소리? 다른 분수들도 똑같은 소리를 내지 않던가? 중앙역에 기차가 들어오는 소리? 어느 도시에나 있는 소리다. 그러나 그밖에도 비스바덴에서만 들을 수 있는 소리들이 얼마나 많은가? 마르크트 교회의 종탑소리, 뻐꾸기시계 소리, 산악열차인 '네로베르크반'이 지나가면서 내는 물소리, 심지어 휴양 공원인 쿠어파크와 주간 장터에서도 야니스는 비스바덴 특유의 소리를 찾아낸다. 야니스네 반 아이들은 이렇게 해서 모은 소리들을 학교 스튜디오에서 편집하여 헤센 라디오 방송국에 보낼 예정이다. 헤센 방송국에서는 지금 비스바덴의 특별한 소리를 공모하고 있다.

다른 반에서는 이 결과물을 라디오 방송에 내보내지 않고 자체적으로 하나의 청각자료로 만들 계획이다. 이 반 아이들은 두 달 동안 '물'을 주제로 한 통합교과 프로젝트에서 물소리를 녹음한 적이 있다. 작은 시냇물소리, 바다의 파도소리, 수도꼭지에서 나는 소리, 빗소리 등. 이것들을 가지고 아이들은 각각의 소리를 듣고 사람들이 어떤 연상작용을 하는지 실험하고자 한다.

수업시간을 통해서 혹은 일상생활에서 경험하는 일을 바탕으로, 우리 학교 학생들은 거의 모두 적어도 하나 이상의 청각자료를 제작한다. 이는 라디오 방송을 위한 자료에 국한되지 않는다. 자신이 창작한 이야기를 담은 이야기 녹음집, 직접 쓴 자유글쓰기 작품과 편지, 자신이 좋아하는 음악을 담아 우크라이나에 있는 펜팔 친구에게 보내는 녹음 편지, 심지어는 라디오드라마와 정보성 글을 담은 녹음 보고서까지, 결과물은 내용이나 기술 면에서 매우 다양하다. 이를 통해서 알 수 있듯이, 정규수업을 상상력 교육과 연계하는 것은 언제든 가능하다.

표상능력을 어떻게 교육할까 하는 문제에 대한 예를 하나 들겠다. 프로젝트 수업에서 하는 실천학습이 그 중 하나다. 예를 들어 '숲'을 주제로 한 프로젝트 수업에서 상상력 교육을 할 수 있는 방법은 무수히 많다. 눈을 가리고 숲 소리 듣기, 맨발로 숲 걷기, 나무껍질이나 잎사귀나 풀 만지기, 버섯 또는 썩은 잎과 싱싱한 잎 냄새 맡기 등이 이에 해당된다. 연상과 상징적 사고를 훈련할 방법도 수없이 많다. 뿌리 박고 서 있는 나무의 튼실함을, 오랜 세월을 견딘 나이테를 보며 그 믿음직스러움을 느끼게 하고, 이를 통해 아이들이 안정감을 경험할 수 있도록 하는 것 또한 한 예다.

최근 몇 해 사이 우리 학교의 가장 중요한 활동 중 하나로 자리 잡은 연극에 대해서는 뒤에서 자세히 이야기하겠다. 연극이야말로 수업 개념에 상상력을 도입하기 위한, 학교 차원의 기본적인 노력이 응집된 장이라 할 수 있다.

침묵의 방

아이들은 저마다 다르다. 시끄럽고 참을성 없는 아이가 있는가 하면, 조용하고 참을성 있는 아이도 있다. 언제나 그래왔다. 특히 또래로 구성된 집단에 속해 있을 때 아이들은 주변 상황에 신경 쓰지 않고 자기가 하는 일에 집중하기를 어려워한다. 요사이 교사들 대다수는 아이들이 단 몇 분이라도 침묵하고 앉아 있는 것을 어려워할 뿐만 아니라, 아예 불가능하다고 본다. 마치 아이들이 세상에서 일어나는 일을 단 하나라도 놓칠까 봐 조바심 내며 모든 것을 알려 하고, 개개의 자극에 일일이 반응해야 할 것만 같은 끊임없는 강박관념에 시달리는 것처럼 보인다는 것이다. 교사들은 결국 이러한 흥미와 반응들이 학생들을 재빨리 지나쳐 사라져버리도록 하는 것이 관건이라고 생각하곤 한다. 이러한 현상은 많은 이들이 주장하는 바와 같이 오늘날 사회에 만연한 '과도한 자극'과 관련된 것인지도 모른다. 아이들과 청소년들뿐 아니라, 우리 어른들도 이러한 자극에 익숙해져 가고 있다. 그리고 이러한 정보와 메시지, 오락물의 홍수는 오늘날 전자매체가 일상화되면서 더욱 가속화되고 있는 실정이다. 그뿐만이 아니다. 이런 것들에 익숙해지면 일종의 중독 현상이 나타난다. '재미있는' 것을 마다하고 조용히 머물러 있는 것을 휴식과 만족으로 여기기보다는 이겨내야 하는 불편함으로 느낀다는 것이다. 그러나 이러한 때일수록 우리는 조용히 머물러 있는 것, 즉 침묵하는 법을 배워야 한다.

우리 학교를 방문하는 많은 사람들이 느끼는 것은, 예를 들면 쉬는 시간에 보통 다른 학교들에서 듣게 되는 소음이 없다는 것과, 수업시간에 모둠별로 모여 앉아 작업하는 아이들이 되도록이면 다른 친구들에게 방해가 되지 않도록 조용히 이야기한다는 것이다. 그럼에도 완벽하게 침묵하는 경우는 드물다. 우리는 아이들이 침묵하는 것을 견뎌내야 하는 과제가 아니라 좋은 것으로, 새로운 경험을 위한 샘으로 느끼기를 원했고, 이를 위해서는 훈련이 필요하다고 생각했다. 그래서 우리는 학교 건물의 한쪽을 침묵의 방으로 꾸몄다. 이 방은 폭이 좁고 길쭉한 공간으로 건축학적으로 특별히 잘 만들어진 공간은 아니다. 하지만 전체 면적은 일반 학급 교실과 비슷하고, 밝고 따뜻한 색의 카펫 위에 스물다섯 개 정도의 검은 매트와 방석이 일정한 규칙에 따라 놓여 있는 것 말고는 텅 비어 있다. 방 앞쪽 한편에는 보통 교사가 앉는 방석이 놓여 있다. 그 옆에는 커다란 징이 있다. 한 학급 학생들이 종교교사 혹은 담임교사와 함께 처음으로 이 방에 들어설 때, 아이들은 이 방에서 따라야 할 규칙을 배우게 된다. 이를테면 교실에서 이 침묵의 방으로 오는 동안에는 아무 말도 하지 않도록 한다, 이 방에 들어서기 전에 신발을 벗는다, 침묵의 방에서는 모든 아이가 홀로 앉으며, 아무도 자신이 관찰당하고 있다고 느끼지 않도록 한다는 규칙들이다.

놀랍게도 바르게 앉고 호흡하는 것을 어려워하는 아이들이 많다. 어떤 아이들은 이내 다리나 허리가 아프다고 호소한다. 아이들은 처음에는 이처럼 매우 불편해하다가 시간이 지남에 따라 점차 몸의 긴장을 푸는 법을 배운다. 진짜 훈련은 깊고 긴 떨림이 있는 징을 치는 것에서 시작된다. 아이들은 집중한다. 집중하고 듣는 것은 대부분 만지는 것과 병행된다. 교사가 돌을 가져왔다고 가정하자. 아이들은 이 돌을 손에 쥐고 그 무게와 질감을 느낀 뒤 다음 사람에게 전달한다. 돌이 따뜻한가, 차가운가? 이 돌은 어디서 왔을까? 이 돌은 어떤 이야기를 그 안에 품고 있을까? 바로 이야기를 하지 않고, 아이들은 각자의 인상과 생각에 집중한다. 이것에 대해 이야기하고 나누는 것은 나중에야 이루어진다.

침묵은 잘 들을 수 있게 해주고, 침묵은 무섭기도 하며, 평안을 가져다주기도 한다. 아이들이 침묵을 느끼는 양상은 매우 다양하다. 그것은 비밀스럽기도, 안정을 주기도, 어색하기도 하다. 침묵이라는 것을 느낄 수 있을까? 교사는 촉촉이 젖은 숲길을 맨발로 걷는 것이 어떤 느낌일지 상상해보자고 한다. 그러는 동안 새소리를 듣고 나뭇잎을 만지고 버섯향을 맡으라고도 한다. 약 20분 동안 아이들은 이렇게 상상의 여행을 하며 숲길을 걷고, 바닷가를 거닐기도 하고, 비를 맞기도 한다.

몇몇 교사들은 많은 아이들이 가만히 앉아 있지 못한다며 어려움을 호소했다. 그래서 혹시 교실에서 침묵훈련이나 상상여행을 하면 어떨까 실험을 해보았다. 호흡연습도 그중 하나다. 요사이 많은 아이들이 너무 가볍고 빠르게 숨을 쉬기 때문에 호흡을 제대로 하기 위한 연습이 필요하다. 집중력과 인지력에도 훈련이 필요하다. 내 몸에서 어떠한 경로로 숨이 들어오고 나가나? 내가 소리를 낼 때 그 떨림을 느낄 수 있을까? 빠르고 가볍게 숨을 쉴 때와 천천히 깊게 숨을 쉴 때 무엇을 느끼나? 가끔은 효과를 보기도 하지만 많은 경우 이러한 시도는 실패로 돌아가고 괜히 분위기가 어색해지기도 한다. 아이들에게 익숙한 교실 환경은 바쁘게 돌아가는 일상에서 한 발짝 물러서기에 그리 마땅한 공간은 아니다. 익숙한 일상 공간에는 아이들의 눈과 귀를 자극하는 요소들이 너무 많아서일지도 모른다.

특수한 목적을 갖고 특별한 분위기로 꾸며 놓은 침묵의 방에서도 이런 훈련이 실패하는 경우가 있다. 몇몇 아이들이 낄낄거리기 시작하면 다른 아이들도 따라 웃는다거나, 누군가 앉아 있던 자리를 박차고 일어나 뛰어다니거나 옆에 앉은 아이를 건드리는 상황이 벌어지기도 한다. 중요한 점은 교사 자신이 먼저 침묵훈련을 어떻게 효과적으로 이끌 것인가를 배워야 한다는 것이다. 이를 위해 우리 학교에서는 정기적으로 종교교사 회의를 열어 서로의 경험을 나누고 새로운 침묵훈련을 고안하는 등의 활동을 하고 있다. 물론 관심 있는 다른 교사들도 이 회의에 참석할 수 있다.

침묵훈련에서 학생의 나이는 매우 중요하다. 이러한 경험을 단 한 번도 해보지 못한 사춘기 청소년들을 데려다 놓고 침묵훈련을 하기란 매우 어려운 일이다. 아이들은 절대로 다른 아이들 앞에서 이런 괴상한 짓을 하려고 하지 않으며, 이를 부끄러워할 수도 있다. 그래서 우리 학교에서는 5학년 학기 초부터 시작한다. 아이들이 침묵의 방에서 '특별한' 시간을 정기적으로 갖는 것을 자연스럽게 여기도록 하는 것이 중요하다. 다행히도 점점 많은 아이들이 이미 초등학교에서부터 이와 비슷한 경험을 하고 올라와서, 그것이 의미 있다는 것을 안다.

때로는 고학년 학생 가운데 침묵의 방을 경험해본 학생이 반 친구들과 선생님을 설득해서 다 같이 침묵훈련을 하게 되는 경우도 있다. 앉아서 하는 침묵훈련이 요가나 태극권 같은 가벼운 몸동작으로 이어지기도 한다. 대부분의 아이들이 이렇게 하고 나면 가뿐하고 활기차게 일상의 수업으로 돌아간다.

그 외형부터가 학교의 다른 공간들과는 다른 침묵의 방은 아이들이 혼자 혹은 공동체를 이루어 특별한 훈련을 하는 곳이다(이렇게 함으로써 이 방이 동시에 하나의 사회적 공간이 된다). 이런 공간을 마련하고 운영하는 것은 아이들이 뒤엉킨 마음을 가다듬고, 때론 지금껏 해보지 못한 특별한 경험을 하도록 하기 위해서다. 그러려면 침묵의 방에 모이는 행위가 단지 교사 한 사람에 의해 좌우되지되는 것이 아니라 아이들에게 자연스런 일상이 되도록 해야 한다. 교사도 이 공간을 찾고 그 안에 십오 분간 머무른다면 아이들에게 다음과 같은 인상을 줄 수 있다. '너는 이상한 게 아니야! 어른들도 너와 비슷한 욕구가 있고, 너와 비슷하게 느끼고, 내면의 평안을 찾고, 자신에게 좋은 것을 찾는단다.' 침묵과 명상이 또래 사이에서, 심지어 아이들의 가정에서도 아무런 의미를 갖지 못하는 경우가 많다. 그래서 아이들과 청소년들이 이를 우습게 여기게 된다.

우리 학교에서도 이렇게 침묵이라는 특수한 목적을 띤 공간을 따로 만드는 것에 대해 의견이 분분했다. 열띤 찬반논쟁 끝에 그 동안 명목상 인쇄실로 되어 있으나 아무도 사용하지 않던 방에 새로운 의미를 부여하자는 의견이 나왔다. 몇몇 교사들은 그보다는 컴퓨터실이 하나 더 절실히 필요하다고 하였다. 지금 있는 컴퓨터실로는 턱없이 부족하다는 것이었다. 컴퓨터와 인터넷이야말로 모든 학생들이 꼭 배워야 하는 것이며, 침묵의 방이라고 하면 왠지 비의(秘儀)적이고 특히 학교에는 알맞지 않은 인상을 줄 수 있다는 것이었다. 그 방에서 도대체 무엇을 가르치란 말인가? 수업계획에는 침묵이라는 교과가 없지 않은가! 결국 학생생활나눔터마다 컴퓨터를 설치하여 아이들에게 컴퓨터에 대한 접근성을 높이기로 합의한 뒤에야, 침묵의 방에 대한 의견이 관철되었다. 이후 우리 학교를 방문한 대부분의 교사들은 이 침묵의 방을 보며 "아, 우리 학교에도 이런 공간이 있으면 얼마나 좋을까!"라고 말했다.

마리우스는 반 친구들과 처음으로 '상상여행'이라는 것을 했다. 저녁을 먹으면서 아이는 부모에게 자신의 경험을 이야기했다. 마리우스의 부모는 역사를 통해 볼 때 다양한 시대와 문화권에서 언제나 사람들이 일상에서 물러나 사색하고 기도하며 스스로를 찾는 공간이 있어 왔음을 아이에게 이야기해주었다. 심지어 베를린에도 시끄러운 도심 한복판에 침묵의 공간이라는 것이 있다고 했다. 마리우스와 그의 부모는 십오 분간 침묵하고 그저 함께 앉아 있는 시간을 갖기로 했다.

04 진지하게 대화하기

종교수업

어느 날 열 살배기 소년이 나를 찾아와서는 앞으로 종교수업에 들어가지 않겠다고 했다. 부모님께도 이미 말씀드렸고 그래도 된다는 허락을 받았다는 것이다. 왜 그러려고 하는지 묻자 아이는 "저는 빅뱅을 믿어요."라고 대답했다. 생각 끝에 나는 아이에게 그건 참 신통한 생각인데 그에 대한 이야기를 반 친구들과 나눠보는 건 어떻겠냐고 제안했다. 그리고 그런 이야기를 나누기에 종교수업 시간보다 좋은 게 어디 있겠냐고 했다. 이렇게 해서 아이는 자신의 신념을 종교교사와 나누러 갔고 그 뒤로 종교수업에 빠지겠다는 말을 더는 하지 않았다.

학교에서 종교과목은 여느 중요하고 아름다운 것들과 마찬가지의 위상을 갖는다. 어떤 학교에서는 음악을 모두 함께 즐기고 우리의 영혼을 쓰다듬어주는 좋은 것으로 여긴다. 그런가 하면 어떤 학교에서는 그저 배운 것을 누가 몇 주 후에 더 잘 기억하고 있으며, 이를 기반으로 어떻게 점수를 매길 것인가에 온 정신을 쏟기도 한다. 헬레네 랑에 학교가 김나지움이던 시절에는 종교수업이 개신교와 가톨릭 수업으로 나뉘어 있었다. 그리고 학부모 중에 자기 아이는 둘 중 어느 것에도 속하지 않는다고 할 경우, 아이는 종교수업을 받지 않을 수 있었다. 열네 살이 되면 아이는 종교적 주체로 간주되어 스스로의 행로를 결정할 수 있었다. 이렇게 종교수업을 받지 않는 아이들을 '낚기' 위한 방책으로 도덕 과목을 도입했는데, 이후 학생들이 교사 개인을 보고 수업을 결정하는 현상이 벌어졌다. 심지어 개신교 학생이 가톨릭 수업을 맡은 교사가 더 좋다는 이유로 가톨릭 수업에 들어가 앉아 있는 경우도 있었다. 어느새 종교와 도덕 과목은 학생들이 되도록이면 적은 노력을 기울여 해치워버리려는 과목으로 전락했다. 아이들의 진지하고 개인적인 질문들은 거의 다루어지지 않았다. 종교수업은 해마다 거의 새로운 구성원으로 이루어졌고, 연속성과 신뢰를 바탕으로 한 모임과 교사가 없던 까닭에 아이들은 종교에 관한 개인적인 질문을 꺼내기가 더욱 어려워졌다.

학급별 종교수업

이십여 년 뒤, 우리 학교 7학년 여학생 하나가 종교수업 시간에, 할아버지가 돌아가셨는데 장례식에 참석하지 못하게 되었다고 교사에게 말했다. 부모님이 아이를 충격에서 보호하려고 그런 것이다. 이에 교사는 장례식에 함께 있고 싶어하는 아이를 독려하며 아이의 부모와 전화 통화를 하였고, 아이가 장례식에 참석하도록 허락을 받을 수 있었다. 며칠 뒤 아이는 반 친구들에게 자기가 경험하고 느낀 바를 이야기했다. 장례식을 집전한 목사님이 할머니와 어머니와 함께 오랜 시간 동안 이야기를 나눈 뒤 설교문을 작성한 이야기와, 할아버지가 살아계셨을 때 어떤 분이셨는지 들으면서 눈물 흘린 이야기를 해주었다. 아이는 또한 꽃으로 장식된 관 속에 누워 있는 사람이 진짜 자기 할아버지가 맞을까 되물었다고도 했다. 반 친구들은 이 이야기를 귀 기울여 듣고 질문도 했다.

아이들은 이제는 집중하여 종교수업에 임한다. 이렇게 된 데에는 어느 학급의 교사가 고안하고 다른 종교교사들도 잇따라 도입한, 수업을 위한 의식이 한몫을 했다. 먼저 종교수업 시간마다 학생 두 명이 수업을 위하여 만다라를 하나 생각하고 필요한 재료를 준비해온다. 그리고 쉬는 시간에 카펫 위에 조개껍데기, 돌멩이, 깃털 혹은 밤톨 등으로 무늬를 만들고 이름을 붙인다. 선생님이 교실에 들어설 때쯤이면 아이들은 이미 그 만다라를 중심으로 원을 이루어 조용히 앉아 있다. 이렇게 준비를 마치고 난 뒤 아이들은 그날 수업의 주제를 놓고 이야기를 시작한다. 그 뒤를 이어 한 학생이 그날의 '지혜구절'을 칠판에 적어 다른 아이들에게 보여준다. 종종 성서의 구절이 인용되곤 하는데, 예를 들면 "내가 너의 이름을 불렀다."와 같은 것이다. 이 구절에 대해 서로의 생각을 나눈 뒤, 각자 앉은 자리에서 이것을 정성 들여 '지혜공책'에 옮겨 적는다. 이 예식은 심지어 고학년 학생들도 계속해서 하고 싶어할 정도로 학생들 사이에서 좋은 반응을 불러일으켰다.

현재 헬레네 랑에 학교의 종교수업은 이전과는 아주 큰 차이가 있다. 이 변화의 전환점이 된 것은 종교를 학급 단위로 가르치기로 한 결정이었다. 우리는 더는 아이들을 종교에 따라 구분하지 않고, 아이의 부모가 가톨릭이든 개신교든, 무슬림이든 불교든, 유대교든 무신론자든 모든 학생을 한자리에 모아놓고 수업한다. 우리는 확고한 신념을 가지고 이렇게 한다. 우선 우리는 "오늘날 우리 삶에서 가장 어려운 과제는 차이, 다원주의, 그리고 급변하는 세계 속에서 사는 것이다. 학교는 차이와 변화를 감지하고 인식하며 이를 극복할 수 있는 배움의 장이 되어야 한다. 그리고 그 안에서 자신의 자리를 찾아야 한다."라고 한 하르트무트 폰 헨티히(Hartmut von Hentig)의 생각에 동의하기 때문이다.* 이미 종교 분리를 당연시하는 풍토에서 자라난 아이들을 우리가 나서서 분류하고 가르기 시작하면 아이들이 무엇을 배우겠는가? 행여 여기서 어떤 공통분모를 찾는다 하더라도, 결국 '무엇이 먼저이고 나중인지'를 가르는 꼴이 되고 말 것이다.

종교수업을 학급 단위로 하면 좋은 또 다른 이유가 있다. 아이들은 반 친구들과 교사에 대해 여러 해에 걸쳐 알아왔기에, 자연스런 신뢰를 바탕으로 지극히 개인적인 문제를 내어놓고 이야기할 수 있는 환경이 조성되기 때문이다.

---

* 하르트무트 폰 헨티히에게 '차이와 함께 사는 삶'은 지난 30여 년간 핵심 주제였다. 《제도적 강제체제와 자기결정(Systemzwang und Selbstbestimmung)》, 슈투트가르트, 1968, 75쪽. 《새로운 학교를 구상하다(Die Schule neu denken)》, 바인하임, 2003, 219쪽. 위의 인용구는 1997년 한 라디오 방송에서 한 인터뷰에서 발췌한 것이다.

그러면 어떤 질문과 경험, 이야깃거리가 있을까?*

1. 사회심리학적 관점에서가 아닌(이것 또한 매우 중요한 관점이 아닐 수 없다!) '실존적' 관점에서 다른 사람 그리고 자기 자신과 어떠한 관계를 맺을까에 대한 질문이 있다. 즉, 나는 어떤 사람인가? 나는 어떤 사람이 되고 싶은가? 나는 어디로 향하고 있는 것일까? 나는 다른 사람에게 무엇을 기대하고 있는가? 다른 사람들이 나를 어떻게 대했으면 하는가? 나는 그들을 어떻게 대할 것인가?

2. 옳음과 정의에 대한 질문이 있다. 즉, 좋은 인간, 좋은 삶, 좋은 사회는 무엇이며, 나는 어떠한 책임과 빚, 운명을 지고 있는가 하는 것들이다. 그저 지금까지의 도덕론에서 다루었던 내용을 확인하고 답습하는 것이 아니라, 아이들이(바라기는 어른들도) 이런 질문들을 실존적으로 던지고, 어떤 부분에 왜 동의하는지를 함께 치열하게 찾아나가는 작업을 하는 것이다.

3. 되돌리지 못할 과거, 놓치거나 망쳐버리고 만 기회에 대한 성찰, 야속하게 흘러가버린 시간에 대한 경험, 무엇을 해서 혹은 하지 않아서 생긴 내면의 죄책감에 대한 질문이 있다. 또 이러한 질문들과 관련해서 끊임없이 나의 '실존의 의미', 나에게 일어나는 일들과 내가 인지하고 관찰하고 경험하는 것들의 의미, 그리고 나와 동떨어진 세계 어디선가 일어나는 일들과 내가 어떠한

---

* 다음 내용은 라이프치히에서 열렸던 '독일 개신교 교회의 날'의 종교교육 회의에서 게롤드 베커(Gerold Becker)가 이미 발표한 바 있다.

관련을 맺고 있는지에 대해 물을 수 있다. 이 같은 질문 끝에, 그래서 어쨌다는 것인가, 즉 '왜'와 '무엇을 위하여'라는 질문이 있다. 의심이 생기고 포기하는 것밖에는 달리 할 수 있는 일이 없는 것 같은 상황에서도 기쁨과 희망, 용기와 신념을 잃지 않아야 하는 까닭을 묻는 것이다. 내가 아는 것은 무엇인가? 내가 두려워해야 할 것은 무엇인가? 나는 어디에 희망을 두어야 하나? 그리고 나는 무엇을 해야 하나?

4. 경계지점에 대한 질문이 있다. 예컨대, 자신의 죽음 또는 나에게 큰 의미를 지닌 사람의 죽음에 대한 두려움처럼, 피할 수도 그저 무시해버릴 수도 없는 것, 누군가를 사랑하여 항상 그리워하면서도 그와 동시에 인간의 소유욕이 지닌 파괴력을 두려워할 수밖에 없는 상황, 혹은 온 힘을 들여 선의로 행한 일이 실패로 돌아갔던 경험이나 자신만 아는 좌절의 경험 등이 있다. 떠남과 돌아옴, 버려짐과 품어짐, 잃어버림과 찾음 등도 이 같은 삶의 근본적인 경험에 해당하며, 따라서 일종의 종교적 상징어 내지 종교적 비유의 일부라 볼 수 있다.

어른들 가운데에서도 이러한 질문들에 대해 단번에 모두를 설득시킬 만한 명쾌한 해답을 제시할 수 있는 사람은 아무도 없다. 많은 경우 우리는 설명하기 힘든 문제들에 대하여 그저 자기 경험의 폭 안에서 이야기할 수 있을 따름이다. 이러한 질문과 경험을 회피하지 않고 진지하게 마주하는 이라면 누구나 끊임없이 이 형이상학적 세계의 경계지점을 넘나드는 자신만의 방법을 알고 있을 것이다. 보통 그

선을 넘지 않으려는 경향은 이러한 영역이 더는 '학문'의 대상이 아니며 종교는 그저 '사적' 영역에 속하는 것이라는 두려움 내지는 방어책에서 비롯된다. 또 한편으로는, 우리가 학교에서 배우는 지혜가 전부가 아니며, 결국 이 세상은 그 이상의 다양한 요소들에 의해 지탱되고 있다는 확신에 차서 가볍게 회피해버리는 경우도 있다.

기도하기

지금까지 많은 학부모들이 그 같은 수업을 지향했다. 심지어 자기 아이가 특정 종파와 관련된 수업을 아예 받지 않도록 시간표를 짜는 이들도 있었다. 개중에는 자기 아이가 다양한 종파를 아우를 수 있는 종교수업을 받기를 희망하는 학부모도 있었다. 그런데 시험 삼아 자기 아이를 우리 학교 종교수업에 참여시켰던 학부모들이 만족스러워한 부분은, 다름 아닌 다양성에 대한 경험이었다. 어떤 학급에서 '이슬람'을 주제로 다루었을 때, 이슬람 교도인 한 학생이 자기 반 친구들에게 자기가 가족들과 매일 어떻게 기도를 드리는지 보여주었다. 아이는 손수 자신의 기도깔개를 가지고 와서 모든 의례와 형식을 갖춰 자기 가족이 아침저녁으로 기도드리는 모습을 반 친구들이 둘러서서 보는 가운데 재현했다. 이를 계기로 그날 이 학급에서는 오랫동안 기도에 관한 대화를 나눌 수 있었다. 다른 집에서는 날마다 기도를 드린다는 사실에 이루 말할 수 없이 감탄하는 아이도 있었고, 밤에 잠들기 전 마음이 무겁거나 두려움을 느낄 때 자기 소망을 신께

올리기 위해 자기만의 기도를 만들었다는 아이도 있었다. 이 학급에서는 모두 함께 기독교의 주기도문을 배우고 다 같이 낭독하기도 했다. 이렇게 하는 데 특별한 신앙심이 필요한 것도 아니고 다른 신앙을 가진 아이들을 개종시키기 위한 목적으로 그러는 것도 아니다. 내가 다른 종교교사들에게 수업시간에 주기도문을 가르치느냐고 물으면, 많은 이들이 나를 이상하게 쳐다본다. 어떻게 감히 그럴 수 있냐는 것이다!

그런데 안 될 까닭은 또 무엇인가? 요사이에는 대부분의 아이들이 종교적 문맹으로 학교 문을 들어선다. 부모는 아이와 신이나 죽음에 대해 이야기하지 않는다. 마치 이 같은 질문들이 금기시되기라도 한 것처럼 말이다. 종교성은 더는 익혀야 할 대상이 아니며, 식탁에서 드리는 공동의 식사기도는 거의 사라져버린 지 오래다. 무엇보다 중요한 건 종교에 대한 지식이 고갈되어버렸다는 점이다. 자기 종교건 다른 문화권의 종교건 모르기는 마찬가지다. 그러나 동시에 아이들은 자기들이 지금껏 배우지도 못하고 잘 알지도 못하는 영성과 이를 표현할 방법을 갈구하고 있다. 어떤 아이들은 어디서부터 어떻게 이 문제에 다가가야 할지 전혀 알지 못한다.

이 대목에서 우리에게 새로운 가능성이 있음을 보여준 한 복음성가 가수에게 감사의 마음을 전한다. 우리 학교에서 성탄절을 즈음하여 축제를 계획할 때였다. 아이들은 전통적인 성탄절 노래를 부르기 싫어했고, 우리는 이 가수에게 조언을 구했다. 아이들이 그러한 데에는 여러 가지 까닭이 있을 수 있다. 일단 성탄절 노래를 부르는 가정이 점점 줄어들고 있으며, 백화점이나 거리 곳곳 방송이 흘러나오는 곳이면 어디서든 이미 성탄절이 되기 한참 전부터 이런 노래들을 마구 틀어댄다. 이런 마당에 더는 성탄절 노래가 딱히 축제 분위기를 돋우지 못한다. 게다가 기독교 노래라면 어쨌건 눈살을 찌푸리게 되어 있다.

아이들 사이에서는 베포라는 이름으로 통하는 이 복음성가 가수는 백여 명쯤 되는 6학년 학생들을 데리고 학교 옆 교회로 향했다. 며칠 뒤 그곳을 찾았을 때 나는 아이들이 한 명도 빠짐없이 예배당 앞쪽에 모여 서서 신명 나게 노래 부르고 있는 모습을 보게 되었다. 아이들은 몇 시간 동안 노래하며 춤을 추고 있었는데 전혀 지치거나 지루해 보이지 않았다. 아이들은 "예수 아잘리 아바 나비소. 알렐루야 아 나 예수(Jesu azali awa nabiso. Alleluja ah na Jesu)"라고 노래했다. 무슨 노래를 부르고 있느냐고 묻자, 한 학생이 콩고 노래인데 번역하면 "예수는 우리 가운데 있다. 예수는 살아계시다."라는 뜻이라고 말해주었다. 나는 놀라움을 금치 못했다. 같은 학생이 '주를 찬양하라'라는 찬송가를 부르는 일은 없었을 것이기 때문이다.

아이들은 베포와 함께 종교란 무엇인지 새롭게 경험하고 있는 듯했다. 사실 베포는 원래 가수가 아니었다. 오랫동안 그는 독일 철도청에서 철도원으로 근무했다. 그러던 어느 날 그는 암 말기 판정을 받고 일을 그만둘 수밖에 없었고, 의사들은 그에게 이제 살 날이 얼마 남지 않았다고 했다. 이를 계기로 그는 여생을 노래를 부르며 살기로 작정했다. 처음에는 그저 혼자 노래를 부르기 시작한 것이 나중에는 친구들과 함께 하게 되었고, 기적처럼 그는 다시 건강을 회복하게 되었다. "나는 내가 살아 있다는 것에 감사하기 위해 신께 노래합니다."라고 그는 아이들에게 말한다. 개중 많은 아이들이 누군가 '신'이라는 말을 이처럼 자연스럽게 사용하는 것을 처음으로 경험한다. 베포는 아이들과 노래를 부르며 성 어거스틴의 말을 인용하기도 했다. 노래하는 것은 입으로뿐 아니라 온몸으로 하는 기도라는 점에서 이중으로 하는 기도라는 것이다.

아이들은 베포의 깊은 신앙심과 노래를 향한 열정에 매료되었고, 낯선 언어로 부르는 복음성가는 아이들에게 종교의 뜻을 무겁지 않게 전달했다. 베포의 낮은 음성과 그에 맞춘 몸짓은 아이들에게 기쁨으로 노래 부르게 한다. 이를 통해 아이들은 열린 마음과 호기심을 가지고 종교와 관계 맺는 법을 배우게 되는 듯했다. 이렇게 많은 날들과 시간들을 지내온 장소로서 교회는 아이들에게 익숙한 곳이 된다 (베포를 통해 처음으로 교회를 접한 아이들도 있다). 그곳에서 경험하고 일어난 일들은 자연스레 대화의 주제가 된다. 나는 우리 아이들이 수업을 통해 종교를 더욱더 풍부하게 경험했으면 하는데 베포도 같은 생각이다.

세상에는 분명 옳고 그름을 칼로 자르듯 대답할 수 없는 물음들이 있다. 학교는 다른 많은 질문들에 대해서는 정답을 제시해주기를 좋아하면서도, 유독 이러한 질문들에 대해서는 대답하기를 꺼린다. 그럼으로써 사실은 아이들이 길을 잃고 헤매게 될 수 있는데도 말이다. 하지만 해답이 없는 것만은 아니지 않은가? 진리에는 주관적인 면이 있다는 점을 감안하면 말이다.

다투고 화해하기
민주주의와 책임의식 배우기

    요나단과 알렉산더는 서로 미워했다. 그 누구도 이 열 살배기들이 분노에 차서 서로 달려드는 것을 말릴 수 없었다. 요나단이 알렉산더를 밀치고 알렉산더가 이를 맞받아치면 이내 서로 때리고 발로 밟고 물어대는 식으로 싸움이 벌어지곤 했다. 이런 적대관계의 원인을 밝힐 수도 없었다. 어른이 나서서 대화를 유도하면 아이들은 즉시 서로 잘못을 떠넘겼다. 그래서 나는 아이들의 부모에게 면담을 요청했다.

    알렉산더 쪽에서는 어머니 혼자 왔다. 아버지는 대기업의 고위 간부인데 회사일정 때문에 올 수 없게 되었다고 했다. 어머니는 확신에 차서 "우리 아이는 남을 때릴 아이가 아니다!"라는 입장을 고수했다. 자기 아이는 아주 바른 교육을 받고 자랐으며, 아무 까닭 없이 공격받는다고 느끼는 경우에만 방어를 할 따름이라는 것이었다. 반면 요나단에 대해서는 형편없는 아이로, 애 아빠는 사회낙오자고, 미국인인 엄마는 자기 부부관계나 아이 문제조차 스스로 해결하지 못하는 인간이라고 했다. 이렇게 알렉산더의 어머니가 완강히 자기 아이 편에 서서 변호를 하고 있는 와중에도 아이와 엄마 사이에는 미묘한 긴장관계가 느껴졌다. 알렉산더의 어머니는 아이들 문제에 개입하여 해결할 마음은 추호도 없었다. 그럴 만한 까닭이 전혀 없다는 것이다.

요나단의 아버지는 안마사이고 약간 다혈질인 분이었는데, 아이들의 상황을 좀 더 심각하게 받아들이고 있었다. 그는 이 상황에 대해 학교 측에서 적극 개입하여 해결할 것을 강하게 요구했는데, 이를 거부할 사람은 아무도 없었다. 요나단의 어머니는 차분하게 대화로 문제를 해결하기 원한 반면, 아버지는 그런 식으로는 아무 결론도 나지 않는다는 입장이었다. 그보다는 학교 차원에서 필요한 조치를 취해 달라고 했다. 실제로 아이의 어머니가 요나단과 이야기를 나눴는지, 아버지가 아이를 혼냈는지는 알 수 없다. 분명한 것은, 여전히 두 아이는 서로에게 증오심을 불태우고 있다는 사실이었다. 선생님들이 나서서 학교에서 싸우는 것을 막을라치면 아이들은 집에 가는 길에 싸웠다.

몇몇 교사들은 요나단을 다른 반으로 옮기자고 했다. 이 깡마르고 웃자란 아이는 자기 반 아이들 사이에서도 소외되고 있었다. 두 아이 사이에 싸움이 벌어지면 다른 아이들은 보통 알렉산더 편을 들었다. 반 아이들도 반복되는 싸움에 지쳐 있기는 마찬가지였고, 유일한 해결책은 요나단이 사라져주는 것이었다. 그러면 모든 것이 다시 제자리로 돌아온다는 것이다. 그러나 나는 이 학급 아이들 모두가 함께 짊어져야 할 책임을 쉽사리 거두고 싶지는 않았다.

한 주의 끄트머리에 나는 이 반 아이들과 둘러앉아 "더 이상 이렇게는 안 되겠다. 이 싸움이 너희 반을 망가뜨리고 있구나."라고 매우 진지하게 말했다. 그 순간, 자리에 있던 모두가 이제 어떤 결정적인 일이 벌어지리라는 걸 직감으로 알아챘다. 나는 알렉산더와 요나단에게 가운데로 나와 일 미터 정도 사이를 두고 서로 마주보고 앉아 똑바로 쳐다보도록 했다. 둘 다 내켜 하지 않았지만 그렇게 했다. 둘러앉은 아이들에게는 침묵하면서 앉아 있는 두 아이를 위하는 마음으로 평화롭게 화해를 이끌어낼 방법을 함께 생각하도록 부탁했다. 그렇게 한 뒤에 두 아이에게 내가 시키는 대로 할 수 있겠느냐고 물었다. 아이들은 고개를 끄덕였다. 우선 나는 서로 상대방이 보이는 전형적인 행동을 한번 흉내내보라고 시켰다. 요나단과 알렉산더는 아마 그 자리를 뜨고 싶었을 것이다. 그러나 두 아이는 이미 내 제안에 동의한 상태였고 반 친구들이 지켜보고 있었다. 요나단은 왼손잡이인 알렉산더가 어떻게 글을 쓰는지 따라 해 보였다. 몇몇 아이들이 킥킥거리기 시작했다. 만일 내가 보고 있지 않았더라면 알렉산더는 즉시 요나단에게 달려들었을 것이다. 그 대신 알렉산더는 근시인 요나단이 자기 안경을 닦고 그것을 어설프게 콧잔등에 얹는 모습을 풍자하는 것으로 맞받아쳤다. 또다시 몇몇 아이들이 웃었다. 다음으로, 서로에게 그래도 좋게 생각하는 점이 있다면 말해보라고 했다. "네 청바지가 마음에 들어."라고 알렉산더가 잽싸게 말했다. 아무 말 없이 멍하니 앉아 있던 요나단의 눈에 눈물이 고이더니 아주 작은 목소리로 "저번에 네가 그림을 아주 멋지게 그렸어."라고 말했다. 마지막으로 두 가지 과제가 남아 있었다. 매일 아침 반 아이들이 요나단과 알렉산더를 중심으로 원을 그리고 둘러싼 가운데 두 아이가 서로 하루를 축복해주는 말을 주고받을 것과, 쉬는 시간에 두 아이가 너무 가까이 있지 않도록 반 친구들이 지켜봐 주는 것이었다.

그 다음 주 월요일, 한 시간가량 유지되던 화해의 분위기가 깨지고 말았다. 요나단은 악수를 하지 않으려고 완강하게 뒷짐을 지고 있었고, 알렉산더 또한 그러면 자기도 악수를 하지 않겠다고 했다. 반 아이들은 이제 어떻게 되는 건가 조마조마해하고 있었다. 나는 지난번에 두 아이가 나의 당부대로 하겠다고 한 약속을 일깨워줬다. 결국 불편하고 지루한 몇 분이 흐른 뒤 요나단과 알렉산더는 다시 서로에게 손을 내밀었다. 두 아이는 손끝이 닿자마자 얼른 다시 손을 자기 쪽으로 접었지만, 그래도 약속대로 악수를 하고 아침인사를 주고받았다. 그날 이후로 적어도 학교에서만큼은 다시는 두 아이 사이에 싸움박질은 일어나지 않았다. 요나단과 알렉산더는 끝까지 악수하는 것을 어색해하고 불편해하기는 했지만, 시간이 지남에 따라 그저 형식적으로 하는 인사를 넘어, 시험 잘 보라는 얘기나 테니스 시합에서 좋은 성적을 거두라는 등의 인사도 주고받게 되었다. 매주 학급 전체 혹은 몇몇 아이들이 수행할 과제가 주어졌고, 반년 뒤 요나단과 알렉산더는 '화산'을 주제로 함께 발표를 준비하기에 이르렀다.

4년이 흐른 뒤 알렉산더는 나에게 요나단과의 적대관계는 그저 희미한 기억으로 남아 있을 뿐이라고 말해주었다. 알렉산더의 어머니는 불치병에 걸려 휠체어 신세를 지게 되었는데, 본인이 그렇게 된 책임을 아이에게 지우며 아이더러 무책임하고 매정하다고 비난을 퍼부었다. 알렉산더는 이를 더는 견딜 수 없었다. 이런 상황에서 나는 알렉산더에게 사립기숙학교로 전학할 것을 제안했고 알렉산더의 아버지도 이에 동의했다. 요나단 역시 어머니 없이 지내게 되었다. 요나단의 부모는 이혼했고, 그 과정에서 딸아이는 엄마와, 요나단은 아빠와 함께 살겠다고 한 것이다.

요나단과 알렉산더는 그렇게 자기 삶을 잘 개척해나가는 것처럼 보였다. 적어도 2년 뒤 알렉산더가 인생 최대의 위기를 맞기 전까지는 말이다. 알렉산더는 수업을 거부하고, 받고 있던 직업교육과 시험을 포기했으며, 맡고 있던 저학년 학습보조 일도 그만두는 등 모든 활동에서 손을 뗐다. 아이는 어느 날 우연히 마주쳤을 때, 내게 이제는 일이고 공부고 다 그만두고 제발 그저 살아만 있으면 좋겠다고 말했다. 그렇다고 자기 문제에 대해 나와 긴밀한 대화를 나눌 생각이 있는 것 같지는 않았다. 12학년을 마치자 아이는 학교를 떠났다. 아버지는 알렉산더를 위해 따로 조그마한 거처를 마련해주었고 견습직도 알선해주었으나 알렉산더는 그마저도 완강히 거부하고 말았다. 알렉산더는 그 뒤 부모와도 연락을 끊었고 마약중독자가 되었다. 알렉산더의 아버지는 내 말이라면 알렉산더가 들을지도 모른다며 제발 자기 아들과 얘기를 나눠달라고 간절히 부탁했다. 약속은 했지만, 나역시 망설여져 다른 핑계를 찾으며 아이와의 만남을 미루었다. 내게는 그 일이 버겁게 느껴졌다. 결국 나는 알렉산더를 만나지 못했다.

일 년 뒤 나는 롤러블레이드를 타고 거리를 지나던 요나단을 우연히 만나게 되었다. 아비투어에 합격하고 은행에서 직업교육을 받고 있으며 자기 방세를 낼 수 있을 정도의 아르바이트 자리를 찾았다고 했다. 아이는 행복해 보였다. 나더러 언젠가 돈 좀 모으면 자기가 내 세무사가 되어 주겠다며 웃어 보였다. 우리는 서로 손을 건네어 악수를 했다. "참, 알렉스(알렉산더의 애칭)는 지금 저랑 같이 살면서 다시 학교에 다니고 있어요."라고 말하고 요나단은 유유히 사라졌다.

　지난 몇 년간 학교 차원에서 논의, 적용되어오던 쟁점들은 단 하나의 목적을 지니고 있었다. 어떻게 하면 우리 교육 체계를 정비하여 학교를 효율화할 것인가, 어떻게 하면 국제·국내 학업평가기준에서 높은 점수를 얻을 것인가 하는 것이다. 핵심내용을 기억하고, 성찰적·이성적 사고를 하며, 지식을 분류하고 통합하는 등의 능력을 키우는 것은 기본적으로 학교 교육이 지향해야 할 바임에 틀림없다. 그러나 학교는 그 이상의 것을 경험할 수 있는 공간이 되어야 한다. 아이들이 자기가 선택하지 않은 사회 안에서 타인을 배려하고 여럿이 힘을 모아 공부하고 함께 살아가는 법을 학교가 아니면 어디서 배우란 말인가? 학교 말고 어디서 아이들이 민주주의 의식을 체득할 수 있겠는가?

　열린 사회는 오로지 다수의 구성원들이 자기가 속한 지역 공동체에서 그리고 정치·사회적인 의결과정에서 자신의 목소리를 낼 수 있어야만 유지될 수 있다. 이러한 점에서 오늘날 공립학교는 필연적으로 '시민학교'일 수밖에 없다. 학생들은 일상에서 어떻게 하면 공동체 내에서 자기 책임을 다할 수 있을지, 어떻게 자기 능력과 힘을 자기 자신뿐 아니라 공공의 이로움을 위해 쓸 것인지를 경험할 수 있어야 한다. 내가 볼 때 오늘날 우리들의 학교가 처한 진짜 심각한 문제는, 학교평가에서 평균치에도 미치지 못한다는 점이 아니라, 학생들의 사회적 책임감을 키우는 교육을 행하고 있는 학교가 너무도 적다는 것이다.

스스로 청소하기

쓰레기를 예로 들어보자. 학교 청소부가 쓰레기를 치워주는데, 아이들은 이 청소부를 마주칠 일이 전혀 없다. 학교는 사실상 건물정비나 학습자료에 책정될 예산을 삭감해가며 이 돈으로 청소부를 고용한다. 그렇다면 학생들은 왜 자기 학교를 스스로 청소하지 않는가?

우리 학교에는 교실, 학생생활나눔터 그리고 복도 등의 공간이 있다. 우리 학교는 학년별로 각기 '구역'을 나누어주어, 각 구역마다 백 명의 학생과 여덟 명 정도의 교사가 책임을 지고 이 공간을 깨끗하고 아름답게, 또한 학습하기 좋은 분위기로 만들 책임을 지도록 한다. 이 과제에는 학생들이 직접 식물을 키우는 일도 속한다. 모든 학급이 5학년 때 식물원이나 근교 농원에 가서 묘목을 사와 이를 학교에 심고 졸업할 때까지 키우게 된다. 이 식물은 학급별로 아이들과 교사들이 책임을 지고 돌봐야 한다. 방학 중에도 말이다. 아이들은 자기들에게 주어진 공간을 직접 제작한 포스터와 사진, 미술시간에 그린 작품, 수학 프로젝트 보고서, 물리실험 결과 보고서 등으로 꾸민다. 그리고 직접 청소한다. 책상과 창틀을 닦고 칠판을 지우고 먼지를 없앤다. 날마다 하루 일과를 마치며 백 명이 넘는 아이들이 주간 '청소일과'에 따라 때론 15분, 때론 30분가량 청소를 한다.

이렇게 한 결과 아이들의 행동에 변화가 생겼다. 오늘이 만일 자신이나 자기 짝이 청소하는 날이라는 것을 알면 아이들은 주변 환경에 더 세심하게 신경을 쓴다. 어디에 쓰레기가 떨어져 있는지, 행여 망가진 것은 없는지를 살피고 서로서로 알려준다. 이와 같은 일들은 주로 어른들이 반기는 부수적인 효과일 뿐이다. 아이들 대부분은 상황을 생각보다 단순하게 파악한다. 청소하고 있는 아이들에게 왜 청소를 하냐고 물으면 아이들은 그저 "깨끗해 보이라고요."라고 대답할 따름이다.

청소가 항상 즐거운 일만은 아니다. 학생들 중에는 간혹 청소하는 법을 몰라 따로 가르쳐줘야 하는 경우도 있다. 세면대를 단 한 번도 닦아보지 않은 아이도 있다. 집에서는 이런 일을 가사도우미나 어머니가 대신해주기 때문이다. 요즘은 아이들이 가사일에 전혀 관여하지 않는 것이 당연한 일이 되었고, 아이들은 집에서 자기 방 이외의 공간에 대해서는 아무런 책임감도 느끼지 않는다. 어쩌다 한 번씩 방 좀 치우라는 잔소리를 듣는 게 전부다. 그마저도 결국 엄마가 나서서 방에 널린 더러운 양말을 거둬다가 빨래까지 해준다.

학교에서 아이들에게 청소를 시킨 조치는 뜻밖의 반발에 부딪혔다. 나로서는 전혀 예상하지 못한 일이었다. 사실 학생과 교사들은 일정 기간이 지나자 상황을 자연스럽게 받아들였다. 그러나 관료주의에 사로잡힌 교육청이 이를 막아선 것은 뜻밖이었다. 결국 학생 위생문제가 걸려 합의점을 찾을 수밖에 없었다. 즉, 복도계단과 화장실은 사설 청소기관에 위탁하기로 한 것이다. 청소에 관한 우리 학교의 방침이 언론에 보도되었을 때 심지어는 독자란에 우리가 아이들을 강제로 "부려 먹는다"는 비난조의 글까지 올라왔다. 우리가 마치 아이들을 탄광에 보내거나 재봉질을 시키기라도 한 듯 말이다. 우리는 우리 아이들이 자기 생활반경 안에서 환경에 대한 책임의식을 갖도록 하고 싶다. 이러한 배움은 노동을 수반한다. 이러한 노동은 그 일에서 손을 떼는 순간, 그 의미가 분명해진다는 점에서 실질 노동이다.

학교라는 곳은 할 일이 참 많은 곳이다. 서무실 우편배달, 문서 복사업무, 결석한 학생을 위해 학습자료를 모아놓는 일, 비디오 장치나 오버헤드 프로젝터(OHP)를 다루는 일 등. 그런데 이러한 일들을 왜 어떤 학교들에서는 교사가 혼자 도맡아 하려고 하는가? 우리 학교에는 각 학급 교실마다 필요한 업무내용과 해결해야 할 과제를 적어 놓은 표가 걸려 있다. 그 뒤에는 업무별로 현재 담당자가 적혀 있다. 반 년마다 업무를 새롭게 분담하는데, 모든 학생이 적어도 하나 이상의 업무를 도맡아 하도록 되어 있다. 처음에는 그저 교사가 해버리고 말면 훨씬 수월할 것처럼 보인다. 학생을 설득해서 일을 맡기고 설명해주고 그 일을 잘해낼 수 있도록 옆에서 도와주는 게 힘이 훨씬 많이 든다. 그러나 결국에는 이렇게 공동체를 위해서 자기가 할 수 있는 일을 맡아서 해본 아이들이 있다는 것이 모두를 위해 얼마나 큰 힘이 되고 이득이 되는지 알게 될 것이다. 학교에서 청소를 해본 아이들은 나중에 학교를 벗어나서도 자기 주변 환경에 세심히 신경을 쓰고, 길 거리 아무데나 쓰레기 버리기를 주저하지 않겠는가?

학급의회

학생 개개인에게 책임을 부여하면 그에 따른 변화가 있게 마련이다. 학생들은 자기가 맡은 일에서 어떤 쟁점이나 문제가 떠오르는 등 중요한 사안이 생기면 그에 대해 의견을 나타내려고 할 것이며, 학급

공동체에 적극적으로 참여하고자 할 것이다. 이런 학생들은 스스로 나서서 함께 논쟁하고 해결책을 찾는 등 자기 권리를 행사한다. 학교는 각 이해집단 사이의 끝없는 논쟁으로 학업이 지장을 받거나 심지어 뒷전으로 밀려나는 상황을 막기 위해 어떠한 제도적 틀을 마련해야 한다. 우리 학교에서 '벽보'와 '학급의회'는 이를 위한 두 가지 핵심적인 제도로, 프랑스 교육학자인 셀레스탱 프레네의 사상을 바탕으로 하는 제도이다.

헬레네 랑에 학교에서 학급의회는 매주 마지막에 열리는 중요한 의례다. 학급의회는 벽보를 바탕으로 열리는데, 벽보에는 모든 학생들이 한 주간을 지내면서 자기가 원하는 사항이나 건설적 제안, 비판 혹은 갈등상황 등을 적어 넣을 수 있다. 모두가 이 벽보에 적힌 내용이 학급의회에서 논의될 것이라는 것을 알고 있다. 만일 미처 벽보에 적지 못한 내용이 있으면 당일 회의시간에 얘기하여 안건으로 추가할 수 있다.

히란은 독일에 온 지 얼마 안 되었다. 히란은 6학년 B반에 들어온 지 몇 달이 채 지나지 않았는데도 반 친구들이 자기를 믿고 꽃에 정기적으로 물 주는 일을 맡겨준 것이 매우 기뻤다. 모든 학생들은 농원활동 때 직접 심어 가져온 자기 화분이 있다. 따라서 히란이 맡은 일은 매우 중요하다. 아이는 이 일을 잘하기 위해 특별히 신경을 써서 거의 날마다 물을 주었다. 그런데 얼마 지나지 않아 몇몇 화분이 상하기 시작했다.

학급의회에서는 난리가 났다. 몇 명은 심지어 히란더러 그 일을 그만두라며 몰아붙였다. 히란은 매우 상심한 데다 자기 입장을 변호할 만큼 독일어를 그리 잘하지 못한다. 결국 아이는 울음을 터뜨렸다. 그러자 반에는 미안한 분위기가 감돈다. 잠시 뒤 아이들은 휴지를 건네주며 히란을 달래기 시작했다. 히란의 짝이 나서서 히란에게 다시 한 번 기회를 주자고 말한다. 대화를 하는 과정에서 실은 히란이 자기 나라에서는 단 한 번도 이런 식의 화분을 본 적이 없어서 어떻게 물을 줘야 하는지 몰랐다는 사실이 드러났다. 이 학급은 결국 앞으로 4주간 히란을 도와 꽃에 물 주는 일을 할 사람 한 명을 더 두자고 결정하며 일을 마무리 지었다. 4주 뒤엔 히란이 혼자서 그 일을 계속하게 될 것이다. 이렇게 결정된 사항은 회의록에 기록한다. 후에 히란은 꽃에 물 주는 일을 아주 훌륭히 해냈다.

이는 실제 사례다. 갈등상황을 건설적으로 조율하는 것을 배우기 위해 학생들은(때론 교사도) 오랜 배움의 과정을 거쳐야 한다. 5학년 아이들 중에는 아직 자기 의견을 조리 있게 말하고 남의 의견을 충분히 이해할 만큼 언어능력이 발달하지 않은 아이들도 있다. 아이들 대부분은 회의를 진행할 줄도, 어떤 내용을 종합할 줄도 모른다. 이런 상황에서 "너희들끼리 알아서 해!"라고 하는 것은 교사가 학생들에게 할 말이 아니다. 왜냐하면 아이들은 아직 어떻게, 그리고 어떠한 방식으로 이런 상황을 해결해야 하는지 모르기 때문이다. 프레네가 구상한 '아이들에게 말할 기회를 주기'라는 것은 아주 세밀한 표현방식에 이르기까지 도와주는 것을 전제로 한다. 이렇게 하는 것은 서로 도와가며 연습할 수 있는 기회를 주는 것이며, 나름대로 특별한 즐거움이 있다.

회의는 회의 진행자가 "벽보에 적힌 내용을 중심으로 오늘의 학급의회를 개회하겠습니다."라고 말함으로써 시작된다. 회의 진행 역시 많은 활동 가운데 하나로서 보통 임기당 두 명이 함께 맡아 한다. 교사는 그 옆에 앉아서 벽보에 적힌 첫 번째 내용을 가리킨다. "토비아스가 내 정강이를 세 번이나 발로 찼다." 이것을 쓴 사람이 먼저 상황 설명을 하고, 그에 이어 토비아스가 자기 입장을 밝히면 다른 아이들도 발언권을 갖고 개입한다. 더는 새로운 발언이 나오지 않고 논조가 반복되기 시작하면 회의 진행자가 해결방안을 내놓는다. 회의를 마무리 지으며 진행자는 당일 회의 때 미처 논의되지 못한 내용이 있는지 검토하고, 이를 다음 회의로 넘길 것을 공표한다. 처음에는 자기가 적은 내용이 그날 다루어지지 못하면 화를 내거나 실망하는 학생들도 있었다. 그러나 시간이 지나면서 아이들은 점점 어떻게 하면 주어진 시간을 효율적으로 활용할 수 있는지 배우게 된다. 회의가 혼란스럽고 이상한 분위기에서 끝나버리는 경우도 생긴다. 그러나 이 역시 하나의 자연스런 과정이다. 이렇게 학생들이 주체로 설 수 있는 역량을 갖추기 위한 기다림과 노력의 시간 없이는, 결코 학생 한 명 한 명이 돌아가며 3개월 간 회의를 진행하고, 발언자 명단을 만들고, 발언권을 주고, 논쟁을 이끌어가며, 합의를 도출해내기를 기대할 수 없을 것이다. 물론 개중에는 다른 아이들보다 빠르게 회의록 작성법이나 결론도출 시점에 대한 감각을 키우는 아이들이 있게 마련이다. 반면에 어떤 아이들은 일정한 틀이 주어지지 않은 상태에서 다른 아이들 앞에서 이야기하는 것을 끝까지 어려워할 수도 있다. 이러한 아이들을 도와주고 뒷받침해주는 것이 더더욱 중요하다.

민주적 사고방식을 배우고 참을성 있게 연습하는 첫 내디딤은 너무도 중요해서 결코 소홀히 해서는 안 된다. 이 과정에서 교사가 겪는 갈등이 있다. 한편으로 교사는 특히 학기초에(그리고 이후 발생되는 갈등상황 등에서) 교사의 권위로 '정의'를 행사하게 된다. 즉, 강한 사람이 이기는 것이 아니라, 모두가 각자의 권리를 가지고 있음을 보여주는 역할을 한다. 다른 한편으로 교사는 자기 반 아이들이 실제로 학급의 내부 문제와 갈등상황을 주체적으로 해결하는 법을 터득할 수 있도록 북돋아줘야 한다. 만일 아이들이 모든 사안에 대하여 회의를 통해 결론을 도출해내는 것으로 독립성과 배려의 정신을 배울 수 있다고 생각하면 오산이다. 이렇게 하는 것이 민주주의라고 착각해서는 안 된다. 어떤 결정을 내린다는 것은 결국 자신과 다른 사람에 대한 책임을 지겠다는 행위다. 따라서 이러한 행위는 다수결의 원칙만으로 이루어져서는 안 되며, 좀 더 근본적인 차원의 원칙을 바탕으로 이루어져야 할 것이다. 예를 들면, 어떠한 상황에서도 강자가 약자를 강압하거나 무시해서는 안 되며, 우리 학교에서 폭력은 절대로 허용되지 않는다는 등의 원칙 말이다.

나이가 어린 학생들이 특정한 행동원칙을 배우는 것은 그 다음 단계로 나아가기 위한 전제가 된다. 아이들이 의자를 갖고 원을 이루어 앉을 때 최대한 조용히 그리고 빨리 각자 의자를 갖고 움직이게 되어 있다. 그런데 어떤 교사들은 10학년이 되도록 이렇게 간단하고 쉬운 것조차 배우지 못한 아이들이 있다고 호소한다.

특정한 행동원칙이 집단 내에 자리를 잡으면, 그때부터는 생산적인 토론도 가능하다. 학급의회에서 개인 간의 갈등을 넘어, 실제 이해관계가 달라 벌어지는 갈등을 놓고 논쟁하는 경우에 이는 명확해진다. 하루를 등산하는 날로 정하고 이날 무슨 활동을 할 것인지를 놓고 이야기한다든지, 졸업여행을 어디로 갈 것인지 등을 정하는 경우를 생각해보자. 절반은 이쎌 강에서 배를 타기 원하고, 절반은 베를린에 가기를 원한다면? 간혹 수업내용을 가지고 논쟁하기도 한다. 다수가 4주간 연극을 하기 원하고, 몇몇은 영화 제작을 하기 원한다면? 이 과정에서는 좋은 논거를 가진 주장으로 의사결정이 이루어지길 바랄 뿐이다. 누가 누구를 설득할 수 있으며, 누가 자기 입장을 철회하는가? 누가 공동체를 고려하여 자기 입장을 잠시 접어둘 줄도 아는가?

합의와 원상복구의 원칙

"자, 제안이 있어요! 우리가 하고 있는 원시시대 프로젝트를 교실을 벗어나 며칠 일정으로 여행을 하면서 마무리 짓는 것이 어떻겠어요?"라이흐 선생님은 이러한 제안에 대해 5학년 자기 반 아이들이 대환영을 할 줄로만 생각했다. 다른 일로 바쁜 선생님들을 대신해 보조교사 역할을 해줄 사람도 이미 구해 놓은 상태였다. 지금은 10학년인, 과거에 자기가 맡았던 학생 세 명이 수학여행을 보조해주기로 한 것이다.

이에 대해 야나가 반기를 들고 나섰다. 어떻게 자기네들 의견은 물어보지도 않고 외부 사람 세 명을 영입할 수가 있냐는 것이 이 열 살배기 소녀의 주장이었다. 그러면서 최근 헤센 주 선거유세의 일환으로 새로운 이민정책 입법 반대 서명운동을 하고 있는 어느 정치인이 하는 대로 선생님의 제안에 대해 반대 서명운동을 했다. 아이는 반 친구들에게 서명할 것을 권유했다. 그러고는 다음 학급의회 때 외부인 세 명이 여행에 함께 가는 것을 모두가 반대하고 있다며 서명이 적힌 종이를 근거로 주장했다.

세 명을 제외한 모든 학생들이 여기에 서명을 했다. 선생님은 그 종이에 한 서명이 무엇을 위한 것인지를 알고 있느냐고 되물었다. 한 여자아이가 자기는 그저 모두 서명을 하길래 자기도 했다고 말했다. 수업시간에 종이가 돌았다고 다른 남자아이가 덧붙였다. 반 아이들 대부분은 그게 뭔지도 모른 채 서명을 한 게 분명했다. 그런데도 적어도 세 명은 서명을 하지 않을 용기가 있었다! 선생님은 그러면 무슨 생각으로 서명을 했느냐고 물었고, 아이들은 머뭇머뭇하더니 안 그러면 괜히 일이 복잡해질까 봐 그랬다고 했다.

야나는 자기는 초등학교 때 민주주의 사회에서는 모두의 의견이 반영되어야 하고 그런 뒤 투표를 하는 것이라고 배웠다고 강하게 피력했다. 라이흐 선생님은 그러면 아직 덜 배운 것이라고 단호히 반박했다. 무작정 반대를 하기 전에 그것이 어떤 내용을 담고 있는지를 면밀히 살펴야 한다는 것이었다. 그건 둘째 치고라도, 여행을 보조해주기로 한 학생들이 자기들이 이렇게 거부당했다는 것을 알고도 여전히 같이 가겠다고 할지도 의문이었다. 아이들은 순간 자신들이 한 행동이 어떤 의미를 지니는지 깨달은 듯했다. 그 다음에 어떻게 할지는 아이들이 스스로 결정했다. 아이들은 등산하는 날 그 세 명의 10학년 선배들을 오라고 해서 사전에 그 서명운동과 관련해서 어떤 논의들이 있었는지를 선배들과 함께 토의했고, 이렇게 한 끝에 선생님에게 다시 장문의 편지를 써서 10학년 선배들이 여행에 동행하는 것에 찬성한다는 입장을 표명했다.

학교 내 민주주의란 무엇보다 학생 개개인이 공동체 내에서 함께 공부하고 생활하는 것을 독립적이고 책임감 있게 수행해내는 것을 뜻한다. 어떤 사안에 대해 결정을 내리는 행위는 사전에 진지한 토론 과정을 전제로 해야 의미가 있다. 어떠한 결정을 내릴 때 개인이 갖고 있는 자유에는 한계가 있다는 사실도 아이들은 배워야 한다. 폭력적인 말을 하거나 벽에 낙서를 하거나 다른 친구들을 괴롭히는 것은 어디서도 환영받지 못할 행동이며, 만일 스스로 이 문제를 해결하지 못하면 그때는 학교가 나서서 일정한 원칙을 가지고 규제를 할 것임을 아이들이 알도록 해야 한다. 어떤 일이 벌어졌을 때 관리인에서 교장에 이르기까지 무관심한지, 아니면 피곤한 하루를 보냈어도 아이들이 필요하다고 하면 언제 어디서든 달려와 줄 준비가 되어 있는 교사가 있는지를 아이들은 느낌으로 안다. 학생이 결석한 날 아이의 집에 직접 전화를 해서 안부를 묻는 것은 물론 노력이 필요한 일이지만 아이에게는 매우 큰 영향을 끼치는 일이다. 폭력은 모든 학교에서 일어난다. 어떤 학교도 이 문제를 완전히 해결할 수는 없다. 중요한 것은 이에 어떻게 대응하느냐다. 이 문제에서 가장 중요한 원칙 가운데 하나는 상황을 원래대로 되돌려놓는 일이다.

에딩 에데가 일을 저질렀다. 남자 화장실의 벽을 외설스러운 문장으로 가득 메우고, 변기 뚜껑과 거울 등에 온통 낙서와 욕설을 해놓은 것이다. 이 지긋지긋한 학교에 한방 제대로 먹였다며 에데와 친구들은 자랑스러움을 감추지 못했다. 모든 사실이 밝혀진 뒤 학교의 반응은 이러했다. 여름 방학 동안 일을 저지른 아이들에게 화장실 개수 공사를 맡긴 것이다. 일주일의 시간이 주어졌고 학교는 모든 자재비를 지불해주었다. 그리고 그래피티(벽 등에 긁거나 뿌리는 기법으로 그림을 그리는 것 – 옮긴이) 화가를 주선해주었다. 이렇게 에데와 다른 아이들의 손을 거쳐 물속 풍경을 재현한 남자 화장실이 탄생했다.

개학 뒤 아이들의 작업을 공식적으로 소개하는 축제가 벌어졌다. 다른 아이들에게 새로운 화장실을 공개하기 전에 트럼펫으로 팡파르를 연주했고 교장이 짤막한 인사말을 했다. 몇몇 여자아이들은 가을 방학 때 여자 화장실도 고쳤으면 좋겠다며, 자기들이 맡아 화장실을 정글처럼 꾸미겠다는 뜻을 밝혔다.

우리의 경험에 따르면 예술은 폭력에 대응할 수 있는 좋은 예방책이다. 예술은 만족감을 준다. 우리 학교에는 교실과 복도, 계단마다 그림이 걸려 있는데, 그 오랜 시간 동안 지금껏 행여 연필로라도 건드린 흔적이 없다. 예술은 어느 정도 스스로를 보호하는 힘이 있는데, 그것이 학생들의 손으로 직접 창조되고 다른 사람들의 감탄을 자아내는 것이라면 더욱 그러하다.

우리는 오랜 기간에 걸쳐 한 소년원과 교류를 하면서 공동 프로젝트를 진행하기도 했다. 그곳에서 일하는 사회활동가들은 점심시간 때 흥분되고 폭력적인 분위기 때문에 큰 어려움을 겪고 있었다. 점심시간은 음식을 아무렇게나 해치워버리는 게 전부였고 그 사이 서로에 대한 배려는커녕 아무런 말도 오가지 않았으며, 자주 싸움이 일어 식당이 아수라장이 되기 일쑤였다. 그러던 어느 날, 소년원장이 수감생들과 예술가들이 힘을 합쳐 식당을 새롭게 꾸며볼 것을 제안했다. 바닥에 모자이크 장식을 하고 벽도 새롭게 꾸몄다. 그리고 작은 정원을 만들어 그곳에서 자라는 식물을 수감생들이 직접 돌보기 시작했다. 또한 목공소에서는 목수의 도움을 받아 긴 직사각형 식탁과 양옆으로 놓인 의자를 대신하여 작은 모임들이 옹기종기 모여 앉을 수 있는 둥그런 식탁을 제작했다. 이렇게 공간을 새롭게 꾸미고 나니 이곳은 이전보다 훨씬 평화로워졌다. 함께 일한 예술가들은 더는 수감생들과 한자리에 앉는 것을 두려워하지 않고 오히려 흔쾌히 여기게 되었다. 이외에도 새로운 풍경이 생겨났는데, 몇몇 수감생들이 일주일씩 맡아 웨이터 역할을 한 것이다. 이를 통해 볼 때 사람들은 아름답고 정돈된, 정성껏 만들어진 공간에 있을 때는 황량하고 볼품없고 애정 없이 대충 만들어진 공간에서와는 다르게 행동하는 것 같다. 하물며 그 공간을 아름답게 만드는 데 자기가 직접 참여하고 땀 흘려 일했을 때에는 더욱더 그러할 것이다. 이처럼 단순한 방법을 실천하는 학교들이 너무도 적다는 사실이 안타까울 뿐이다. 많은 학교 공간은 여전히 사람이 사는 공간 같지 않고 그저 어떤 기관 같은 느낌을 줄 따름이며, 지나치게 깔끔하지 않으면 너무 낡았거나 후줄근하다. 심지어 어떤 경우는 교사들이 머무는 공간조차 그러니 할 말이 없다.

우리 학교에서는 에데와 그 친구들이 수행한 원상복구 작업을 일컬어 사회봉사라고 한다. 몇몇 학생들은 '벌'이라고 하는 게 더 솔직한 것 아니냐고도 한다. 그러나 우리는 이를 '사회봉사'라고 하기를 고수하고 아이들에게 그 까닭을 끊임없이 일깨우려고 노력한다. 즉, 학급 또는 학교 공동체 전체의 규칙을 어긴 사람은 거꾸로 이 공동체에 유익한 일을 함으로써 학교와 자기 자신의 관계를 새로운 차원에서 '정상화'시켜야 한다는 것이 우리의 원칙이다. 규칙을 위반한 정도에 따라 오후 시간 학교 관리인이나 서무실 작업을 돕는 기간이 달라진다. 이에 해당하는 아이들은 작업실 청소 혹은 과외학습 지도를 하기도 하고, 자기가 망가뜨린 물건을 수리하기도 한다. 이와 같은 노력이 항상 성공을 거두는 것은 아니다. 하지만 우리는 학생들이 이 같은 사회봉사 활동을 통해 어떤 의미를 발견하고, 성취한 일에 대해 주변 사람들의 칭찬과 인정을 받을 수 있기를 바라기에 지금까지 그렇게 해왔다.

미하엘, 케빈 그리고 페터는 학교 뒤뜰에서 저학년 학생들을 향해 호그링(U자형의 갈고리)을 던지고 놀았다. 이 철제기구에 맞으면 아주 아플 뿐만 아니라 잘못하다가는 큰 사고로 이어질 수도 있다. 6학년 A반의 한 여학생이 쉬는 시간에 울면서 나타났다. 담임선생님이 자기 반 학생을 울린 범인을 찾아내기까지는 그리 오래 걸리지 않았다. 9학년 학생 세 명의 행각이었다! 곧이어 긴급회의가 열렸다. 그저 경고를 주고 말기에는 일이 매우 심각했다. 객기를 주체 못하고 어린 동생들한테 발산하는 다 큰 선배들이라니. 이런 경우에는 강력하게 대응해야 한다. 우리는 6학년 학생 전체가 모인 학생생활나눔터에 일을 저지른 세 명도 함께 불러 이 사고에 대한 공식 재판을 열었다. 일을 저지른 학생들은 모든 아이들이 보는 앞에서 피해자에게 사과를 해야 했다. 더불어 상황을 원상복구시키는 의미로 석 달간 일주일에 한 번씩 학교 인쇄소에서 달력 출판하는 일을 도와야 한다는 결정이 내려졌다.

석 달 뒤 깔끔하게 인쇄하고 엮어 만든 학교 달력이 나왔다. 다시금 백여 명의 6학년 학생 전체가 모인 자리가 마련되었고, 이 세 명은 자기들이 만든 학교 달력을 동생들에게 하나씩 나누어주었다. 이들은 지난 석 달간 자기들이 저지른 일을 원상복구시키기 위해 열심히 일했다. 6학년 학생들은 만족스럽게 큰 박수를 보낸다.

이 원상복구의 원칙은 학교공동체에 속한 모두에게 적용된다. 즉, 교사라도 잘못된 행동을 하면 학급의회에서 비판의 대상이 될 수 있다. 이처럼 교사의 행동에 비판을 하고 그 상황에서 교사가 자주적인 자세로 대처한다고 해서 혹자들이 우려하는 것처럼 교사의 권위가 실추되는 것은 아니다. 오히려 비판에 열려 있고 다른 사람의 지적을 주의 깊게 경청하며, 그 비판이 정당한지 스스로 묻고 돌아보는 교사, 그리고 한발 더 나아가 자기 잘못을 어떻게 되돌려놓고 앞으로 되풀이되지 않도록 할 수 있을지를 스스로 나서서 제안하는 교사는 아이들에게 깊은 인상을 심어주고 교사의 권위를 세울 수 있다.

이보네가 세 번째 같은 질문을 하는 순간, 수학선생님인 마이어 선생은 그만 폭발하고 말았다. 그는 아이를 혼내면서 교탁을 주먹으로 내리쳤다. 아이들은 충격을 받았고 혐오감이 일었다. 이때까지 아이들은 마이어 선생님을 좋아하고 존경했지만, 이 일만큼은 선을 넘은 것이었다. 열띤 토론 끝에 아이들은 수학선생님을 학급의회에 소환해서 이보네를 상대로 한 행동에 대해 사과를 얻어내기로 결정했다. 한 시간가량 선생님과 반 아이들이 논쟁을 벌였고, 결국 마이어 선생님은 이보네를 향한 자신의 태도가 잘못된 것이었다고 인정하고 아이에게 정중히 사과를 했다. 이 일을 부모에게 알리고 수학선생님의 결점을 드러냄으로써 해결하자고 생각한 학생은 이 가운데 한 명도 없었다.

같은 반에서 3년 전에 있었던 일이다. 담임교사는 아이들이 떠들고 방해를 하는 바람에 학습진도를 다 나가지 못했다고 했다. 이에 "오늘은 수업 연장이다!"라고 공표했다. 그런데 쉬는 시간이 끝난 뒤 교실로 돌아와 보니, 아이들이 가방을 다 싸고 학생생활나눔터에 앉아 있는 것이 아닌가. 지금 무얼 하고 있는 거냐고 묻자 아이들은 "선생님 수업을 거부하는 거예요!"라고 대답했다. 교사의 말이라고 무조건 복종할 의무는 없다는 것이 아이들의 논지였다. 담임교사는 그러면 당장 서무실에 가서 경고 신청을 하여 생활기록부에 기록하는 수밖에 없겠다며 자리를 떴다. 그러고는 서무실에 가서 직원과 커피 한 잔을 마셨다. 학생 생활기록부에 기록하겠다고? 그건 그저 낡아빠진 으름장 놓기였다. 다시 교실로 돌아오자 아이들은 얌전히 공책을 펴놓고 앉아 있었다. 이런 일로 생활기록부에 오점을 남길 만한 배짱은 없었던 것이다. 그런데 이 광경을 본 선생님은 이번엔 진짜로 화를 냈고, 아이들은 놀라지 않을 수 없었다. 선생님은 아이들에게 더 강력한 저항을 원했던 것이다. 자기 입장을 표명한다는 것은 대부분 그에 따른 결과를 감수하는 것을 의미하는데, 여기서 도망치지 않고 이를 끝까지 견뎌내야 한다는 것이었다. 이러한 까닭에 이제 막 자기 반 아이들이 자랑스럽게 느껴지기 시작했는데, 실망이 크다고 했다. 아마 이러한 가르침을 3년 뒤에는 아이들이 제대로 이해한 것 같다.

06 학교 문을 나서서

실제 상황에서 배우기

일을 되돌리고만 싶은 순간들이 있다. 요한네스에게는 열여섯 살 되던 해에 장애 청소년들이 다니는 특수학교의 학급 보조교사로 소개되던 어느 월요일 아침이 바로 그러했다. 그때까지 단 한 번도 수업 시간에 대답을 못 한 적이 없던 요한네스는 처음으로 자기 앞의 낯선 얼굴들을 바라보며 어쩔 줄 몰라 했다. 항상 명철한 생각들로 주위를 놀라게 하던 요한네스는 자기 앞에 앉아 있는 이 고등학생들이 자기 같은 인턴십 학생에게 바라는 것이 무엇일까 곰곰이 생각했다. 그 순간 갑자기 다운증후군이 있는 슈테파니가 요한네스에게 달려들었다. 요한네스가 마음에 들었던 것이다. 지루한 학교 일상에 드디어 새로운 얼굴이 나타난 것이다! 상기된 웃음과 이해할 수 없는 환영인사에 이어, 이내 요한네스의 얼굴은 침 범벅이 되어 있었다. 그러나 싫은 티를 낼 수는 없었다. 요한네스는 어떠한 경우에도 자기가 역겨워

한다는 것을 드러내고 싶지 않았다. 어떠한 대가를 치르고라도 장애 학생들을 그 모습 그대로 거부감 없이 대하기로 결심한 것이다. 자연 스럽고 아무렇지도 않게 그들을 대하기로 말이다.

휠체어에 앉은 토마스가 특별히 혐오감을 준 것은 아니었다. 오히려 두 다리가 스스로의 힘으로는 움직일 수 없이 가느다란 토마스는 아무런 위협감도 주지 않았다. 단지 그런 토마스도 다른 아이들과 마찬가지로 하루에 여러 번 화장실에 가야 했다. 담임선생님은 요한네스에게 오늘부터 사회봉사자를 도와 토마스가 화장실 가는 일을 책임지라고 했다. 토마스는 매일 아침과 점심식사 뒤 그리고 어떨 때에는 수업 중에도 화장실에 가야 했다. 요한네스는 앞으로 3주간 휠체어를 밀어 화장실까지 가서 토마스를 일으켜 세우고 바지를 내리고 특수 변기에 앉히는 일을 해야 했다. 그리고 나면 그 모든 것을 거꾸로 하고 손을 씻기는 일까지가 요한네스에게 주어진 과제였다. 이럴 바에야 차라리 산더미 같은 숙제를 하는 게 나을지도 몰랐다. 학기가 방금 시작한 시점이었지만 앞으로 3주간 그런 숙제를 할 일은 없을 것이다. 이듬해 김나지움 상급단계(II)로 편입할 예정인 요한네스는 일정 기간 학교에 가는 대신 '사회봉사 인턴십'을 하게 되었던 것이다.

졸업반 학생에게 3주간 수업을 덜 받게 하다니! 수업을 '땡땡이' 치는 걸 정당화할 수 있을까? 만일 학교가 3주간 학생의 교육을 등한시한다면 이는 정당화할 수 없다. 그러나 만일 학생들에게 낯설지만 생생한 삶의 현장을 경험할 수 있도록 기회를 주어, 각자가 지닌 지식이 이론에 그치지 않고 삶의 맥락 속에서 살아날 수 있도록 하는 데 관심을 가지도록 하는 것이라면 문제는 다르다. 사회봉사 인턴십은 이러한 취지로 고안, 실험적으로 운영되고 있는 시스템이다. 우리 학교에서는 모든 학생이 10학년이 되면 3주간 양로원, 장애인시설 혹은 통합유치원 등의 사회기관에서 일을 하게 되어 있다. 어떤 학생들은 백여 킬로미터나 떨어진 괴를리츠에서 다른 근로자들과 똑같이 하루 8시간씩 근무하기도 한다.

우리 학교에서는 16세 청소년들에게 이러한 업무를 맡겨도 되는가 하는 문제로 의견이 분분했다. 어떤 이들은 그것이 아이들에게는 버거운 일이라고 강하게 주장했다. 심지어 어른들 중에도 노인이나 장애인, 혹은 신체에 문제가 있는 사람 대하기를 불쾌하게 여겨 되도록이면 이러한 상황을 피하려고 하는 이들도 있지 않은가. 말하자면 우리가 가진 두려움과 편견을 아이들과 청소년들에게 전가하면서, 자라나는 아이들을 그러한 혼란에서 보호해야 한다는 식의 논리를 펴는 것이다. 그러나 나는 아이들이 다른 사람을 돕는 일을 두려워하지 않았으면 한다. 우리 아이들이 교실에 앉아 그저 인간애에 대해 말만 하는 것이 아니라, 직접 자신의 손으로 어르신들을 씻겨드리고 아기의 기저귀를 갈아주고 아픈 친구를 병원에 데려가 줄 수 있었으면 좋겠다. 이러한 경험들이야말로 수업을 몇 시간 빼먹어도 좋을 만큼 충분한 가치를 지니고도 남는 일이다.

요한네스가 한 첫 번째 경험은 화장실에 한 번 가는 데 이렇게 많은 땀을 흘릴 수도 있구나 하는 것이었다. 다리가 꼬인 사람이 바지에 소변을 묻히지 않고 볼일을 볼 수 있도록 바지를 내려주고 넘어지지 않게 붙잡아주고 다시 바지를 올려주는 일은 결코 쉬운 일이 아니다. 요한네스 스스로도 놀란 것은, 토마스와 함께 화장실에 가는 것이 전혀 불쾌하지 않았다는 점이다. 오히려 재미있었다. 볼일을 볼 때만큼 누군가와 별의별 이야기를 다 할 수 있는 순간이 어디 있겠는가. 토마스를 변기에 앉혀 놓고 굶겨버리겠다고 협박하는 사회봉사자를 향해 토마스는 장난기 가득한 얼굴로 "바보"라고 속삭이고 짤막한 고함을 질렀다. 토마스는 이 정도면 잘 맞받아쳤다고 생각하는 듯했다. 이 상황에서 요한네스는 웃지 않을 수 없었다. 토마스가 소변보는 풍경이 이러하리라고는 생각도 못했던 일이다.

많은 아이들과 청소년들은 도움이 필요한 사람을 대하는 데 아예 무지하거나 잘못된 인식을 가지고 있다. 가정에서 늙고 병들거나 장애가 있는 사람을 경험하는 아이는 아주 드물다. 할아버지, 할머니, 나이 든 이모나 삼촌은 한집에 살지 않고 어디선가 혼자, 대부분의 경우 멀리 떨어진 곳에 사신다. 그러다 더는 홀로 살아갈 능력이 없어지면 병원이나 기관에서 파견된 낯선 직업간병인이 이들을 돌보는 역할을 한다. 이렇게 되다 보니 늙고 병든 이들이 그저 도움이 필요하기만 한 존재가 아니라, 그들의 삶을 통해 많은 것을 나누어줄 수 있음을 경험하는 아이들과 청소년들은 매우 드물다. 그리고 일상에서 이러한 사람들을 대할 기회가 적을수록, 언젠가 자신에게도 다른 사람의 도움이 필요한 날이 올 것이란 사실을 인식하기는 어려울 수밖에 없다.

이웃사랑 실천

어떻게 하면 학생들에게 '이웃사랑'이라는 성서적 개념을 성서나 다른 책들을 바탕으로 교육할 수 있을까 하는 문제가 우리 학교 종교교과회의에서 뜨거운 쟁점이 되었다. 실제적, 일상적 체험의 맥락에서 분리된 교과교육 구조에서 이 개념은 그저 삶과 동떨어진, 왠지 구시대적이고 지나치게 도덕적인 덕목으로 비춰지기 쉬웠다. 이런 것들은 특히 청소년들의 반감을 사기 쉽다. 그래서 종교교사들은 '이웃사랑 실천'에 대해 가르칠 것이 아니라, 아이들이 직접 실천하도록 만들기로 결정했다.

모든 8학년 학생들은 4개월 동안 일주일에 하루 오후시간을 도움이 필요한 사람과 함께 보내야 한다. 학년 초에 아이들은 부모, 친구, 아는 사람 등을 통해 도움이 필요한 사람을 찾는다. 이렇게 부모와 함께 도움이 필요한 사람을 찾는 일은 이 프로그램의 핵심 과정 가운데 하나다. 이렇게 해야만 학교가 아닌 학생 개개인이 다른 사람에 대해 책임감을 가지고 그에 알맞은 절차와 방식으로 개인적인 관계를 맺게 된다. 노인 혹은 장애인과의 만남에 대해 가정 내에서 충분히 논의하고 학교의 개입이 줄어들수록, 아이들은 '이웃사랑 실천'이 단지 하나의 의무로서 수행하는 학교 프로젝트가 아니라는 것을 알게 된다. 약속을 안 지키고, 성의 없게 시간을 때우거나, 해서는 안 될 말을 마구 해대는 사람은 학교의 권위에 도전하는 영웅이 아니라 '자기'가 책임지고 있는 한 사람을 아무렇게나 대하는 사람일 뿐이다.

학생들이 노인과의 만남을 얼마나 진지하게 받아들이는지는 아이들이 그 기간에 쓰게 되는 방문일기를 읽다 보면 알게 된다. "오늘 할머니에게 다녀왔다. 할머니는 내 손을 만지시더니 바깥에서 얼마나 꽁꽁 얼었냐며 얼른 이불 속으로 내 손을 집어넣어 따뜻하게 녹여주셨다. 할머니께 참 감사했다. 내 손이 따뜻해지자 할머니는 '너라면 아주 내 이불 속으로 쏙 들어와도 될 텐데.'라며 웃으셨다. 할머니가 웃는 걸 본 게 이번이 처음이었다. 그러시고는 수술 때문에 걸을 때 온몸이 아파서 누워 있을 수밖에 없는데 간호사는 그걸 이해 못 하고 못마땅해한다고 하셨다.

그리고 몸이 추운데 여기엔 보온매트 같은 것도 없다고 하셨다. 나는 옷장에서 따뜻한 바지 하나를 찾아 꺼내왔고 할머니는 곧바로 그걸 입으시고는 매우 좋아하셨다. 할머니는 또 내가 손톱을 잘 깎을 수 있는지, 그리고 당신 손톱을 깎아줄 수 있는지 물으셨다. 나는 그렇게 손톱을 잘 깎지는 못하지만 손톱깎이로 할머니 손톱을 깎아드렸다. 할머니는 무척 좋아하시면서 아주 잘 깎았다고 칭찬을 해주셨다. 사실 할머니의 손톱모양이 좀 이상했다. 나는 할머니가 손톱 물어뜯는 걸 한 번도 본 적이 없는데 뭔가로 물어뜯은 것처럼 생겼다."

종교교사들이 이 프로젝트를 진행할 때 처음에는 굉장한 반발이 있었다. 학생들보다도 몇몇 학부모들의 반발이 컸다. 아이더러 노인을 돌보라는 것은 심리적으로 지나친 부담이라는 것이었다. 반대자들은 이를 위해 학교가 우선 철저한 심리적 보조장치를 마련해야 한다는 의견이었다. 게다가 예상치 못한 상황, 예를 들어 아이가 만나고 있는 노인이 병들기라도 하면 그에 어떻게 대처할 것인지, 도대체 교사들은 생각이나 하고 있는 거냐고 했다.

이러한 목소리에는 학교 활동에 대한 일정한 기대가 반영되어 있다. 학교는 독일문학이나 핵물리학, 혹은 사회학을 가르칠 의무가 있지만, 이 모든 것은 교실 안에서 이루어져야 하며, 언어라는 매개를 통해 전달되고, 학교 밖의 삶과는 분리되어야 한다는 것이다. 실은 학생들이 과연 노인을 돌봐야 할 것인가를 토론하고 있는 것 자체가 우리 교육현실이 얼마나 우리의 실제 삶과 동떨어져 있는가를 입증해줄 뿐이다.

학교라는 기관도 마찬가지다. 어째서 일주일에 한 번 한 사람을 찾아가 이야기를 나누고 설거지를 해주고 그 집에 있는 개와 산책을 하는 것이 위험하단 말인가? 아이가 노인과 보드게임을 하거나 휠체어를 밀어주고 노인이 해주는 옛날이야기를 듣는 게 아이에게 그리도 나쁜 영향을 끼친다는 말인가? 어째서 도움이 필요한 한 사람을 돕는 일이 열네 살짜리 아이에게 지나친 부담이란 말인가? 그가 언젠가 병들 수 있기 때문인가? 그들이 우리와 다른 게 무엇인가? 물론 노인들이 언제나 생기 넘치고 기분이 좋은 것은 아니다. 아무 말도 안 하다가 입만 열었다 하면 잔소리를 늘어놓는 할머니도 있다. 기억력을 잃어서 매번 저기 문 앞에 서 있는 애가 누구며 뭐 하러 온 애냐고 묻는 노인도 있다. 사실은 우리가 만나기로 약속을 했으며 지난주에도 왔다고, 그리고 제 이름은 토비아스이며 헬레네 랑에 학교에서 왔다고 한두 번도 아니고 갈 때마다 설명을 해야 할 때도 있다. 이와 같은 일이 아이에게 지나친 부담인가? 어른이 되어서도 장애나 노인이 되는 문제와 단 한 번도 마주한 적이 없어 그 앞에서 어찌할 바를 모르게 된다면? 이는 오히려 아이들이 극복해야 할 과제가 아닐까? 청소년기에 이러한 문제와 대면함으로써 스스로를 발견하고 성장해 나갈 수 있지 않을까? 지금까지 보아온 바로는 이와 같은 경험을 통해 학생들은 역사, 영어 혹은 수학교과 등을 통해 얻는 배움의 결실만큼이나 중요하고 삶에 필요한 배움을 얻는 듯하다.

"안녕, 일기장아. 오늘은 우리 가족에 대한 이야기를 나눴어. 할머니는 우리 부모님이 이혼하지 않고 함께 살아서 좋다고 하셨어. 부모님이 있다는 건 좋은 일이라고 하셨어. 왜냐하면 문제가 생겼을 때 언제든지 달려가 물을 수 있고 항상 조언을 들을 수 있기 때문이라는 거야. 난 사실 속으로, 부모님이 항상 조언을 해줄 수 있는 건 아니라고 생각했어. 할머니는 손자가 여덟 명이나 되는데 모두 다 할머니 아들의 아이들이래. 그렇지만 그중에 할머니를 방문하는 사람은 아무도 없고 유일하게 할머니의 시동생만 가끔 들르나 봐. 오늘도 그리움 가득하게 그러셨어. '아, 잠들어서 다시는 깨지 않았으면 좋겠구나.' - 너의 마렌이."

학생에 대한 학교의 신뢰가 클수록 학생들이 이 같은 중요한 경험을 할 수 있도록 학교 차원에서 장려하기가 수월해진다. 열네 살이면 더는 어린애 취급을 해서는 안 된다. 열네 살이면 학교를 졸업하고 직업생활을 시작하던 게 보통이던 시절도 있었고, 간혹 열여섯 나이에 대학에 가는 학생도 있었다. 오늘날 우리는 아이들을 세상과 분리된 학교 울타리 안에 가두어 둠으로써 유아기를 한없이 연장하는 세상에 살고 있다. 청소년들은 어려운 과제를 해결할 만한 충분한 능력을 지니고 있다. 우리는 아이들을 끝없이 보호하고 지키려고 하면서 사실은 아이들의 인생에 우리가 책임지지 못할 짐을 지워주며 방관하고 있다. 학교가 학생들이 (학교에서 내주는 고원한 문제들이 아니라) 실제로 진지한 삶의 현장에서 자기들의 한계를 경험하고 지평선을 확장할 수 있는 경험을 제공해주지 못하기 때문에, 아이들은 학교가 지루한 곳이라 생각할 수밖에 없다. 아이들은 학교에서 자기와 자기 친구들이 실은 주변의 기대치를 훨씬 넘어서는 잠재력을 발휘할 수 있음을 경험하지 못한다. 하루에 단어 스무 개 외우고 공식 몇 개 외우고 묻는 말에 대답하는 일은 청소년들의 입장에서조차 아무것도 아니다. 만일 이러한 것들이 학교가 아이들에게 제공할 수 있는 전부라면, 아이들이 학교에서 미쳐가는 것을 보고 놀랄 까닭이 전혀 없다.

학교는 모든 학생과 나이대를 아우를 만한 유일한 배움의 장소가 아니다. 어쩌면 열네 살 청소년들 가운데 상당수는 아예 일 년 동안 학교에 다니지 않는 게 더 유익할지도 모른다. 끊임없이 누군가에게 가르침을 받는 건 그만하고 어른이 되고 싶어하는 청소년들이 원하는 것은 바로 현실의 삶이다. 이러한 아이들은 배를 타고 나가 세상을 보고, 절벽에 매달려 붙잡을 곳을 찾고, 자신을 필요로 하는 상황을 경험함으로써 삶의 의미를 찾을 수 있어야 한다. 이 시기의 청소년들은 생존훈련을 할 준비가 되어 있다. 그들은 선생님의 지시에 따르는 것이 아니라, 스스로 결정하여 처한 상황에서 닥치게 되는 실제 문제들을 헤쳐나가기를 원한다. 이러한 아이들이 제 갈 길을 가게 해주자. 그리고 스스로 삶의 문제와 대면하도록 놓아두자! 그러지 않으면 아이들은 결코 자기 발로 서는 법을 배우지 못한다. 이렇게 해야만 자라나는 청소년들이 진짜라고 느낄 만한 삶의 장벽 앞에 설 수 있다. 어쩌면 아이들은 그 앞에서 두려움을 느낄 수도 있지만, 자신의 행동이 그러한 상황에서 실제로 어떤 결과를 낳는지 보면서 이 모든 과정을 진지하게 마주하게 된다.

학교 안에서 접하는 문제는 사실 하나의 설정이다. 학생들이 해결해야 할 과제는 사전에 꼼꼼히 계획, 검토된다. 학생들의 문제해결 과정은 성적이라는 잣대로 가치 매김 된다. 그것 말고 문제상황과 학생 사이를 이어주는 것은 아무것도 없다. 그런데도 이 같은 성적에 대한 스트레스는 특히 실패의 경험을 반복하는 학생에게 굉장한 두려움으로 다가올 수 있고, 이는 학생 개인이 극복하기 쉽지 않은 두려움이라는 점에서 치명적일 수 있다. 이런 학생들에게 학교라는 곳은 빠져나갈 구석이 없는 끊임없는 압박으로 다가온다. 그러나 모든 청소년들이 원하는 것은 자기 힘으로 헤치고 나와 성공의 경험을 할 수 있는 문제상황이다. 자기 눈앞에 다가오는 장벽을 보며 두려움을 느끼지만 그 장벽 앞에서 도망치지 않고 맞선다고 해서 죽지는 않을 것이라는 걸 마음속 깊이 아는 이는, 자신도 놀랄 만한 힘을 자기 속에서 이끌어내게 되어 있다.

사회봉사 인턴십

프란치스카가 양로원에서 처음으로 늙은 여성의 벗은 몸을 본 것은 가히 충격이었다. 그것이 사람의 몸이라는 것과 자기 몸도 언젠가는 그렇게 될 것이라는 생각에 뭔가 복잡한 감정이 속에서부터 일었다. 열여섯 살짜리도 이러한 사실을 알고 있다. 우리 모두가 그러는 것처럼 단지 이러한 사실을 되도록이면 회피하고 있을 뿐이다. 프란치스카는 이 늙어가는 몸을 보고는 숨을 깊이 들이마신 뒤, 수건을 들어 침대에 누워 있는 이 여성의 몸을 닦기 시작했다. 프란치스카는 반응이 없는 이 노인과 이야기를 나누었다. 그러면서 자기 앞에 누워 있는 이 할머니가 매우 편안해하고 있다는 것을 느낄 수 있었다. 다른 간병인들이 하는 것처럼 할머니에게 음식을 먹여드리고 돌보아드렸다. 사회봉사 인턴십 기간 중 이 할머니는 돌아가셨다. 프란치스카는 그 죽음의 현장에 있지는 않았지만 할머니의 죽음을 함께 애도했다.

이처럼 아무런 도움 없이 오로지 혼자서 감당해야 하는 경계지점에서 학생들은 홀로 있음을 체험하게 된다. 한편으로 아이들은 이러한 경험을 원한다. 하지만 다른 한편으로 이러한 경험은 자라나는 청소년들에게 굉장한 부담으로 다가간다. 바로 이러한 점 때문에 학교는 아이들에게 '믿고 맡김'에 있어 필요한 환경과 조건에 대하여 세심한 배려를 기울여야 한다. 학교는 일정한 틀을 제시하고 학부모, 학생들과 함께 무엇이 가능한지, 또 무엇이 필요한지 판단하는 작업을 해야 한다. 더불어 아이들이 일을 계획하고 실행하는 데 동행하고 조언을 해줄 수 있어야 한다. 학생들이 원할 때 언제든지 함께 이야기를 나눌 수 있는 누군가가 있어야 한다. 학생들이 사회봉사 인턴십 기간에 하는 경험들은 학급 전체가 수도원에서 보내게 되는 기간에 학급친구들이 서로 나누게 된다.

열여섯 살 청소년들에게 사회봉사 인턴십의 일상은 틀에 박힌 반복이라기보다는 경계지점의 경험이라 할 수 있다. 여기서 중요한 것은 시간을 정확히 지키고 신뢰를 쌓는 것이다. 또 침대보를 갈고, 씻기고, 음식을 먹이는 등의 단순한 능력들도 필요하다. 대부분은 전문 간병인이 아이들에게 어떻게 하면 가장 적절히, 노인들이 편안해하는 방식으로, 힘을 아껴서 일할 수 있는지 설명하고 보여준다. 아이들은 어른들이 일터에서 활동하는 것을 현장에서 지켜보면서 그들의 직업관과 업무방식이 일상업무에 어떠한 영향을 미치는지, 오랜 시간에 걸쳐 쌓은 경험이 그들이 어르신들을 대하는 방식에 어떠한 영향을 미치는지 등을 마음속으로 짐작하고 판단한다. 그저 단순해 보이는 일상업무도 끊임없는 두려움과 안도감의 연속이다. 다음 기회가 주어졌을 때에는 더 잘할 수 있을까 하는 불안함, 그리고 어렵고 더럽고 때론 불쾌감을 자아내는 일도 마다하지 않고 해냈을 때 그 도움을 받은 노인들과 직업간병인들이 자기에게 얼마나 고마워하는지를 느낄 때 갖는 만족감이 교차한다. 이 프로젝트와 관련해 매우 근본적이고 개인적인 차원의 논의가 수없이 이루어지곤 했는데 그로 인해 우리 학교에서 이를 실시하는 데 대한 설득력이 더욱더 확고해졌다. 우리는 십대 후반의 청소년들이 이 같은 활동을 통해 내면이 성숙하고 인식이 넓어지는 경험을 할 기회를 얻고 있음을 확신하게 되었다.

학교는 이 같은 경험을 제공할 수 있는 일차적 공간이 아니다. 그러나 학교는 학생들이 이러한 경험을 해볼 수 있도록 하는 역할을 해야 한다. 학교는 많은 경우 학생이 무언가를 혼자 하도록 내버려두기를 꺼린다. 행여 일을 그르칠까 두 배, 세 배의 안전장치를 마련해 학생을 보호하고자 한다. 그리고 이렇게 하는 근거로 '학생감찰의 의무'를 든다. 교육 쟁점들을 입법화하는 과정에서 이 조항은 점점 더 세밀화되었다. 무엇보다 보험법상의 이유와 절차는 그 어떤 교육적 논거보다도 법적 보호의 원칙이 우선하도록 하는 결과를 낳았다. 이 같은 악순환의 구조를 벗어나려면 더 큰 노력과 상상력, 때로는 용기가 필요하다. 실은 학생들조차도 학교가 쳐놓은 안전망을 편안히 여겨 감히 이를 넘으려는 시도조차 하지 않는다. 이러한 아이들에게 학교가 해줄 수 있는 것은 그들로 하여금 홀로 낯선 환경 가운데 서는 경험을 하게 하는 것이다. 이렇게 해서 요한네스는 자기에게 주어진 사회봉사 인턴십의 의무를 집에서 멀리 떨어진 독일 동부경계지역에서 수행했다.

비스바덴의 자매도시 중 하나인 괴를리츠 시에서 사회봉사 인턴십을 할 수 있게 된 것은, 통독 이후 우리 학교 학생의 학부형 한 분이 나섰기 때문이다. 어느 날 그가 우리를 찾아와서는 사회봉사 인턴십을 비스바덴에서만 하라는 법이 있냐고 하였다. 학생들 가운데 사회봉사의 의무와 더불어, 집을 떠나 멀리서 스스로 자기 생활을 계획하고 관리하는 과제까지도 스스로에게 지워보고 싶은 이들이 있다면 괴를리츠에서 그렇게 할 만한 가능성이 열려 있다는 것이었다. 이같은 격려에 힘입어 우리는 지난 1994년부터 지금까지 해마다 가을에, 약 25명 정도의 학생들을 괴를리츠로 보내 그곳의 사회보호기구에서 일하면서 공동체를 이루어 지내도록 하고 있다. 모든 문제를 나서서 해결해주던 부모도 없고, 도움과 조언을 구할 수 있었던 선생님 두 명도 일주일이 채 지나기 전에 학생들을 남겨두고 떠난다. 그곳에서 학생들은 이제 혼자다. 행여 시장 보는 것을 미루면 아이들은 물과 밀가루를 섞어 만든 팬케이크로 끼니를 때워야 한다. 아무도 창고에서 석탄을 마련해오는 데 신경을 안 쓰면 아이들은 차가운 난로 옆에 앉아 떨고 있어야 한다. 싸움이나 논쟁이 붙었을 때 상황을 조정하고 해결해야 하는 것도 아이들 스스로의 몫이다. 이렇게 두 주간 아이들은 어른들의 세계에서 살아가는 법을 배운다. 학생들은 아무런 불평도 하지 않고 양로원이나 장애인 기관에서 자신의 업무를 수행한다. 시장이 주최하는 환영행사에서 학생들은 헬레네 랑에 학교를 대표하여 인사를 하고 지방신문의 인터뷰에 응한다. 많은 아이들이 태어나 처음으로 학생이 아닌, 준 성인으로서 대접을 받으면서 일을 하고 그 일이 다른 사람에게 실제로 가치평가를 받는 값진 경험을 한다. 이런 시간을 보내고 기차에서 내리는 아이들을 맞는 학부모들은 대부분 자기 아이가 적어도 "머리 하나는 커졌다."고 한다.

여행하기

안타까운 현실이지만 아직까지 독일에서는 이상으로 삼는 교육을 실현하는 일이 자유롭지 못한 실정이다. 그저 매우 소극적인 범위 내에서만 예외적인 상황이 허용될 뿐이다. 예를 들어 고학년 학생들에게 교사가 동행하지 않고 학교 밖에서 어떠한 과제를 수행하도록 하기 위한 허가를 받는 절차는 매우 까다로울 뿐 아니라 많은 경우 아예 허가가 나지 않는다. 특히 16세 미만 청소년이 학기 중에 그러한 활동을 하고자 할 때 활동허가를 받기는 매우 어렵다. 예를 들어 14세 청소년을 교사가 동행하지 않고 다른 지역에 보내는 계획안은 해당 교육청에서 고려해본 흔적도 없이 '부적절' 혹은 '불가' 판정을 받는 게 다반수다. 학생이 배낭 하나 메고 혼자서 헤쳐가야 하는 상황 말이다. 어떤 청소년 연합에서는 이러한 활동을 하는 것이 매우 당연하게 여겨지나, 실제로 극소수의 아이들 말고는 이러한 경험 근처에도 가보지 못한다. 그러나 우리 학교에서는 모든 9학년 학생들을 위한 '여행 프로젝트'를 시행하고자 했다. 우리는 학생들이 프랑스어 수업시간에 교실에서 역할극을 하며 시간을 보내는 대신, 파리 중앙역에 배낭 하나 메고 내려서 거기에서 리옹까지 혼자서 찾아가는 특명을 수행할 날을 꿈꾸었다. 또한 학생들이 아일랜드에서 도보여행을 할 날도 꿈꾸었다.

학부모와 학생 모두 학교라는 곳이 수업시간에 아이들이 무엇을 해도 되고 무엇을 해서는 안 되는지를 판가름해주는 기관이라고 인정해버린다. 일정 경계 내에서는 이 같은 인식이 틀리지 않은 것처럼 보인다. 그러나 학교 스스로가 수없는 규범과 규칙에 얽매여서 스스로의 자유를 차단하고 이해할 수 없는 교육의 길을 택하는 현실에 통탄하지 않을 수 없다. 상상력과 도전정신 그리고 학교운영자들의 연대 없이 이 같은 학교구조가 변화하기를 기대하기는 힘들다. 나아가 학교 내 이러한 뜻을 같이 하는 연대가 현실적인 학생감찰의 의무를 두고 빚는 갈등과 복잡한 절차상의 문제를 어떻게 창조적으로 해결해나갈 것인가 하는 과제가 남는다. 허가신청을 접수하는 교육당국 담당자 측에서는 허가신청을 한 사안에 대해 불허 판정을 내리는 것이 법적으로 괜한 위험부담을 떠맡지 않을 수 있는 길이다. 심지어는 그렇게 하는 것이 법적으로 가능한 유일한 방법인 것처럼 보이기도 한다. 학교가 활동계획안을 제출하면 교육당국 담당자는 두세 가지 법령에 근거한 형식적인 답신 한 장으로 모든 것을 소멸시킬 수 있다. 이러한 현실에 대해 흔히들 구시렁거리거나 그 책임을 무책임하고 소심한 행정에 돌려버리기 일쑤다.

만일 자기 학생들을 부모나 교사가 동행하지 않고 여행 보내는 교육계획을 수행하고자 한다면 법적 조건에 부합하도록 주 정부 문화부 및 교육청 당국과 합의점을 찾을 수 있어야 한다. 우리 학교는 요구를 하거나 허가를 신청하는 대신, 해당 부서 관리들에게 교육전문가가 조언을 할 수 있도록 주선했다. 우리의 교육 프로젝트가 법적인 규제를 넘어서는 것이라 해도 교육적으로 의미 있는 것이라는 사실을 그보다 설득력 있게 설명할 길이 어디 있겠는가? 그 자리는 문화부, 청소년부와 교육청 관리들이 원탁에 모여 앉아 끝없이 토론하는 장이 되었다. 그 결과 무수한 문서들이 작성되었고, 그 가운데 불허를 명시하는 문서는 하나도 없었다. 교육청은 우리가 자기들을 우리의 목적달성을 위해 싸워 이겨야 할 적대자가 아니라, 하나의 프로젝트를 함께 구상하는 동반자로 생각하고 대우한 사실을 마음에 들어하는 듯했다.

그러자 일은 순식간에 다른 국면으로 접어들었다. 관리들이 행정적으로 불가능해 보이는 일을 가능하도록 하기 위해 끈질기게 모든 방법을 동원하기 시작했고, 우리는 함께 법 테두리 내에서 허가를 받을 수 있을 만한 합의점을 이끌어낼 수 있었다. 우리는 이렇게 관리들과 함께 작성한 문서에 '낯선 곳에서 자기 찾기' 프로젝트와 작은 모임을 이루어 하는 여행이 법적으로 '학교행사'가 아님을 명시했다. 그럼으로써 학부모들이 여기에 동의서명을 할 때 여행기간에는 자기 아이가 법적으로는 학교에 미등록인 상태가 되도록 하였다. 이와 더불어 학생감찰의 의무에서 면제된 16세 이상 한 명이 '수호천사'로서 동행하는 조건으로 아이들을 여행 보낼 수 있었다.

막스는 매우 기뻐했다. 아이는 우리 교사들이 짜놓은 규율을 넘어

이 여행의 근본 취지를 몸소 이해하고 있는 듯했다. 막스가 하고 싶었던 것은 배낭 하나 메고 하는 무전여행이었다. 교사회의에서 짜낸 안은 학생들이 각 4~8명 정도로 그룹을 지어, 개인당 약 130유로 정도의 자금을 가지고, 하나의 탐구주제를 선정해, 7~10일가량 여행을 계획하는 것이었다. 그러나 막스는 자신이 자세히 짜놓은 대로 다니는 여행이 아니라, 여행 자체가 자신 앞에 펼쳐지는 그런 여행을 원했다. 학교에서는 교사와 그 학년 학생들로 구성된 여행 평가단이 한데 모여, 여행 준비 및 과정에 필요한 각종 서류, 숙소와 관리 문제 등을 총괄하여 적절성 여부를 가리게 되어 있었다. 막스는 일주일간 자기가 어떤 형태의 여행을 할 것인지 생각했다. 우리 교사들은 학생 개개인이 어떠한 생태, 문화 요소에 중점을 둔 여행을 할 것이며, 이를 어떤 방식으로 기록할 것인지를 스스로 결정하도록 장려하기로 이야기를 마친 상태였다.

재기 넘치는 막스는 역시 기대를 저버리지 않고 우리가 짜놓은 틀을 뛰어넘는 과감한 제안을 했다. 다른 친구 세 명과 함께 수공업 도제들이 교육의 일환으로 방랑하던 것이 과연 어떤 것이었을지 경험하고 싶다고 했다. 그리고 옛날에 도제들이 비상시를 대비하여 130유로를 가지고 다닌 게 아니듯이, 이 경험을 제대로 하기 위해서는 땡전 한 푼 없이 길을 나서야 한다는 것이었다. 이 용감무쌍한 막스와 그 친구들은 자기들이 계획한 여행에 대해 학교는 아무런 책임도 지지 않음을 명시하는 부모들의 추가 동의서를 얻어냈다. 그리고는 길을 떠났다. 아이들은 훈스뤼크 지역이라면 자기들에게 일을 시켜주고 잠을 재워줄 농부들이 얼마든지 있다며 우리 교사들의 걱정을 무마시켰다. 우리는 사실, 형광초록으로 염색한 네 머리를 보면 잠자리와 일거리를 내어주기는커녕 아마 농부들이 먼저 도망갈 거라고 주의를 주었다. 이런 잔소리에 움츠러들 막스와 친구들이 아니었다. 겁쟁이 선생님들한테 자기들이 멋지게 본때를 보여주겠다고 큰소리를 쳤다. 농부들은 자기들 같은 사람을 흔쾌히 받아들여줄 것이라며 아이들은 자신 있어 했다.

그러나 아이들의 예상은 빗나가고 말았다. 아이들은 단 한 명의 농부에게서도 따뜻한 환영을 받지 못했고 심지어 축사에서 똥을 치우거나 밭을 가는 일조차 얻어내지 못했다. 이 덜 자란, 큰소리 떵떵치던 아이들은 사실 자기들이 상상하던, 새벽녘에 일어나 젖을 짜고 늦은 저녁에 일을 마친 뒤 짚더미에 드러누워 저녁노을을 바라보는, 오래된 아름다운 농가 그림이 얼마나 순진한 낭만이었는지를 깨달았다. 현실은 전혀 그렇지 않았다. 가축의 젖을 짜는 일은 기계가 대신하고 있었고, 밭 가는 일에도 중장비가 동원되었다. 어떤 농가들은 공장과 전혀 구분이 안 되었다. 일을 시켜달라며 자기네 집 문 앞에 서 있는 이 네 명의 아이들을 놓고 농부들은 어찌할 바를 몰랐다. 아이들은 일은커녕 돈도, 잠자리도 없었다. 처음 며칠 동안 이렇게 막스와 친구들은 훈스뤼크의 거리에서 노숙을 하면서 아무것도 먹지 못하고 지냈다. 한여름이었기 때문에 밭에도 먹을 만큼 무르익은 것이 아무것도 없었다. 상황이 달랐다 하더라도, 이 아이들은 한 번도 모험소설의 영웅들처럼 문명을 등지고 자신을 쫓아오는 추적자의 눈을 피하면서 숲에서 나는 열매를 먹고 살아남는 법을 배운 적이 없기는 마찬가지다. 그러나 아이들이 그 와중에 잊지 않은 한 가지가 있었다.

절대로 포기하지 말자는 것이었다. 이 아이들로서는 여행을 그만 접고 스스로의 실패를 인정하고 계획보다 일찍 학교로 돌아가는 것은 결코 선택할 만한 일이 아니었다. 최악의 경우 일주일간 굶는 한이 있더라도 선생님들이 옳았다는 것을 순순히 인정해버릴 수는 없었다.

다행히 아이들은 교회의 호의를 경험했다. 개중에는 이 씻지도 못하고 피곤에 지쳐 있는 아이들을 그냥 문 앞에서 되돌려보내고 싶은 성직자가 있었을지도 모른다. 그러나 이 교회에서 따뜻한 수프 한 그릇 얻어먹고 저 교회에서 잠자리를 얻어 가며, 아이들은 다시 희망을 얻었다. 그러나 이마저도 아이들의 심각한 재정난을 해결해준 것은 아니었다. 그렇다고 구걸을 하고 싶지는 않았다. 결국 아이들은 이다어오버슈타인의 한 거리에서 노래를 부르기 시작했다. 덥수룩한 수염에 기타를 메고 단 몇 푼이라도 벌기 위해, 화음 몇 개라도 맞추려 애쓰며 노래를 불렀다. 아이들이 진짜로 노래를 잘 불렀는지, 아니면 보는 사람이 불쌍해서 돈을 주었는지는 마지막에 가서는 별로 중요한 문제가 아니었다. 중요한 것은 이 네 명의 아이들이 각자 자기 입맛에 맞는 음식을 사먹고, 집에 돌아올 차비를 낼 수 있을 정도의 돈을 벌었다는 사실이다. 아이들은 자신감에 차서 어깨를 쫙 펴고 학교로 당당히 돌아와, 지난 일주일간 19세기 수공업 도제들이 어떻게 방랑생활을 했는지는 모르겠지만 오늘날 거리의 방랑객들이 어떻게 살아남는지는 알겠다고 말했다.

막스와 그 친구들 말고 다른 아이들도 들떠서 각자의 여행에 대해 이야기했다. 피곤에 지쳐 당도한 캠프가 미여 터지는 바람에 결국 자리를 얻지 못하고 내쫓긴 이야기며, 억수로 비가 오는 날 어떤 마을에

도착했는데 한 친절한 아주머니가 자기들을 발견하고 집으로 초대해 저녁밥을 지어주고 다락방에서 잠까지 재워준 이야기, 하루 종일 길을 잃고 헤매거나, 먹거리를 싸게 사기 위해 몇 시간 동안 여기저기 가격비교를 하고 다닌 이야기 등. 단 하나의 그룹도 자기들이 한 여행이 실패했다고 여기는 그룹은 없었다. 우리 교사들만 실망했다. 우리가 생각했던 대로 탐구주제를 제대로 수행해낸 그룹이 하나도 없었던 것이다. 아이들은 젖은 옷을 말리는 게 더 중요한 문제였고, 예상했던 것보다 요리하는 데 시간이 더 많이 들었으며, 한 그룹은 이틀 동안 그룹 안에서 일어난 싸움 때문에 정신이 없었다. 우리 눈에는 마치 학생들이 처음부터 아예 대놓고 우리가 이 여행 프로젝트를 통해 달성하고자 한 목적, 즉 치밀한 계획과 조직, 그리고 진행을 통해 학생들이 일종의 독립성을 경험하도록 한 것을 무시한 것처럼 보였다. 아이들은 사전에 모든 가능성을 타진하고 대비하기보다는, 여행 자체에 자신의 몸을 맡긴 듯했다.

우리는 의구심이 들 수밖에 없었다. 학생들이 진정 무언가를 배우기는 한 걸까? 혹 그저 아이들로 하여금 일주일 동안 학교 수업을 빼먹으면서 자잘한 모험을 즐기도록 한 건 아닐까? 하지만 또 다른 한편으로, 여행을 통해 아이들이 무언가를 경험하고 성취했다는 데에는 모두가 의심의 여지 없이 동의했다. 학생들은 며칠간 작은 그룹을 이루어 지내며, 때론 화가 나기도 하고 어쩔 줄 모르기도 하는 상황들을 이겨내면서 자신들의 두려움에 맞서는 경험을 했다. 그러나 이같은 결과를 얻기 위해 학교가 치러야 했던 수많은 노력들은 과연 그만한 가치가 있는 것이었을까?

몇 주가 지나서야 이러한 물음에 대한 답을 하나는 얻을 수 있었다. 학교 일상이 어떻게 돌아가는지를 조금이라도 아는 사람은 때때로 찾아오는 피곤함과 권태감이 무엇인지 알 것이다. 특히 방학이 점점 다가오고 심신은 늘어지는데 다시금 몸을 추슬러 주어진 일을 해내야 하는 상황에서 느껴지는 무기력감 말이다. 이쯤 되면 교사고 학생이고 할 것 없이 방학만을 기다리게 된다. 많은 학생들이 성적처리 기간이 끝날 때까지 부글부글 끓으면서 조바심 내며 방학을 기다린다. 그런데 여행 프로젝트를 시행한 뒤로 이러한 상태에 변화가 생겼다. 어쩌면 이 열넷, 열다섯 먹은 청소년들이 처음으로 세상에 나가서 학생으로서의 자신의 신분과 자기가 학교에 바라는 점을, 외부인의 시선으로 바라볼 수 있게 되었는지도 모르겠다.

실제로 적지 않은 그룹에서 이러한 문제를 놓고 심도 깊은 토론을 벌이기도 했다. 모쪼록 우리가 판단하기로는 우리 9학년 학생들이 여행을 통해 학교라는 곳을 그래도 뭔가 흥미로운 곳으로 여기게 된 것 같았다. 바깥세상에서 결코 아무도 가르쳐주지 않는 것을 학교에서 배울 수 있구나 하는 확신을 가지게 된 것 같았다. 아이들이 배움에 대한 욕구가 더 강해진 것을 볼 수 있었다. 더욱이 자기들이 부모와 교사 없이 일주일간을 '살아남은' 뒤에, 자기들이 한 경험을 우리에게 말해주지 못해 안달이었다. 우리는 놀라움을 금치 못했다. 우리는 탐구주제가 수행되지 않았음에 못마땅해하던 것을 집어치우기로 했다. 학교 입장에서는 자기 학생의 안위가 걱정되어서 혹은 학생들이 교사의 지도 없이는 아무것도 배우지 못할 것이라는 확신에 차서, 아이들이 자기 갈 길을 스스로 가도록 내버려두는 것을 유독 어려워한다.

그러나 길을 떠난 아이들이 강한 목적의식에 차서 배움에 대한 욕망을 가득 안고 돌아오는 것을 단 한 번이라도 보게 된다면, 아이들을 떠나보내는 것이 훨씬 수월하게 느껴질 것이라 믿는다.

유치원 인턴십

아이들이 학교 밖에서 하는 모든 밀도 있는 활동에서 결코 지나쳐서는 안 되는 부분이 있다. 바로 아이들이, 아직 자신에 대해 판단을 내리지 않은 집단 속에서 낯선 이들과 더불어 일을 할 때 어떠한 경험을 하는가 하는 문제다. 학교라는 곳은 학생들이 날마다 새로운 모습으로 불쑥 나타나서 완전히 새로운 자신을 이리저리 실험해보고 발견할 수 있는 곳은 아니다. 학교는 자기 학생들을 안다. 적어도 알고 있다고 생각한다. 이는 교사에게도 해당하는 말이지만, 학생들 간에도 마찬가지다. 모두가 어떤 친구가 무엇을 잘하는지, 어떤 점을 비웃거나 대단하다고 여기는지에 대해 동의하는 부분이 있다. 즉, 학생들은 저마다 자기에 대한 소문 내지는 평가를 안고 살아간다. 이러한 평가를 뒤엎거나 잠시나마 벗어버리기란 쉽지 않다. 특히 학교 울타리 안에 있을 때는 말이다.

그만큼 학교 내에서 굳어져버린 자기 이미지를 벗어버리기란 쉽지 않은 일이다. 그런 점에서 덩치가 크고 힘이 세서 어디서나 강자로 통하는 학생에게 다른 사람을 돕는 것은 결코 부끄러운 일이 아니라는 점을 깨닫게 해주기에 학교 교실이나 뒤뜰이 최적의 장소가 아님은 분명하다. 청소년들에게 자신의 모습이 정해져 있는 역할극에서 벗어날 수 있는 기회를 열어줄 수 있을까? 이를 가능하게 하는 방편으로 학교 울타리가 비좁게 느껴질 때마다 우리가 더욱더 확신하게 되는 것 하나는 바로, 학교에서 벗어나도록 하는 것이다. 적어도 일정 기간만이라도 학교가 놓지 못하는(절대로 포기할 수 없다고 하는) 자신의 기본 틀, 즉 모든 것을 '교재'와 수업이라는 형태로 제시하려는 그 틀을 내려놓으라.

우리는 3년 전부터 7학년 학생들에게 2주간 유치원에서 인턴십을 하도록 하고 있다. 이 기간에 학생들은 자기 반 친구들과 선생님을 떠나, 어린이들을 무릎에 앉히거나, 한 무리의 아이들에게 책을 읽어주거나, 점심시간에 어느 정도 질서가 유지되도록 하는 일을 하게 된다. 유치원 교사들은 우리 학교에서 파견되는 아이들을 현장에서야 만나게 되므로, 그 아이가 말썽꾸러기 문제아인지 선생님이 아끼는 사랑스런 제자인지 알 길이 없다. 이렇게 한 결과는 정말 놀라웠다. 학교에서는 완전히 구제불능으로 통하는 플로리안이 어린이들에게 둘러싸여 한쪽 다리에 한 아이를 매단 채 방 한가운데 서 있는데, 세상에서 가장 부드러운 남자라 해도 지나친 말이 아니었다. 아침마다 플로리안이 유치원에 들어가면 아이들이 어찌나 좋아하는지 이루 말할 수 없고, 유치원 교사들도 저마다 플로리안이 얼마나 친절하고 세심하게 어린이들을 보살펴주는지 모른다며 입이 마르게 칭찬한다. 자기에게 이런 모습이 있었는지, 그리고 그런 자기 모습이 얼마나 멋진지를 플로리안이 과연 학교에서 배울 수 있었을까?

연극을 많이 하면 수학을 잘하게 된다고?

무대가 곧 학교다

부활절 방학, 월요일 오전 10시, 난방도 안 되는 강당. 방은 어둡고 무대 위만 조명 두 개가 비추고 있다. 연출가인 압둘이 무대 앞 작은 책상에 앉아 있다. 핸드릭과 피가 7장 마지막 부분을 연습하고 있다. 한스와 공주는 마주보고 처음으로 사랑을 속삭인다.

핸드릭 : 공주……

압둘이 박차고 일어나 말한다. "지금이 어떤 상황인지 생각 좀 해 봐. 넌 지금 굉장히 압박을 받고 있는 상태야. 큰 소리로 시작해! 활이 팽팽히 당겨졌는데 화살을 쏘지는 못하는 상태. 보는 사람이 이런 느낌을 받도록 해야 해. 네 내면의 불안감과 초조함을 표현하도록 다시 해봐."

압둘이 자리에 앉는다. 핸드릭과 피가 다시 처음부터 시작해 핸드릭이 "아, 덥군요."라고 말하는 장면까지 연기한다.

압둘이 앞으로 달려나간다. "그렇게 무심하고 심드렁하게 하면 안 된다고! 넌 지금 버스 정류장에 서 있는 게 아니란 말이야. 이 인물에게 무슨 일이 일어나고 있는지를 네가 표현해내야 해. 감정이 일어나야 해. 털을 잔뜩 세운 수탉처럼 네 자신을 할 수 있는 만큼 아름답게 표현해. 부끄러워하지 말고 또렷또렷하게. 자, 다시 처음부터 끝까지."

이 두 청소년은 같은 장면을 되풀이해서 연습하고 있다. 이 날 아침만 해도 벌써 스무 번이 넘었다.

이렇게 방학 중에 연습을 하고 있는 이 세 명을 보고 있노라면 너무나 박진감이 넘쳐서 우리가 지금 학교에 있다는 것을 잊을 정도다. 그러나 사실 이는 학교 정규수업과는 전혀 별개로 진행되는 일이다. 핸드릭과 피는 밤낮으로 연극에 몰두하고 있다. 이들은 소도구와 무대의상에 골몰하는 한편, 친구와 전화로 자기가 맡은 인물에 대해 이야기를 나누면서 그 인물을 자신에게 투사시키기도 한다. 이들 곁에서 전문 연극연출가와 배우들이 자기 경험을 바탕으로 연극에 대한 아이들의 호기심과 관심을 일깨워주고, 아이들이 이를 통해 자기에게 몰입하고 자기를 대면하는 연습을 하도록 도와준다. 어떻게 하면 나 자신을 잃지 않으면서 다른 인물이 될 수 있을까?

다른 역할 해보기

또다시 연습이다. 이번에는 학기 중이다. 첫 공연까지 딱 2주가 남았다. 디아나가 살해를 막아야 하는 마지막 장면에서 연출가가 더는 자리에 앉아 있지 못하고 소리친다. "때려!" 디아나는 꿈쩍도 않는다. "싫어요." "어서! 왕자가 지금 죽게 생겼어. 죽고 사는 문제란 말이야. 그럼 살인자를 토닥거려 줄래?" "안 할 거예요." 디아나는 팔짱을 낀 채 연출가를 노려본다. 연출가는 어느새, 방금 전 디아나에게 저지를 당하고 쓰러져야 할 살인자가 되어 디아나 앞에 서 있다. "네가 나를 때리지 않으면 내가 너를 때리겠어."라고 살인자가 디아나에게 경고한다. "안 그럴 거 알아요." 연극연출가가 학생을 때릴 리 없지 않은가. "셋까지 셀 거야. 그때까지 나를 때리지 않으면 내가 너를 때려서 벽에 짓이겨 놓을 거야!" 이 위협은 꽤 진지하게 들린다. 과연 이 살인자가 그녀를 때릴 것인가? 디아나는 숨을 깊이 들이마시더니 살인자를 때린다.

디아나는 자기 반에서 공부를 아주 잘하는 아이 중 하나다. 똑똑하고 명철한 디아나는 말로 자신을 변호할 줄 안다. 자기감정과 생각을 다른 이들 앞에서 감출 줄 알 만큼 자기 통제가 강하다. 다른 아이들이 공격적 행동을 보이는 걸 유치하고 민망하게 여긴다. 그런 아이가 모든 사람이 보는 무대 위에서 누군가를 때려야 한다. 비록 연출된 폭력이라 할지라도 연습 중 자신이 소화해내야 하는 인물과 그에 동반하는 감정을 자아와 분리시키기란 결코 쉬운 일이 아니다.

조심스레, 실험적으로, 집중해서, 놀이처럼 그러나 진지하게 이 '연극배우'들은 자기 내면세계를 발견하고 이를 표현하는 법을 배워나간다. 자기 안의 폭력성, 사랑과 두려움 등과 같은 주제를 분석하는 것은 내적 그리고 외적으로 자기 자신을 찾는 과정이다. 디아나가 잔혹하고 매정한 세상에서 자신의 자리를 찾아가는 노력이나, 핸드릭이

궁핍한 처지의 한스라는 인물을 이해하기 위한 과정 모두 이들이 자기 자신을 발견해나가는 과정이기도 하다.

항상 멋있는 이미지를 고수하던 니코는 동화 《브레멘 음악대》에서 길을 잃고 혼자 어두운 숲에 버려진 개의 역할을 맡았다. "하나도 안 무서워."라고 큰 소리로 외치면서 실은 마음속에서 우러나오는 그의 상처받기 쉬운 내면과 두려움을 개라는 형상을 통해 관객들에게 전달한다. 아이들은 극중 인물을 통해 자기 모습의 일부를 살짝 투영해 보이기도 한다.

그렇다고 해서 오해해서는 안 될 것이 있다. 청소년들과 함께 하는 진지한 연극이 결코 자기 찾기 연수가 아니라는 점이다. 연극을 마치고서 서로 느낌을 나누는 것이 연극의 최종 목적은 아니다. 연극은 무엇보다 관객을 위해 있는 것이다. 연습과정에서 아이들이 자아와 마주하는 과정을 거친다고는 하지만, 마지막에 가서는 뛰어난 재능을 지닌 배우뿐 아니라 참여한 사람 모두가 관객 앞에 서게 되어 있다. 아이들은 자신의 연기를 통해서, 어떤 주제와 인물을 통해서 낯선 관객의 날카로운 시선 앞에 서게 되는 것이다. 모두가 나를 보고 있다!

"바지는 그냥 입고 있으면 안 돼요?" 아직 연습을 시작도 하지 않았는데 벌써부터 파울라는 대본에 적힌 연출가의 메모가 걱정스럽다. 마지막 장면에서 아무것도 모르는 연인을 복수에 불타는 아버지에게서 보호하기 위해 유혹하면서 그의 옷을 벗기는 장면을 연기해야 한다. "크리스토프의 셔츠만 벗기고 바지는 그냥 입고 있게 할게요, 네?" 연출가 아르민은 우선 한번 연습을 해보자고 제안한다. "그 문제는 나중에 결정하기로 하자." 두 청소년 배우는 손을 잡는다.

파울라 : 오늘 밤, 우리 사랑의 축제를 벌이자. 이리 와!

아르민이 끼어든다. "잠시 불안감은 내려놔. 네 연인은 네가 모든 걱정을 내려놓았으며, 그곳에 지금 둘밖에 없다는 느낌을 받아야 해. 네가 그의 모든 그리움을 채워주는 존재라고 상상해봐!"

파울라가 다시 한 번 시도한다.

파울라 : 이 입맞춤으로 너에게 나를 바칠게.

"너무 급하지 않게. 이건 지금 너희가 즐겨야 할 굉장히 특별한 순간이야. 이런 순간은 나쁜 아버지라도 감히 침범하지 못할 순간이라고." 아르민이 말한다.

이 순간을 즐기라니. 파울라에게는 그게 그리 쉽지만은 않다. 관객석에는 모든 반 친구들이 앉아 있을 것이고 자기 앞에는 크리스토프가 무릎을 꿇고 앉아 있다. 아르민은 이 모든 장면을 더 낮은 음성으로 연기하기를 요청한다. 파울라의 얼굴이 빨개진다. 갑자기 아르민이 불을 끈다. 심지어 비상등마저도 꺼버리자 주변은 완전히 깜깜해진다. "지금 이 장면 다시 해보자. 내가 듣고 있을게."

그렇게 20여 분간 이 열다섯 살짜리 청소년들은 어둠 속에서 서로에게 애정을 표현하는 장면을 연습하고 또 연습한다. 어느 순간 파울라가 자기 대사를 유혹적인 목소리로 속삭이기 시작했다. 이를 마치자 아르민이 박수를 친다. "아주 잘했어. 휴식!"

쉬는 시간에 파울라가 아르민에게 와서 자기는 도저히 이 장면 연기를 못 하겠다고 호소한다. 더욱이 조명까지 받아가며 수백 명 앞에서 연기를 하는 건 아예 상상조차 할 수 없었다. "그러고 나면 분명히 쉬는 시간마다 애들이 따라 하면서 쫓아다닐 거란 말이에요." "아무도 그러지 않을 거야."라고 아르민이 그녀를 안심시킨다. 무대 위에 서 있는 건 파울라 자신이 아니라 파울라가 연기하는 한 인물이라는 것을 모두가 알 것이며, 아무도 그 역할을 그렇게 훌륭히 소화해낼 사람이 없기 때문에 다른 사람들이 비웃기는커녕 오히려 환호를 보낼 것이라고 했다. 그런데다 극 중 상황상 여자가 그렇게 하는 건 자기 연인을 위험에서 구하려는 행동이라고 힘주어 말한다. 파울라는 못마땅하게 물병만 홀짝거린다. 연습은 계속되었다.

첫 공연을 한 일주일 뒤, 백오십 명이 넘는 관객 앞에서 이 장면은 아주 성공적으로 상연되었다. 파울라와 크리스토프는 연기를 너무 잘하는 바람에, 비웃음을 당하기는커녕 다른 학생들에게서 팬레터를 받을 정도가 되었다. 이 둘이 실제 연인 관계라고 생각하는 사람은 아무도 없었다. 그런데도 마지막 순간까지 둘은 행여 관객들이 자기들을 어떻게 생각할까 전전긍긍했다.

청소년들은 불안감 때문에 사춘기를 더욱 어렵게 보내게 마련인데, 청소년과 함께 연극을 하는 연출가들은 이 문제를 위기인 동시에 기회로 본다. 현재 자기가 누구인지에 대한 질문에 골몰해 있는 사람은 자기 확신에 차서 의식적으로 다른 인물에 감정이입을 하기 어렵다. 특히 불안감이 높은 청소년기는 자기 모습을 있는 그대로 받아들이지 못하고 자신을 못생겼다고 여기며, 다른 사람의 평가에 굉장히 민감한 시기다. 그래서 아이들이 자신감에 차서 무대 위에서 자신을 버리고 어떤 인물이 되어 연기하는 경우는 굉장히 드물다. 아이들은 예를 들어 영화나 텔레비전 드라마에 나오는 틀에 박힌 이미지를 거울삼아 자기도 그렇게 되려고 노력한다. 걷는 모양새, 말투, 옷차림,

아름다움과 매력을 어떻게 소화해낼 것인가 하는 문제를 주체적으로 결정하는 청소년은 매우 드물다. 대부분은 또래 아이들이 두루 받아들이는 행동과 사고양식에 따르게 된다.

아이들이 연극에서 맡은 역할이 매정한 괴한이든 다정하고 열정 넘치는 연인이든 간에, 아이들은 무대 위에 서기 전에 사실상 두 가지 문제를 안고 씨름한다. 자신이 맡은 역할을 잘 소화해내기 위한 노력을 하는 한편, 관객들이 자기가 연기해 보인 모습이 진짜 자기 모습이라고 생각하면 어떻게 하나 하는 두려움과도 맞서야 한다. 어느 반에서 프랑크 베데킨트의 《눈뜨는 봄》을 연출했다. 그런데 주인공 역할을 맡은 크리스티안이 네나에게 입맞춤하는 장면을 거부하면서 이 프로젝트는 위기에 처했다. 그 자체가 싫다기보다는 보는 사람들이 자기가 네나랑 사귄다고 생각하면 어떡하느냐는 것이었다.

그러나 훌륭한 연출가와 함께하는 청소년들은 이 같은 장벽을 극복해나가며 자기의 온 상상력을 동원해 이야기 속 인물에 자기 자신을 투영하는 법을 배운다. 이를 어떻게 표현해낼 것인가는 모두가 함께 찾아가는 과정이다. 수잔네는 연인에게 버림받은 소녀 역을 맡았다. 이야기의 배경은 1920년대다. 그 당시 연인에게 버림받는다는 것은 어떤 의미였을까? 그 당시에는 어떤 몸짓을 했을까? 사람들은 어떤 음악을 들었을까? 어떤 냄새가 났을까? 갑자기 역사적인 질문들이 던져진다. 수잔네는 같은 상황에서 혹 당시에는 오늘날과 다르게 행동하지 않았을까를 생각하지 않을 수 없다. 연습을 하면서 수잔네는 극중 인물과 자신을 분리하면서도 어떻게 하면 연기를 통해 당시의 그 인물과 현재의 자기 자신을 융화시킬 수 있는지를 깨달아나간다. 처음에는 연출가의 도움이 필요했지만 어느 순간부터는 저절로 그렇게 되었다. 적어도 무대 위에 서는 순간, 모든 학생들은 이렇게 자기 자신의 모습이 되는 경험을 한다.

연극은 예술가와 시간이 필요하다

공연이 열리는 순간은 특별하다. 대부분의 학생들은 첫 공연을 앞두고 매우 긴장한다. 그러나 마음 깊은 곳에는 자기가 잘해내리라는 믿음이 있다. 커튼이 열리기 전, 무대 뒤에서 아이들은 이 같은 진한 내적 체험을 하다가, 마지막 순간엔 그저 도망쳐버렸으면 좋겠다고 생각한다. 이런 아이들이 무대에 서기까지는 큰 용기와 노력이 필요하다. 그러다가 커튼이 열리고 관객 앞에서 첫 대사를 내뱉는 순간, 아이들은 일종의 해방감을 경험한다. 관객들이 야유를 하지 않는구나, 내가 사람들을 웃게 할 수도 울게 할 수도 있구나, 내가 무언가를 이루어내고 있구나 하는 경험 말이다. 이 같은 경험을 함으로써 아이들은 스스로가 지닌 능력과 용기에 대한 믿음을 키우게 되고, 이는 다른 상황에서도 새로운 미지의 영역에 도전할 수 있는 힘이 된다. 이런 경험을 한 학생들은 놀랍게도 다른 과제를 대하는 태도에도 변화가 생긴다. 해내고 싶다, 그리고 해낼 것이다, 라는 자신감이 있는 것이다.

청소년들에게 이 같은 경험을 할 수 있는 기회를 주는 본격적인 연극은 다음과 같은 두 가지 관점을 가졌을 때 더욱 그 진면목을 드러낸다.

1. 연극은 예술가에 의해 생명력을 얻는다. 배우, 연출가, 무용수, 드라마투르거(연극의 역사적, 정치적, 사회적 배경이나 인물 등 자료를 조사해주는 사람- 옮긴이) 등 연극을 삶의 열정이자 직업으로 삼는 이들, 희곡을 즐기기만 하는 것이 아니라 희곡으로 직접 연극을 하는 사람들, 그리고 연습 단계의 끄트머리에서는 오로지 단 한 가지 사실, 즉 무대 위에 올릴 작품을 만들어내는 데만 몰두하는 이들 말이다. 지난 십여 년간 헬레네 랑에 학교에서는 20명 남짓의 예술가들이 함께 일을 해왔다. 이들은 오랜 기간 다양한 현장경험을 해온 배우, 연출가, 무용수, 어릿광대, 가수 그리고 작곡가들이다. 헤센 주 공립극장의 배우, 코메디아 델 아르테(이탈리아 민속극-옮긴이)의 전문가, 바젤의 극장총감독, 아일랜드 출신의 신예연출가에서 한국에서 온 무용수이자 북을 치는 한 여성에 이르기까지 우리는 우리 학생과 교사에게 연극을 경험하게 하기 위해 '전문가'를 찾는 노력을 끊임없이 해왔다.

우리는 다음 두 가지 사항이 균형을 이루는 것을 선별조건으로 내세웠다. 우선 자기가 하고 있는 일에 스스로 큰 만족감을 느끼고 실질적인 능력을 갖춘 사람이어야 한다. 그리고 그들이 우리 학교에서 하게 될 일은, 몇몇 재능 있는 스타를 배출하는 것이 아니라 소질이 별로 없는 아이들, 도움이 필요한 아이들을 비롯해 모두에게 각자가 소화해낼 만한 역할을 주고 성취를 경험하게끔 하는 것이라는 점이다. 대부분의 경우 우리가 만난 사람들은 이 일을 훌륭하게 해주었지만, 간혹 매우 실망스러운 전문가들도 있었다. 어떤 이들과는 함께 일을 하면서 우리의 취지를 납득시키는 과정이 상당히 곤혹스러웠다. 이런 경우를 감안할 때 그들과 정규 계약을 맺기보다는 기간제 계약으로 유연성을 확보하는 것이 알맞다고 판단된다. 이는 예술가의 입장에서 보더라도, 그들이 학교라는 기관의 체제 내에 얽매이지 않고 자유롭게 활동할 수 있는 환경을 만들어준다는 점에서 합리적이다. 학교에서 너무 오래 일하게 되는 예술가들은 시간이 지남에 따라 현실과 타협하고 학교 체제의 일부로 굳어버릴 위험이 있다. 이렇게 된 이들은 예술가로서의 저항정신과 독자성을 잃고 학교 내에서 자신의 안위를 찾게 된다. 예술가들이 학교의 손님으로 남아 있을 때, 학교는 이들이 일으키는 변화와 새로운 영향력을 얻을 수 있다. 동시에 학교 스스로가 이처럼 외부에서 작용하는 변화에 능동적으로 대처함으로써 새로운 생명력을 얻을 수 있다.

2. 진짜 연극을 경험하고 나면 그 여파가 오랫동안 가시질 않는다. 청소년들이 '자기들의' 연극을 만들어내는 결정과정에 얼마만큼 깊이 참여했느냐가 이를 판가름한다. 연극을 하면서 청소년들에게는 높은 수준의 참여가 요구되는데, 그 집중도와 다양성의 정도는 학교 정규수업 시간에 아이들에게 요구하는 것과는 비교조차 할 수 없다. 이를 위해서 45분이라는 정규수업 시간은 턱없이 모자라다. 하나의 작품을 만들어내기 위해 아이들이 하는 일은 그저 일주일에 한 교시 배정해버리고 말 만한 분

량이 아니다. 무대배경을 만들기 위해 연습실에서 보내는 시간, 무대의상과 연극소도구를 구하려고 벼룩시장을 뒤지고 다니는 시간, 모두가 적어도 하나의 역할을 맡아 무대 위에 설 뿐 아니라 그것이 질적인 면에서 여느 연극전문가가 보기에도 손색이 없을 정도의 완벽성을 갖추기 위해서 들이는 시간들. 이 같은 연극을 하기 위해서는 시간이 필요하다. 학교는 이러한 목적을 이루기 위해 몇 주에 걸친 시간을 할애해야 한다.

그래서 헬레네 랑에 학교에는 '연극 집중기간'이라는 것을 두었다. 연극활동을 하는 모든 학생들은 4주간 모든 수업과 숙제, 시험에서 면제받도록 하는 것이다. 이 기간에 학교의 정규 규율은 효력을 잃게 된다. 기본원칙은 바로 '오로지 연극만'이다.

한 해 동안 크게 네 줄기의 활동이 집중기간을 활용하여 이루어지는데, 각 집단의 활동과 집중기간을 활용하는 방식은 매우 다양하다.

- 프로젝트 두 개는 9학년에서 이루어진다. 이는 학급별로 진행되며, 모든 학생이 한 사람도 빠짐없이 무대 위에 서는 것을 목표로 한다. 연출가는 보통 해마다 바뀌는데 이들이 대본을 해석하거나 직접 희곡을 써서 작업을 하게 된다. 이렇게 해서 만들어진 작품은 모든 학년을 대상으로 예닐곱 번 정도 상연된다.
- 연극반은 8학년부터 지원할 수 있는 일종의 학교 내 소모임이다. 이들은 한 해 동안 일주일에 한 번씩 모여 연습한다. 더불어 성탄절과 부활절 방학 그리고 첫 공연 전, 때로는 학기 중 연극 집

중기간을 활용하여 연습한다. 연극반에 참여하고자 하는 학생은 방학, 주말, 오후 시간을 막론하고 연극반 연습이 있는 날에는 반드시 참석하겠다는 각서를 작성함으로써 자기 자신과 학교 앞에 약속을 하게 된다. 학급 프로젝트와 다른 점은, 한 해 동안 만들어진 연극작품이 학교 밖 대중에게도 공개상연된다는 점이다. 이렇게 해서 만들어진 작품을 가지고 국립극장이나 다른 학교에 공연을 가는 일은 드물지 않다.

● 작은 연극반은 연극반의 가지로 저학년 학생들이 참여하며, 여름방학 전에 연극 집중기간을 활용한다. 여름방학이 지나면 학생들은 작품을 들고 비스바덴의 초등학교와 유치원을 순회하며 공연을 하게 된다.

이 외에도 개별 학급에서 진행하는 프로젝트를 위한 집중기간이 있다. 8학년의 어떤 반은 아일랜드 연출가와 짤막한 소품과 즉흥극을 연습하는가 하면, 한 복음성가 가수가 6학년 학생들을 데리고 성탄절 콘서트를 준비하기도 하고, 어딘가에서는 다음번 '학생생활 나눔터 예술 행사'를 준비하느라 한창이다. 이 행사는 모든 5~7학년의 아이들이 4~6주마다 한 번씩 월요일 1교시에 하는 공연을 일컫는다. 학급마다 돌아가면서 다른 학급에게 선보일 공연을 준비한다. 이때는 수업내용 이외에 사전에 연습한 특별한 장기를 보여주거나 짧은 연극을 하거나 춤을 추기도 하고 직접 쓴 이야기를 읽어주기도 한다.

연극 프로젝트에 지원하기

우리 학교에서 연극을 한다는 것은 학생들이 낯선 것에 몸을 맡기기를 두려워하지 않고 자기 한계를 넘어설 준비가 되어 있으며, 활동에 임할 자세가 되어 있음을 뜻한다. 연극 집중기간인 4주 동안은 학교가 1시 15분이 아니라, 연출가가 끝났다고 할 때에야 비로소 끝난다는 것을 의미한다. 이러저러한 취미활동이나 친구들과의 약속보다 연습 일정이 먼저다. 주말 시간은 작업실이나 무대 위에서 보낸다. 모든 학생들이 연극 프로젝트 하나를 위해 이렇게 많은 희생을 감내하는 것은 아니다. 따라서 연극을 하고 싶은 사람은 지원을 해야 한다.

"이 반은 연극을 하게 될 것이야." 예언자가 어두운 교실에서 이렇게 말한다. 그녀의 예언은 항상 맞다. 그녀는 다른 귀신들에게 연극책임자를 데려와 앞에 묶어놓게 한다. 귀신들은 부드럽게 그러나 위협적으로 그가 만일 생각이 다르다면 큰일을 치르게 해주겠다며 주술을 속삭인다. 마지막 귀신이 물러나면 갑자기 불이 환히 켜지고 학생들이 얌전하고 순진하게 선생님 앞에 원을 이루고 앉아 있다. 아이들 손에는 글자가 하나씩 들려 있다. "우리는 연극을 하고 싶어요. 9학년 A반 학생 일동."

지원하고 선정하는 일은 결코 재능의 유무에 따르지 않는다. 학급 프로젝트로 연극을 하고 싶은 반은 반 학생들 모두가 적극적으로 참여할 것임을 설득력 있게 입증해야 한다. 언제나 찬성과 반대 입장이 있게 마련이다. 그러나 중요한 것은 한 학급의 아이들이 얼마나 진지하게 논의하여 의견을 모았는가 하는 점과 모두에게 동기를 부여하는 데 성공했느냐 여부이다. 여러 귀신들과 예언자의 말뿐 아니라 뒤이은 학생들의 회의를 지켜본 연극책임자는 예언자의 말에 동의한다는 결론을 내린다. "좋아, 9학년 A반은 연극을 하게 될 것이다."

우리는 학생들의 동기부여 여부에 중요한 가치를 둔다. 한 학급이 연극 프로젝트를 한다는 건 동시에 굉장한 위험부담을 감수하겠다는 것을 뜻하기 때문이다. 연극을 한다는 것은 언제나 그것이 실패로 끝날 수도 있다는 가능성을 안고 간다. 이 과정에서 무대 앞뒤에서 모든 상황을 총괄하면서 첫 공연 전까지 모든 준비가 완벽하게 끝나도록 보장해줄 사람은 아무도 없다. 한 예술가가 자기가 책임지고 있는 청소년들과 함께 무엇을 어떻게 해나갈 것인지에 대한 부분은 학교 운영자나 교사가 감히 간섭할 수 없는 영역이다. 그렇게 하다가는 괜한 불화가 생길 수 있다. 학교 수업이 임의로 구성되지 않고 결과 중심으로 짜인 데에는 그럴 만한 까닭이 있다. 우리가 원하는 형태의 연극은 이와는 반대로 결과가 눈에 보이지 않는다. 그리고 이러한 불확실성을 지나친 위험부담이라고 우려하는 목소리도 있다. 이러한 모험이 결국 참으로 그럴 만한 가치가 있었음을, 우리도 시간이 지나면서야 차츰차츰 알게 된 것 같다.

압둘

초창기에 우리 학교와 계약을 맺고 일을 한 사람은, 열네 살 때부터 연극과 인연을 맺고 목수로, 조명기사로, 음향담당으로, 배우로,

연출가로, 드라마투르거로 일한 경험을 두루 갖춘 한 젊은 연출가였다. 그는 딸을 출산한 것을 계기로 연출감독으로 있던 전 직장을 잠정적으로 그만둔 상태였다. 학교에서 압둘이라는 이름으로 통하던 그는 이례적으로 3년이라는 오랜 기간을 우리와 함께했다. 그는 많지 않은 보수를 받고 일주일에 평균 60~80시간을 일했다. 사실상 우리 학교에 연극이라는 분야를 중요한 활동영역으로 정착시킨 것이 이 한 사람이라 해도 지나친 말이 아니다. 그는 열정적으로, 타협하지 않고 일반적으로 학교가 가진 틀을 자유롭게 넘나들며 일했다.

압둘은 일주일에 한 번 연습을 한다는 건 웃기는 일이라고 했다. 아이들은 하루 배운 것을 그 다음 주가 되면 기억하지 못하므로 매번 처음부터 다시 하는 꼴이라는 것이었다. 대신에 그는 오로지 연극에 몰입할 수 있는, 오랜 기간 지속되는 집중적인 시간이 필요하다고 했다. 오전 중에 연습을 하려고 하면, 그는 각 반마다 직접 돌아다니면서 아이들을 데리고 나왔다. 매우 급한 일이라면서 말이다. 만일 학생이 이번 주에는 다른 과목에서 시험이 두 개나 있어서 좀 힘들겠다고 말하면, 압둘은 담당교사가 이 배우를 위해서 시험을 미뤄줄 때까지 교사를 설득시켰다. 이건 모두에게 매우 중요한 문제라면서. 그는 학교 일상의 규칙과 의무가 융통성이 없고 편협하다고 여겼다. 그는 학생들과 밤늦게까지, 그리고 방학 중에도 함께 연습했다. 학교가 오후에는 텅 비고 방학 중에는 닫히는 규율 따위는 압둘의 연극 연습실에는 적용되지 않았다.

이러한 압둘의 행보에 교사와 학부모는 물론, 교육청까지 당황스러움과 우려를 나타냈다. 어떤 교사들은 심지어 학업성취도가 약한 학생들이 학습에 상당한 지장을 받고 졸업하는 데 문제가 생길 것을 우려하여 이들을 연극에서 제외시켜 줄 것을 요청했다. 한편, 공부 잘하는 학생들이 수업에 빠지게 되면서, 수업을 진행할 때 추진제 역할을 하던 학생들이 사라져 문제가 되었다. 평가회의에서도 논쟁이 벌어졌다. 대다수 교사들은 학생들이 수업에 정기적으로 참석하지 않고 시험도 보지 못해 이들을 공정하게 평가할 기준이 없다고 항의했다. 압둘은 연극을 하는 학생들에게 소정의 평가점수를 줌으로써 다른 과목에서 빠진 점수를 메울 장치를 마련하자는 데 끝까지 거부의사를 보였다. 교육청은 이 모든 골치 아픈 논쟁은 차치하고라도 학생들이 방학 중에도 학교에 나오기를 원해 몇몇 공간들에 추가로 난방을 해야 하는 상황에 대해 물고 늘어졌다. 학부모들도 밤 10시가 넘도록 학교 강당에 있는 열네 살짜리 아이를 억지로 차에 태워 데리고 와야 하는 상황, 그리고 심지어 몇몇 아이들이 압둘과 함께 망치질을 하고 페인트칠을 하고 조명장치를 손보거나 무대의상을 꿰매느라고 밤늦게까지 학교에 있다는 사실에 그만 참지 못해 들고 일어났다. 그러던 어느 날, 압둘이 이끄는 연극반의 첫 큰 공연을 4주 앞둔 시점에 대소동이 벌어지고 말았다. 압둘이 한밤중에 몇몇 학생들과 몰래, 우리 학교에서 적지 않은 비용을 들여 이런 저런 용도로 사용할 목적으로 마침 개조공사를 마친 한 방에 난립해 진짜 연극을 위한 공간으로 만들 작당을 한 것이다. 그러려면 우선 방은 검은색이어야 했다. 그래서 압둘과 아이들은 무대와 천정 절반을 검은색 페인트로 칠했다. 학교 측과 건물관리인의 성화가 모자라기라도 했던 듯, 바로 다음날 아침에 압둘은 무대에 설치된 값비싼 전자동 커튼을 뜯어냈다. 실용성이 떨어진다는 것이었다.

압둘이 한 일은 결코 학교에 도전하는 행위는 아니었다. 학교를 우습게 보거나 학생들과 함께 학교에 저항하기 위해 한 일도 아니다. 압둘은 자신이 생각하는 연극을 하고자 했을 따름이다. 이러한 행동을 보면서 아이들은 예술가가 '작업'을 한다는 게 어떤 것인지를 눈으로 직접 보고 경험할 수 있었다. 학교 입장에서도 그는 우리에게 전혀 새로운 차원에서 성과의 개념을 일깨워주었다. 더불어 그는 우리가 미처 발견하지 못한, 아이들 한 명 한 명 안에 숨어 있는 잠재력을 보도록 해줌으로써 우리 모두에게 큰 가르침을 주었다. 압둘이 이해하는 연극은 단지 몇몇 재능 있는 배우들의 것이 아니라, 우리 모두의 것이었다. "우리 모두가 연극을 할 수 있어요. 진지하게 우리 자신을 내어 맡기기만 한다면 말이에요." 그는 사람들 속에 숨겨진 특별한 능력을 발견해내고 그것을 키우고 형상화될 수 있도록 도와주는 것을 자기의 소명으로 여겼다.

한네스는 말더듬이였다. 그래서 어쩌라고? 압둘은 한네스에게 제화공, 일명 회오리바람 역할을 시켰는데, 이 인물은 자기에게 맞는 신발을 찾아 끝없이 긴 사다리를 오르내려야 한다. 한네스는 자기 대사를 말하는 동안 재빨리 사다리를 올라탔다가 내려오기를 반복해야 했다. 어쩌면 이렇게 몸을 움직인 덕분에 한네스는 잠시 말 더듬는 걸 잊을 수 있었는지도 모른다. 어쨌든 말보다는 사다리를 오르내리는 움직임에 더 집중해야 했다. 이를 계기로 한네스는 스스로 자신감을 갖게 되었다.

가장 놀라웠던 점은, 교육학에 대한 사전지식이 전혀 없던 한 사람이 그가 가진 예술에 대한 신념을 통해 다른 사람들, 그리고 학생들과 거침없이 소통할 수 있는 가능성을 찾고, 연극작업을 통하여 이를 '형상화'해 나가는 과정을 지켜보는 것이었다. 그는 우리 교사들이 수업을 통해 하지 못하는 것을 해냈다. 한 여학생이 압둘에 대해 다음과 같이 말한 적이 있다. "압둘은 우리가 자기 학생이라는 느낌을 주지 않고, 동등한 입장에서 함께 작품을 만들어가는 존재라고 느끼게 해줘요. 그는 우리에게 '자, 너희에게 한 수 가르쳐줄게!'라고 하지 않고, 우리와 함께 연극을 하기 위해 그저 그 자리에 있을 따름이죠."

교사 입장에서 보면 이처럼 특별한 능력을 가진 손님에게 질투심을 느끼고 무기력해질 수 있다.("그래, 애들하고 '딴따라' 좀 하는 거야 누군들 싫어해. 그런데 일주일에 세 번씩 프랑스어 단어를 외워 오라는 게 얼마나 어려운 일인지 상상도 못할걸.") 게다가 교사는 단어검사만 하는 사람이 아니다. 우리 학교에서 교사는 6년간 같은 아이들과 함께 길을 걸어가면서 때론 산을 넘기도 하고 바다를 건너기도 해야 하는 존재다. 교사 대부분은 깊은 열정과 애정을 쏟고 자신의 온 감정을 다해 가며 이 과정을 겪어낸다. 예술가는 한쪽으로 '치우쳐도' 된다. 그러나 교사는 다르다. 교사는 꾸준히 학생 곁에 서서 그 학생이 현재 그리고 다가올 앞날에 맞이하게 될 삶터에서 다른 사람에게 받게 될 평가에 대해 책임을 져야 하는 존재다. 그것이 합당한 일인지 아닌지는 중요하지 않다. 최선의 상황은, 교사와 연출가 사이에 빚어진 오해와 갈등이 좀 더 생산적인 협동작업으로 이어지는 경우다. 이 같은 상황을 겪으며 교사들은 자기가 '모든' 것을 가르치는 사람이 아니라는 사실을 알게 되고, 학생들이 어떤 것은 다른 사람에게서 더 잘 배울 수 있음을 인정하는 경험을 한다.

압둘이 떠나고 많은 변화가 있었다. 연극활동을 위해서 앞서 말한 바와 같이 조직과 활동과정에서 좀 더 탄탄한 체계가 잡혀나갔다. 학교의 활동 영역이 그런 괴상한 활동으로 확장되는 데 대한 초창기의 우려와 거부감은 연극활동의 성과를 경험하면서 잠잠해졌다. 연극작업에 참여하는 학급의 담임교사와 연출가 사이의 관계는 지금까지 한 번도 정형화된 규칙에 따른 적이 없고, 언제나 새롭게 조화와 균형을 이루어나가야 할 부분으로 남아 있다.

청소년들은 아직 자기를 전혀 모르는 연출가와 함께 작업하는 것을 하나의 굉장한 기회로 여기는 경향이 있다. 연출가는 그 아이가 맞춤법을 얼마나 틀리는지, 지난번 학급여행 때 어떤 일이 있었는지에는 아무 관심도 없다. 그렇기에 아이들은 자신의 새로운 모습을 보여줄 수 있는 것이다. 아이들은 이 같은 절호의 기회를 자기 담임선생님이 개입함으로 인해 망치고 싶어하지 않는다. 이때 자기 반 아이들과 좋은 관계를 유지하고 싶은 의지가 강한 교사일수록 실망감도 클수밖에 없다. 그러나 이러한 상황에 비추어 보건대, 아이들은 교사가 한 발짝 물러서 줄 때에야 비로소 교사에게 그 마음의 자리를 내어주는 것 같기도 하다.

역할배정

연극 프로젝트에서 무대 위에 서는 것만큼이나 긴장되는 순간은 바로 누가 무슨 역할을 맡을 것인가를 결정하는 순간이다. 나는 무슨 역할을 맡게 될까? 사람들은 나에게 어떤 기대를 걸고 있을까? 이 상황에서 모두가 각자에게 알맞은 역할을 맡을 수 있게끔 신경을 써야 하는 것이 바로 연출가인데, 이때 연출가는 해를 거듭하며 자라난 복잡한 인간관계의 숲에 맞닥뜨리게 된다. 학생들 마음에 꼭 들어맞게 역할을 배정하는 일이란 거의 불가능하다. 아이들이 꼭 주인공을 맡고 싶어하는 건 아니지만, 아이들에게는 적어도 '중간 이상'은 되는 역할을 하는 게 중요하다. 이 말은 저마다 다르게 이해하겠지만, 보통 가장 친한 친구 혹은 세기의 라이벌과 비교했을 때 비중이 덜한 역할을 맡아서는 절대로 안 된다는 게 누구나 하는 생각이다.

연출가가 배정한 역할에 모두가 만족하는 경우는 매우 드물다. 누구는 눈물을 흘리고, 누구는 뒤에서 불평을 하기도 한다. 그럼에도 아이들은 학교 선생님이 말할 때보다 순조롭게 이를 받아들이고 연습에 몰입할 마음의 준비를 하는 것을 보게 된다. 배역 결정이 학교 성적이나 기존의 힘의 질서(학급에서 보통 업무를 분담할 때 무의식적으로 의거하는 것이 바로 이 두 가지다.)에 따른 것이 아니라는 것을 알기 때문이다. 또한 훌륭한 연출가는 작은 배역의 중요성에 대해서 강조하는 것을 잊지 않는다. 주인공인 독재자 왕이 평정을 잃고 화를 내는 까닭을 관객들에게 설득력 있게 전달해주는 것은, 바로 그 같은 왕을 섬긴다는 것에 대한 좌절감을 표현함으로써 왕이 불같이 화를 내도록 만드는 조연이 있기 때문이다. 단 몇 초 나올 뿐인 단역이라 하더라도 그가 그 역할을 제대로 해내지 못하면, 미친 듯이 화를 내는 왕은 무대 위에서 우스워질 뿐이다. 연습을 거듭하며 이 신하는 자신이 이 장면에서 왕만큼이나 열연을 해야 한다는 사실을 깨닫는다.

관객

진지하게 연극을 하게 되면 세상을 보는 눈도 바뀐다. 이런 점에서 보면 연극이 인정받아야 할 가치에 합당하게 '배우'를 정당하게 대우한다는 것을 '보여주어야' 하는 학교공동체도 동일한 경험을 할 수 있다. 우리 학교에서 연극반이나 학급 단위의 연극 공연은 학교 일상에서 최고점과 같다. 공연 며칠 전부터 정성스레 찍어낸 포스터가 여기저기 붙고, 서무실에서는 신문에 광고를 내보낸다. 학교 운영자들이 첫 공연 때 관객 가운데 앉아 있는 것은 매우 당연한 일이다. 첫 공연 뒤에는 축제가 벌어지고, 복도 계단 곳곳에 연습과 공연 때 찍은 사진이 전시된다. 모든 학급이 예외 없이 공연을 관람하는데, 대개 정규수업 시간을 이용한다.

학교는 이렇게 연극 관람을 정규수업 2시간으로 정식 인정함으로써 학생들이 성취해낸 작업의 가치를 높이 평가해준다. 게다가 모든 학생들이 관람료를 지불한다. 많은 비용은 아니지만 지불한다는 데 그 의미가 있다. 이 또한 연극과 그 공연의 가치를 알도록 하기 위함이다. 해마다 저녁시간을 채우는 공연들이 있는데, 보통 네 명의 서로 다른 연출가들이 서로 다른 배우들과 함께 이를 만들어나간다. 우리는 이 같은 변화와 반복을 통해 영화와 텔레비전만이 아니라 연극

이라는 것이 우리 학생들의 일상에서 자연스러운 것으로 인식되기를
희망한다.

연극과 교과수업

학교에 연극활동이 너무 많다는 말이 성립될까? 연극 말고도 학
생들이 꼭 배워야 하는 것이 있지 않을까? 이에 대한 한 가지 대답을
하르트무트 폰 헨티히가 제시한다.*

"인간을 교육하는 기관에서 다음 두 가지 교육만 이루어진다면 신
뢰를 할 수 있다. 바로 연극과 과학이다. 이 두 가지는 인간이 세상을
이해하는 두 가지 축과도 같다. 즉 주관적 체화와 객관적 진술이 그
것이다. 후자는 물질세계의 현상을 이해하기 위한 것이고, 전자는 인
간을 이해하기 위한 것이다. 이 두 축은 우리 인간이 하고자 하며, 할
수 있고, 알 수 있는 모든 경험을 포괄한다."

우리가 지난 시간 동안 해온 경험에 비추어볼 때 나는 이 말에 동
의하지 않을 수 없다. 우리 학생들이 학교에서 교육을 받는 동안 연극
에 투자하는 시간은 어마어마하다. 따라서 다른 교과목에 들이는 시
간이 상대적으로 줄어들 수밖에 없다. 여느 학교들과 달리, 우리 학교
에서 수학, 영어 그리고 다른 자연과학 과목에 할당하는 주별 수업시
간은 기존의 권장 수업시간에 못 미치는 수준이다. 그렇다고 해서 우

---

* 하르트무트 폰 헨티히, 《도야(*Bildung*)》, 119쪽부터(Carl Hanser Verlag, münchen/Wien, 1996.)

리 학교 학생들이 다른 학교 학생들에 비해 지식이 모자란 것은 아닌 듯하다. 지난 몇 해간 비교연구기관(TIMSS와 PISA)에서 진행한 연구에서 우리 학교 학생들은 평균보다 월등히 우수한 성적을 거두었다.

당신의 아이가 연극을 통해서 수학이나 물리 과목에도 유용한 지식을 얻을 수 있다고 학부모를 설득시키는 것은 거의 불가능해 보인다. 아이가 연극연습 때문에 다른 과목 수업을 등한시하고 엉망인 성적표를 들고 집에 가는 경우에는 더더욱 그렇다. 원래 공부를 잘하던 학생의 부모가 몇 주간 아이가 연극 연습실에만 틀어박혀 있더니 시험을 망쳤다고 한 경우도 있다. 특히 이제는 다른 학교 동급생들과 성적을 겨뤄야 하는 고학년 아이의 부모는 더 애간장이 탄다. 이들이 연극 때문에 잃은 게 너무 많다고 불만을 호소하는 것도 당연하다. 연극이 수업을 보충해주는 것도 아니며 무대 위에서 수학 공식이나 이성적 사고를 다루는 것도 아니다. 단기적으로 볼 때, 또한 학교 정규 평가기준에 한해 볼 때, 연극을 하는 학생들은 그렇지 않은 학생들보다 뒤처지는 것처럼 보인다. 연극에 완전히 몰입했던 학생들이 스스로에 대한 믿음, 일상의 압박에 유연히 대처하는 태도 등을 통해 보여주는 결과는 1~2년이 지나서야 차츰 드러난다. 그리고 이러한 결과는 학생의 성적이 눈에 띄게 변화하는 것에서도 확인할 수 있다.

반다는 몇 주에 걸쳐 수학수업에 들어가지 못했다. 셰익스피어의 〈한여름밤의 꿈〉에서 수공업자의 쪽지 역할을 맡게 되었기 때문이다. 연극연습 말고는 아무 관심도 없었다. 숙제도 안 했다. 적어도 수학과외라도 받으라던 선생님들의 조언("지금 이러면 나중에 큰일 난다.")

도 무시했다. 그 해 말, 〈한여름밤의 꿈〉은 성황리에 상연되었고 학교 역사에 길이 남을 무대였지만 반다의 수학성적은 두 단계나 하향 조정되었다.

3년 뒤, 다른 학생들의 작품이 처음으로 무대 위에 오르던 어느 날, 반다도 그 자리에 참석했다. 반다는 10학년을 마치고 김나지움으로 올라갔고 몇 주 후면 아비투어를 보게 될 것이다. 그녀는 동급생 가운데 아주 우수한 학생 중 하나다. 막이 내리자 반다는 무대 뒤로 가 장미꽃을 한 아름 안겨주며 후배들을 격려한다. 꽃다발에는 다음과 같은 쪽지가 들어 있었다. "학교에서 성적 잘 받고 싶으면, 죽도록 연극을 하렴!"

08 문 걸어 잠근 나홀로 교사를 대신해

연대를 이룬 교사공동체

어느 화요일 아침 8시 45분. 학교에 손님이 찾아왔다. 브란덴부르크 주 교장선생님 몇 분이 우리 학교의 일상을 엿보러 방문한 것이다. 교장인 내가 직접 손님들을 모시고 학교 이곳저곳을 둘러보았다. 그러다 모든 학년 선생님들이 공동으로 사용하고 있는 작은 교사실에 이르렀다. 그런데 그곳에서 손님들의 눈앞에 벌어진 풍경에 나는 당황하지 않을 수 없었다. 5학년 담임교사 네 명이 신선한 빵과 김이 모락모락 나는 커피를 앞에 놓고 아침식사를 하고 있는 게 아닌가! 그런 교사들에게 내가 뭔가 모를 책임감 섞인 목소리로 이 시간에 수업에 안 들어가고 뭐 하는 거냐고 묻자 교사들은 웃었다. "반 아이들은 어쩌고요?"라고 물으니, "다른 선생님 수업에 들어가 있지요."라고 대답하며, 어쩌다 보니 화요일마다 아침에 2교시씩 비게 되었다고 해명했다. 손님 한 명은 이 상황에 대해 어이없어하며 그렇다면 왜 벌써 학교에 와 있는 거냐고 물었다. 둘러앉은 교사들은 같은 학년을 맡은 교사들끼리는 항상 의논하고 조정할 거리가 있는데, 그러기에는 월요일 오후에 있는 팀 회의 하나로는 부족하기 때문에 자연스럽게 다음 날 아침 시간을 활용하게 되었다고 설명했다. "그리고" 하며 교사 한 명이 덧붙였다. "학교에 있는 시간이 즐겁기 때문이죠." 손님들은 무척 놀라워했다.

계획한 바는 아니었지만, 손님들은 사실 우리 학교의 '성공비결' 가운데 하나를 엿본 것이나 다름없다. 우리 학교 교사 대부분은 실제로 다른 학교 교사들에 비해 학교에서 보내는 시간이 훨씬 많은데도 학교생활에 만족도가 높다. 이를 가능하게 하는 요인 가운데 하나는 바로 학교 내 교사들을 하나로 엮는 팀 구조라고 해도 지나치지 않다. 한 학년 학생 백 명당 여덟에서 열 명의 교사가 하나의 팀을 이루게 된다. 이 교사들이 6년 동안 네 개의 학급 수업을 진행하게 되는데, 보통 각 학급의 담임교사가 자기 반을 중점적으로 맡아 수업을 하며, 특히 첫 몇 해간은 더욱 그러하다.

몇 해 전 어느 김나지움에서 우리 학교로 전근해온 한 젊은 교사의 예는, 팀 구조를 통해 교육환경이 얼마나 변할 수 있는가를 잘 보여준다. 우도 보커트 선생님은 김나지움에서 물리와 사회 과목을 가르쳤다. 그는 모든 학년을 오가며 총 12학급의 수업을 맡았는데, 이렇게 따지면 주당 그가 만나야 할 학생이 350명가량이다. 어떤 학생은 한 학기밖에 못 보는 경우도 있었다. 그러다 보면 이내 또 수업배정 시간표가 바뀔 때가 된다. 한번은 7학년 담임을 맡게 되었는데 자기 반에 들어가는 게 고작 주당 4시간이었다. 아이들을 진짜로 알아가고 어려움이 있을 때 돕기엔 턱없이 부족한 시간이다.

헬레네 랑에 학교 교사채용 면접에서 우리는 그에게 할 줄 아는 게 뭐냐고 물었다. 이 질문에 그는 다소 당황해하며 서류에 이미 자기 전공과목이 적혀 있지 않느냐고 되물었다. 그러나 우리 학교에서는 교사팀의 일원으로 함께 일하기 위해서는 전공과목 두 가지만으로는 부족하다. 한 교사가 교사팀과 학교를 위해 기여할 수 있는 것이 있다면 그것은 무엇일까? 이 젊은 동료는 자기가 대학공부 이외에 열정과 의욕을 가지고 했던 일들에 대해 설명하기 시작했다. 산을 즐겨 타며, 언젠가 호텔 식당에서 일한 경험이 있어서 요리를 즐기며 좀 할 줄 알고, 몇몇 친구들과 함께 누워서 타는 자전거를 개조하는 일을 취미 삼아 했다고 했다. 전공과목 이외에 관심이 있는 과목은 뭐냐는 물음에 그는 실은 줄곧 수학과 역사에 대한 열정을 키워왔다고 대답했다.

그는 이제 새로 들어올 5학년 신입생을 맡을 교사팀에 합류하게 되었다. 담임교사로서 그는 자기 반에서 네 과목을 주당 총 14시간 가르치게 되었다. 그는 또한 같은 학년 다른 반에서 수학과 자연과학 과목을 가르치고 있으며 나머지 시간에는 자전거공방에서 일한다.

교사가 자기 전공과목 이외의 수업을 하는 것에 대하여

교사가 자기 전공과목이 아닌 다른 과목을 가르치는 것은 얼핏 보기에 하나의 어쩔 수 없는 미봉책으로 비춰지기도 한다. 많은 학부모들은 교사가 다른 과목 수업을 하는 것에 회의적인 반응을 보였다.

아무래도 그렇게 되면 각 과목의 전문성이 떨어지는 것이 아니냐, 학교가 자기 학생들에게 규정된 수업 질에 못 미치는 수업을 제공하는 것은 아니냐는 것이었다. 이 같은 불안감은 우리가 초창기에 학부모들과 함께 안고 갔던 부분이다.

우리 학교에서는 교사 대부분이 자기 전공 이외의 수업을 하고 있다. 그래서 두 과목, 많게는 세 과목까지 맡아 하는 교사도 있다. 한 교사가 어떤 과목을 맡을지는 교장과 교사들이 함께 결정한다. 그렇다고 해서 예컨대 독일어나 역사 교사에게 화학이나 외국어 과목을 강제로 맡기는 경우는 없다. 교사 개개인의 희망과 관심사를 충분히 배려하여 결정한다. 그러다 보니 자연히 비슷한 과목을 엮어 하는 경우가 많다. 생물 전공 교사가 화학과 물리를 병행한다든지, 역사 교사가 사회와 지리를 맡게 된다든지 하는 것이다. 그렇지만 전혀 관련이 없어 보이는 과목을 병행하는 교사도 있다. 흔한 예로 독일어 또는 사회학 분야를 전공한 교사가 수학을 가르치는 경우가 있다. 하필이면 가장 까다로운 과목 중 하나로 꼽히는, 상당수의 학생들이 어려워하는 수학이라니!

우리는 학생들에게 어떠한 위험부담도 안겨주고 싶지 않았다. 그래서 초창기에 학급별로 나누어 절반은 수학을 전공하지 않은 교사가, 나머지 절반은 고학년 수업 경험이 있고 실력이 입증된 수학전공 교사가 수업을 하게끔 했다. 그런데 놀랍게도 수학을 전공하지 않은 교사가 맡은 학급 학생들이 대체로 더 우수한 성적을 거두었다. 그 까닭은 무엇일까?

교사가 모든 것을 다 할 수 없는, 혹은 이미 모든 것을 다 알고 있지 않은 상황은 의외로 긍정적으로 작용할 수 있다. 교사에게 모자란 지식을 습득하고 새로운 과목을 연구하고자 하는 호기심과 동기부여만 있다면, 이는 학생들에게 굉장한 이득이 되어 돌아온다. 이 같은 교사는 이제야 수학문제를 틀린다는 게 어떤 것인지 새롭게 경험하고 있는 것이다. 어쩌면 그는 학창시절에 똑같은 오류를 범했을는지도 모른다. 이런 경우 교사는 학생들이 범하는 실수가 어디에서 비롯되었는지를 스스로의 경험을 통해 훨씬 더 쉽게 파악하게 된다. 이러한 까닭에 이상적인 경우, 수학을 전공하지 않은 교사가 수학을 가르치는 것이 학생과 교사 모두에게 학습을 수월하게 하는 요인으로 작용한다.

그렇다고 해서 각 과목 전공교사들의 가치가 떨어지고 그 존재의 의미가 작아지는 것은 결코 아니다. 정반대로 전공교사들의 입지는 더욱 굳어졌다. 어떤 과목이든 다른 과목을 전공한 교사가 도맡아 하는 경우는 없다. 과목마다 실력이 입증된 전공교사가 전문가로서 교사팀 내에서 해당 과목을 더 잘 가르칠 수 있도록 책임을 지고 이끌어나간다. 이러한 구조를 제대로 갖추려면 교사들이 서로 긴밀하게 협동작업을 해야 한다. 교사 개개인은 특정 영역의 전문가인 동시에 끊임없이 배우는 사람들이다. 정기적으로 열리는 교사팀 모임은 행정 문제뿐 아니라 수업내용에 관한 논의를 위해서 매우 중요한 자리다. 미술교사는 동료들에게 책 엮는 법을 보여주고 실습을 하는가 하면, 자연과학 과목 교사는 물을 가지고 하는 실험을 선보여주고, 체육교사는 스트레칭 하는 법을 전수해줌으로써 각 담임교사들이 자기 반에서 간단한 몸동작을 할 수 있도록 도와준다. 또 수학교사는 도형을 설명하기 위한 교수법을 알려준다. 이런 식으로 해서 학교 내에 또 하나의 공부모임이 생겨났다. 이에 대한 교사들의 만족도는 매우 높다. 교사 한 사람은 학교에서 대부분의 시간을 홀로 아이들 앞에 서서 보내지만, 자신이 결코 혼자가 아니라는 사실을 알게 된다. 어려움에 처하거나 혼자서는 감당하기 힘든 문제가 생기면 언제든지 자기가 속한 교사팀에게 도움을 청할 수 있다.

물리교사 카르스텐 라이머스가 한 손에 끈적끈적한 소의 눈이 이리저리 떠다니는 투명한 비닐봉지를 들고 학생들 앞에 서 있다. 도살장에서 바로 해부해서 온 것이란다. 교실에는 칼과 고리가 준비되어 있다. 똑같은 해부를 이미 교사팀의 생물선생님과 함께 해보았는데도 다시 하려 하니 손발이 떨리는 것은 어쩔 수 없다. 라이머스 선생님은 창백하게 질린 얼굴을 하고 구역질이 나려는 걸 간신히 참으며 교실을 나와 옆 반에서 수업을 하고 있는 동료교사에게 도움을 청한다. "소 눈 해부하는 건 절대 못 하겠어요." 동료교사는 자기 학생들에게 책에 나오는 과제를 몇 가지 내준 뒤, 라이머스 선생님을 도우러 얼른 달려갔다.

갈등상황

그렇다고 해서 팀을 이루어 하는 작업이 항상 좋은 점만 있는 것은 아니다. 어른이 되어서도 비판을 받거나 자기 약점을 인정하는 것을 어려워하는 이들도 있다. 팀으로 일하게 되면 혼자서 일할 때보다 훨씬 자주 이런 상황에 처하는 것이 당연하다. 여러 사람이 함께 일한다는 것은 갈등상황이 벌어질 가능성이 높아진다는 말이기도 하다. 팀원 간의 긴밀한 협동작업도 마찬가지다. 주중에 정기적으로 있는 팀원모임, 교과목 조정 및 회의, 다른 과목 수업 준비, 교과 및 학급통합형 프로젝트의 공동 계획·준비·실행과정 등으로 끊임없이 서로 마주쳐야 하는 상황은 교사 개개인에게 큰 부담으로 다가올 수 있다. 특히 개인적으로 '주파수'가 안 맞는 사람끼리 피하지도 못하고 날마다 얼굴을 마주해야 하는 상황은 더욱 그러하다. 이렇게 되면 아무리 작은 일이어도 큰 불화가 일어나기도 한다.

3번 팀의 코벨 선생님은 휴게실에서 차를 끓여 마신 뒤 컵을 씻어 놓는 일이 거의 없다. 마인하르트 선생님의 눈에는 그게 자꾸만 거슬린다. 안 그래도 본인이 담임을 맡고 있는 반 학생들을 너무 성의 없이 대하는 것 같은 데다, 팀 모임 때 자기는 운동을 가야 하니 빨리 끝내자고 서두르는 것도 마음에 안 든다. 그러던 차에, 코벨 선생님이 세 번째로 설거지를 안 하자 마인하르트 선생님이 그만 폭발하고 말았다. 마인하르트 선생님은 맹렬하게 비난을 퍼부었다. 그러자 코벨 선생님도 기분이 상하여, 안 그래도 자기 반 학생들이 평소 당신의 그 권위적인 태도에 불만이 많다, 벌써 다섯 번이나 학급의회에서 상정이 되었고 교장에게까지 그 문제가 올라가는 것을 자기가 겨우 막아 놓았더니 이러느냐며 반격을 가했다. 마인하르트 선생님은 울음을 터뜨릴 지경이 되었다.

어느 팀에나 사적인 감정싸움이 있다. 무엇이 올바른 교육방법이냐를 놓고 의견 차이나 싸움도 일어난다. 그러나 중요한 건 이런 상황에서 타협하고 조정할 수 있는 가능성을 열어놓느냐 하는 것이다. 하나의 팀이 서로 도와 효율적으로 일을 해나가는 환경을 조성할 책임은 모든 팀원 개개인에게 있다. 교장은 특수한 경우나 팀 차원의 요구가 있을 때에만 문제에 개입한다. 보통은 어떻게든 갈등상황이 해결되곤 한다. 그러나 어떤 경우엔 서로 등을 돌리게 되거나 그것이 최선의 방법일 때도 있다. 그러나 그것도 우리 삶의 한 부분 아니겠는가.

팀의 자율적 재량권

우리 학교 교사들이 상부의 허가를 받지 않고 결정할 수 있고 감당해야 하는 영역은 상당히 크다. 이 역시 팀 구조를 이루어 활동하기에 빚어진 자연스런 결과라 할 수 있다. 교사팀은 학년별로 한 해를 어떻게 계획하고 운영해나갈지 결정하는데, 이때 마치 '학교 안에 여섯 개의 작은 학교'가 있다고 해도 좋을 정도로 그 재량권의 범위가 넓다. 한 해 동안 어떤 내용을 교육의 중점으로 삼을 것인지를 결정하는 것도 각 팀들이다. 재정도 독립적으로 관리하며, 만약 팀원 가운데 한 명이 단기간 수업을 못 하게 될 경우 필요에 따라 그 대체인력을 배치하기도 한다. 학교운영위원회는 기본적으로 교육계획에 관여한다. 그러나 모든 교사들이 함께 여러 해에 걸쳐 세운 학교의 기본 방침에 따른다면, 대부분의 사안은 각 팀에서 학교운영위원회의 명시적 허가 없이 결정할 수 있게 되어 있다. 이러한 조직구조를 통해 우리 학교 교사 개개인이 학교 전체의 향방에 미치는 영향력은 일반적인 독일학교 구조와 비교했을 때 상당히 크다. 이렇게 시행한 결과는 학교생활에 대한 교사들의 높은 만족도로 나타났다. 교사들이 병가를 내는 경우도 눈에 띄게 줄어들었다. 헬레네 랑에 학교가 김나지움이었을 때와 비교하면 교사들이 병가를 내는 비율이 50% 이상 줄었다.

외부인들이 특히 의아해하는 부분은 어떻게 하면 각 팀에게 수업내용 면에서 그렇게 큰 자율권을 줄 수 있느냐는 것이다. 교사들은 자기 학년 학생들의 필요와 요구에 따라 해마다 새롭게 그들만의 수업계획안을 짠다. 이렇게 하여 '연간학습계획표'에는 6~8주간 진행되는 프로젝트를 어떠한 주제들로 진행할 것인지, 그것이 정규수업 과목들에서는 어떠한 관련을 맺고 다루어져야 할지, 어느 시점에 별도의 통합교과형 수업이 필요할지 등을 기록한다. 정규과목 수업계획과 기타 계획하고 있는 행사, 그리고 이듬해에 있을 학급소풍, 수학여행, 인턴십, 방학 등도 이 계획표에 적는다. 이렇게 하면 한 학년의 '교육계획'을 이전 학년의 계획과 한눈에 비교해볼 수 있다. 어느 한 팀도 이전 해에 같은 학년이 무엇을 어떻게 했는지를 보고 그대로 따라 하는 경우는 없다. 각 팀은 자기만의 학습주안점을 두고자 한다.

우리가 거듭 받게 되는 질문 가운데 하나는, 그러면 교육부 방침은 어떻게 하느냐는 것이다. 우리는 공립학교로서 당연히 교육부 방침에 따라야 한다! 다른 점은 이를 학교 현실에서 어떻게 적용시키는가 하는 데 있다. 일반적으로 대다수의 교사들은 이 미어터지는 교육부 지침서를 펼쳐놓고 그 수많은 주제를 어떻게든 할당된 시간 내에 다루고 넘어가는 데 정신을 쏟는다. 최대한 다양한 주제를 얄팍하게

라도 훑고 지나가면 안심이라는 식이다. 그러나 학년 말이 되면 결국 어떤 내용은 빠질 수밖에 없다는 것을 깨닫게 된다. 절대적으로 시간이 부족하다.

사실 우리는 모두 독일 연방 내 모든 주(州)의 교육과정이 얼마나 과중하게 편성되었는지를 알고 있다. 1990년대 초 헤센 교육부장관이 전문가들로 구성된 팀을 짜서 새로운 교육과정안을 내놓으려 했다. 그때 그는 자기가 기존 교육과정을 꽤나 자세히 들여다봤는데, 거기 나온 내용을 제대로 배우려면 의무교육을 20년으로 연장해야 되겠더라고 말한 적이 있다. 이렇게 볼 때, 교사들이 아예 처음부터 어떤 내용을 그냥 넘어가고 어떤 것에 더 무게를 실을 것인지, 어떤 내용을 종합적으로 다룰 만한지 등을 심사숙고해서 학생들 앞에 서는 것이 더 의미 있지 않겠는가? 각 팀들이 구상하는 연간학습계획표는 결코 임의로 나오는 게 아니다. 법적으로 규정된 틀은 교육의 방향성을 제시한다. 이를 토대로 각 교과 및 담임교사들이 의논하여 가능한 수업계획을 세우며, 이렇게 해서 만들어진 초안을 놓고 학교운영위원회와 함께 최종결정을 내린다. 이처럼 완성된 하나의 연간학습계획표 뒤에는 수많은 고민과 작업이 숨어 있다.

그렇다고 이 계획표의 노예가 되어 끌려갈 필요는 없다. 정부 차원의 교육과정과는 달리 우리 학교 연간학습계획표는 결코 '종결'될 수 없는 것이다. 예를 들어 갑자기 걸프전쟁이 일어나고 그것이 원시시대라는 주제보다 훨씬 중요하다고 판단되면 어떻게 할 것인가? 혹은 한 학급 학생들이 어떤 주제에 깊이 매료되어 만족스런 결과를 위해서는 예상보다 2주 정도의 시간이 더 필요하다고 한다면? 우리가 연간계획표를 짜는 목적은 한 해 동안 아이들이 해나갈 학습에 필요한 시간을 대략 분배하기 위해서다. 곧 그것이 지켜지지 않는다고 해서 그 사실을 숨길 까닭이 전혀 없다. 그렇게 해야 할 정당성이 있다면 교사팀 모임 때 다른 교사들과 논의해서 결정하면 되는 것이다. 이상적인 연간학습계획표에는 우리가 흔히 기대하는 형태의 계획표에는 없는 것이 있다. 바로 공백이다. 예상치 못하게 일어나는 새로운 사건들에 유연하게 대처하고, 어떠한 주제에 대하여 학생들과 함께 학습의 주안점을 찾아 만들어나가기 위해 비워놓는, 수개월 전부터 미리 계획할 수 없는 그런 날들 말이다.

팀 내에서의 업무분담

　슈티크 선생님은 완전히 기진맥진했다. 몇 주간 병든 어머니를 간병하면서 학교생활을 병행한 것이다. 교사팀은 이 선생님이 단 하루라도 집에서 좀 푹 쉬었으면 했다. 그러나 슈티크 선생님은 쉬기 위해 또 교장에게 휴가를 신청하는 번거로움만은 피하고 싶었다. 이에 교사팀은 교장에게 알리지 않은 채 슈티크 선생님이 맡은 수업 한 시간을 팀원 가운데 누군가가 대체해주기로 했다. 그런데 하필이면 이 날, 교장이 슈티크 선생님에게 전달할 것이 있어서 교사팀 모임에 들렀고 그 자리에 있던 교사들은 순간 아찔해하며, "아, 슈티크 선생은 지금 전체모임에 가 있어요."라고 했다. 교장은 아무런 의심도 하지 않고 전갈을 남기고 갔다.

이같이 교장의 눈을 피한 교사들의 행동에는 물론 문제가 있다. 각 교사팀은 어떠한 요구를 할 수 있으며, 어떠한 것은 지나친 것인지 선을 분명히 해야 한다. 그러나 교사팀이 슈티크 선생님을 위해 다소 미심쩍은 지원을 한 것도 어떻게 보면 우리 학교 교사들이 책임을 떠맡기지 않고 스스로 나서서 지려고 하는 자율성을 지니고 있음을 보여주는 사건이라 할 수 있다. 간단한 사안들에 대해서는 각 교사팀이 책임을 지고 자율적인 결정을 내리는 것이다. 예를 들어, 한 교사가 피치 못하게 수업을 못 하게 되면 이를 교사팀장에게 알리고, 그러면 그가 나서서 자리를 대체할 교사를 물색해 충당한다. 교사들이 긴밀하게 연대를 이루어 일하는 구조에서는 서로가 서로의 업무내용에 대해서도 두루 파악하고 있기 때문에 수업을 다른 교사가 대신하더라도 학생들이 학습의 연속성을 잃지 않을 수 있다. 이것이 불가능하고 교사팀원 가운데 대체할 인력이 없을 때에는 이를 교장실에 알린다. 그때에야 비로소 중앙에서 누가 수업에 들어갈 것인지를 결정하게 된다.

하라고 한 대로만 움직이는 꼭두각시가 아니라, 자기가 맡은 학생들과 그 학년, 그리고 학교 전체를 위해 무엇이 최선인지를 함께 생각하고 고민하며 결정하는 교사야말로 모두에게 큰 도움이 된다. 교사들에게 이는 해야 할 업무가 훨씬 많아진다는 것을 의미한다. 교사팀 내에서 교사들은 모두 회계업무, 자료담당, 행정담당 혹은 팀장 등 하나 이상의 추가업무를 맡게 된다. 이런 업무는 교사들이 기타 회의, 수업 준비 그리고 수업내용 구상에 들어가는 시간, 혹은 프레젠테이션, 연극 프로젝트 그리고 기타 학교행사를 위해 들이는 오후와

저녁시간 그리고 주말시간 이외에 추가로 들여야 하는 시간이다. 그러나 각 교사팀은 이런 자치권을 가짐으로써 자유롭게 이런저런 시도를 해볼 수 있는 열린 공간을 누릴 수 있다.

새로운 시도

물위에 떠다니는 교실을 상상해본 적이 있는가? 북해를 떠다니는 돛단배. 두 명의 교사가 반 아이들과 사방에 바다가 펼쳐진 곳에서 배를 타고 3주간 '물'이라는 주제로 수업을 한다는 계획을 세웠다. 7학년의 에식 선생님네 반은 다소 다루기 힘든 반이었다. 혹시 이 같은 환경을 만들어보면 긍정적인 변화가 있지 않을까 하고 에식 선생님은 기대해보았다. 팀 모임 때 에식 선생님은 동료교사들에게 이 계획안을 내놓았다. 여기저기서 걱정 어린 반응들이다. "진짜로 그렇게 하시려고요?" 전체 교사회의 때에도 반응은 시큰둥했다. 실패할 가능성이 너무 높다는 것이 대다수의 의견이었다.

이는 독일 학교들에서 볼 수 있는 일반적인 풍경이다. 교사 한 명이 시도해보고 싶은 것을 제안한다. 그러나 그는 교장의 허락과 전체 교사회의라는 산을 넘어야 한다. 그마저도 교장이 온갖 이유를 대며 허가하지 않으면 그만이다. 전체 교사회의에서는 대부분 반대하게 마련인데, 그게 자기와 관련되지 않은 일일 경우에는 굳이 찬성할 필요를 못 느끼기 때문이다. 게다가 자기와 관련된 일일 경우에는 행여 일이 실행되기라도 하면 자기에게 떨어지는 일이 더 많아질까 하는 두려움 때문에 그렇다. 만일 교사회의를 통해 학교의 대소사를 처음부터 결정짓도록 하게 되면, 얼마 지나지 않아 화석처럼 굳어진 학교가 되어버릴 것이다.

에식 선생님은 여러 장벽이 있었지만 헬레네 랑에 학교의 원칙에 따라 계획한 일을 시도할 기회를 얻었다. 우리는 새로운 시도를 해보고 싶은 교사에게는 그가 기본적으로 이를 실행에 옮길 수 있도록 장려한다. 일차적으로 시험 삼아 진행하고 그에 대한 평가가 나온 뒤에야 비로소 학교 내 심의위원회가 개입해 그 지속여부를 결정한다. 경우에 따라서는 여러 차례의 시험단계를 거쳐 학교 교육방침에 도입할지 여부를 가리기도 한다. 헬레네 랑에 학교에서도 누군가는 기존 교육방침에 없던 새로운 것을 제안하거나 이미 실행되고 있는 방침을 발전시키고, 이를 위해 자기의 생각을 교사팀과 교장, 전체 교사회의 때 소개할 수 있어야 하지 않겠는가. 회의에서는 주로 계획의 구체적 실현가능성 여부를 따지고, 진행상 도움이 될 만한 정보를 나누며, 그 계획을 기존 시간표와 어떻게 조율할 것인지 등 실질적인 문제들을 논의한다. 에식 선생님의 돛단배 계획은 성공적으로 마침표를 찍었다. 그러나 그 프로젝트가 학교 차원으로 발전되지는 않았다.

교육은 공동의 과제다

교사들이 연대를 이루자 학생들이 교사를 보는 시각도 달라졌다. 학생들에게 교사는 더 이상 홀로 고립된 존재가 아니라 그보다 큰 공동체에 속한 한 사람으로서 다가온다. 아이들은 수업시간에 하는 모든 활동은 단지 교사 개인에 의해 좌지우지되는 것이 아니라 다른 교사들과의 협력을 통해 이루어진다는 것을 안다. 수업시간에도 필요하다고 판단되면 교사들이 서로 돕는 것을 종종 보게 된다.

교사들이 학생들을 보는 시각 역시 달라졌다. 많은 교사들이 자기가 맡은 모든 혹은 대부분의 수업을 팀을 이루어 진행하다 보니, 주당 교사 한 명이 만나는 학생 수가 눈에 띄게 줄었다. 이는 교사들이 아이 한 명 한 명을 대하는 시간이 늘어남을 뜻한다. 이렇게 되면 교사들이 학생들을 자기 과목에 한정된 '색안경'을 끼고 보는 것이 아니라, 다른 과목에서는 어떤지, 어떤 것을 잘하는지 등 학생에 대한 총체적인 안목을 가지고 대할 수 있다.

하나의 예가 있다. 한 교사팀에서 사건 하나를 상정해서 몇 주 간격으로 논의하는 시간을 가졌다. 특별히 문제가 되는 학생에 대해서 담임교사가 최대한 상세히 설명을 하고 다른 과목을 담당하는 선생님들이 각자의 경험을 바탕으로 보충설명을 덧붙인다. 나머지 교사들과 학교심리상담가가 각자의 의견을 말하고 추가 질문을 한다. 이 같은 팀 구조는 서로 신뢰하는 공동체 내에서 한 학생에 대한 다양한 의견들을 종합해 파악할 수 있도록 해준다. 이처럼 혼자가 아니라는 안정감은 교사들에게 어려운 문제를 당면했을 때 이를 피하지 않고 맞설 수 있게 하는 동기를 부여한다.

하산이 숙제를 해오는 경우는 매우 드물다. 그보다는 자기 패거리와 도둑질을 하는 데 관심이 더 많다. 상점, 거리, 학교 할 것 없이 털고 다닌다. 심지어 나중에 커서 포주가 되겠다고 말하고 다닌다. 제대로 읽고 쓰지 못하는 것은 그 아이에게 아무런 문제가 되지 않는다. 그렇게 그 아이는 다니던 학교에서 정학을 받아 다른 학교로 전학을 가고 또 오래지 않아 학교에서 쫓겨나기를 반복했다. 그러던 어느 날 하산은 절도와 협박 등의 혐의를 받아 법정에 서게 되었고, 그만하면 기회를 줄 만큼 줬다는 판사의 말과 함께 소년범으로 사법처리를 받게 되었다. 몇 주 뒤면 아이는 철창신세를 지게 되어 있었다.

이미 몇 달 전 우리는 하산에 관한 서류를 전해 받았다. 그를 9학년으로 편입시키라는 통보였다. 해당 담임선생님은 심란해했다. 그래도 담임교사는 차근차근 서류를 살폈고, 이미 터키 가정과 오래 알고 지낸 경험이 있는 한 선생님에게 조언을 구하고 숙고한 끝에 하산의 부모님에게 면담을 요청했다. 담임교사는 길거리 절도범에게 다시 한 번 기회를 주는 것이 자기에게 맡겨진 소임이라는 것을 잘 알고 있다. 그녀는 하산이 자기를 생각해주는 사람들이 있다는 것을 다시 한 번 깨닫게 되기를 바라는 마음뿐이다.

하산의 아버지는 두 선생님에게 자기 아들이 학교에서 철저한 감독을 받을 것을 원했다. 두 교사는 한시도 하산에게서 눈을 떼지 않을 것이며 있는 힘껏 노력하겠다고 약속했다. 교사들은 집안에서 주요하게 아이에게 영향력을 행사하는 사람이 누구냐고 물었다. 어머니는 아침부터 저녁까지 청소원으로 일하고, 아버지는 오펠 자동차에서 차량내부 조립하는 일을 한다고 했다. 큰형도 직장인이다. 그러자 두 교사는 아버지 직장 전화번호를 알려달라고 했다. 이들은 하산에게 무슨 일이 있으면 바로 아버지 직장으로 전화를 하겠다고 했다. 직장에서 아들 일로 학교의 전화를 받게 되면 아버지로서 경각심을 갖게 될 것이므로 매우 현명한 생각이다. 가정의 뒷받침 없이 학교의 일방적인 조치와 노력만으로 변화를 기대하기란 힘들다. 아버지도 이에 백배 동의하며 두 교사가 하는 제안에 전적으로 한 뜻임을 나타냈다.

하산이 처음 헬레네 랑에 학교에 오던 날 선생님들은 놀라지 않을 수 없었다. 교사들은 자신감 넘치는 묵직한 젊은 남자애가 들어설 것을 기대하고 있었다. 근육질에 머리에 기름칠을 하고서 말이다. 그러나 하산은 짙은색 곱슬머리에 몸집이 왜소했고, 창백한 얼굴을 한 채 눈을 어디에 두어야 할지 모르는 모습으로 서 있었다. 전학 첫날부터 아이는 막중한 부담감을 안고 있었다. 담임선생님은 이 학교에서는 보통 반 친구들 앞에서 자기를 소개하고 자기에 대해 진솔하게 이야기한다고 알려주었다. "사실 그대로 전부 말할래?" "전부 다요?" "그래. 전부 다." 하산은 더듬거리며 말을 이어간다. 이렇게 함으로써 교사들뿐 아니라 반 친구들 모두가 처음부터 하산을 알고 관심을 가질 수 있도록 하였다. 중등과정 상급단계에 재학 중인 과거 우리 학교 학생이 오후에 교실에 남아 하산의 공부를 도와주기로 했다. 독일어, 수학, 영어, 역사 등 이 터키 아이가 도움을 받지 않고 숙제를 해결할 수 있는 과목은 하나도 없었다. 이렇게 8주간 교사, 학부모와 동기들이 그 아이를 돕기 위해 노력했고 그 동안 아무런 기적도 일어나지 않았다. 수업시간에 하산은 착하고 바른 아이였지만 공부에 대한 성취도는 너무 낮아 평가조차 불가능할 정도였다. 하산은 숙제를 하는 대신, 숙제를 도와주기로 한 학생과 청소년 폭력조직의 전망에 대해 얘기하는 걸 더 즐거워했다. 그 학생이 하산이 원하는 대로 하지 않자, 하산은 교사와 부모를 가지고 놀려고 했다. 아버지에게는 과외를 받으러 간다며 돈을 타고, 학교에다가는 아파서 못 나온다고 한 것이다.

담임교사는 멈추지 않고 끈기 있게 노력했다. 그녀는 하산이 소년원에 수감되기 얼마 전, 수감기간에 일기를 쓰라는 과제를 내주었다. 몇 주가 지나 담임교사는 소년원에서 편지를 한 통 받는다. 짤막한 편지에 수감생으로서의 일상을 담아내기 위해 노력한 하산의 흔적이 보인다. 아이는 "여기를 나가서 다시 학교에 가게 되기를 바라고 있어요."라는 말로 편지를 마무리한다.

소년원에서 나와 학교에 돌아온 뒤 다시금 반 친구들과 둘러앉은 하산. 반 아이들은 그가 소년원에서 어떤 경험을 했는지 궁금해하며 세세히 이야기해주기를 기대하고 있다. 훗날 독일어 작문 때 하산은 소년원 수감시절을 글로 표현하기도 했다. 감방에 앉아 있노라면, 감옥은 소리들로 가득하다고 했다. 감방 문이 닫히고 열리는 소리, 수감생들이 외치는 소리 등. 그 학년을 마치고 하산은 직업교육을 받기 위해 졸업을 하지 않고 학교를 떠났다. 동기들의 따뜻한 배웅을 받으며.

교사가 모든 학생을 사랑해야 하는 것은 아니다. 교사팀 모임에서 자기 반에서 겪는 어려움에 대해 이야기하는 경우가 종종 있다. 교사들은 교육여건이나 학생들의 무관심 등에 불만을 호소하기도 한다. 어떨 때는 바라고 희망하던 바가 좌절되고 실패로 돌아가기도 한다. 같은 반 아이들과 6년간 한솥밥을 먹는 담임교사들은 거의 모두 자기 반 아이들과의 사이에서 일어나는 갈등과 문제상황을 극복해야 하는 과제 앞에 맞닥뜨리는 경험을 한다. 이러한 점에서 그들이 혼자가 아니라 연대 속에 있다는 사실은, 교사 개개인이 위기상황을 견디고 이겨내는 데 큰 버팀목이 된다.

한 학급을 이렇게 오래 묶어두는 것이 과연 좋으냐 하는 문제는 종종 쟁점이 되어왔다. 학생들이 6년간 한 번쯤은 새로운 아이들을 만나도록 해야 하는 게 아니냐는 것이다. 그러나 지금까지 중간에 교사를 교체하지 않고 한 교사가 한 학급을 5학년에서 10학년까지 맡을 것과 그 기간에 교사팀도 동일하게 유지되는 방침을 고수해왔다. 이러한 데에는 실제로 우리 학교 학생들에게 다양한 프로젝트 활동을 통해 외부 전문가들과 장기적으로 교류할 수 있는 기회가 주어진다는 사실 말고도 다른 까닭이 있다. 학교의 임무 중 하나는 신뢰할 수 있는 관계들을 엮어주는 것인데, 이는 지속성과 관련된 문제이기도 하다. 오늘날 실로 많은 학생들이 가정 내에서 이 같은 기회를 누리지 못하고 있다. 상당수 교사들은 자기 반 아이들과 끈끈한 연대를 맺음으로써 그 어디서도 경험하지 못할 공동체적 결속을 구현하는 것을 볼 수 있다.

마크가 일곱 살 때 학교에서는 그 아이를 포기했다. 서류에는 마크가 폭력적이며 심하게 공격적이라고 적혀 있다. 마크는 학습을 거부하고 권위가 있는 사람에 대해 아무런 존경심도 보이지 않으며, 어떠한 교육도 불가능하다는 것이었다. 어른들은 그 아이를 아동청소년 심리치료소에 보냈는데, 이 기관은 말하자면 인생 막장까지 이른 아이들이 모이는 곳이다. 반년이 지나 마크는 한 아동 보호시설로 옮겨졌다. 아이는 "낯선 곳에 보내졌다."고 자기 상황을 표현했다. 이로써 마크는 더는 가족과 한 공간에서 지낼 수 없게 되었다. 특수학교에서는 이내 교사들과 마찰을 빚었다. 그곳에서 아이는 한바탕 광란의 소동을 벌이고, 같은 반 아이들이 이를 알아주기를 바란다. 또다시 학교를 옮긴다. 이번에는 학습부진아들이 다니는 학교다. 아이는 할 일이 없고 지루하다. 그저 더 눈에 띌 뿐이다. 다시 특수학교로. 교사들은 아이를 통제하지 못한다. 그쯤 되자 이제는 특수학교에서도 두 손 두 발 다 들었다. 아홉 살 때 마크는 어느 마을생활공동체에 들어가 살게 된다. 그곳에서 마크는 개인적으로 하루에 두 시간씩 과외를 받는다. 그 이상은 아니다. 마크가 열한 살이 되던 해 이 공동체마저도 해산된다. 다시 혼자다. 마크는 결국 비스바덴에 있는, 행동장애청소년들이 다니는 학교에 보내졌다.

이 시기에 헬레네 랑에 학교의 '도로테아 한' 선생님이 교사생활을 시작한 뒤, 세 번째로 자신의 학급을 맡게 되었다. 그녀는 톡톡 튀고 호기심에 가득 찬 아이들에게 얼른 마음을 열어, 일반적으로 교사에게 요구되는 것과는 비교가 안 될 만큼 열정과 시간을 쏟는 그런 사람이었다. 이런 그녀는 한 교사회의에서, 우리 이웃 학교인 행동장애청소년 학교의 한 교사가 자기 학교 학생을 실험적으로 헬레네 랑에 학교의 학급에 참여시켜보자고 한 제안에 깊은 동의와 환영의 뜻을 보였다. 물론 이 같은 시도가 많은 어려움을 안고 있다는 점을 모르는 바는 아니었다. 그리고 이와 관련된 사람들이 감수해야 하는 부분이 얼마나 큰지에 대해서도 충분히 알고 있었다. 그래서 그녀는 이 문제에 대해 오랜 시간을 들여 자기 반 학생들과 이야기를 나누었다. 학부모들에게도 묻고 지지와 관심을 청했다. 결국 우리 학교에서 처음으로 이러한 시도를 하기로 한 것이 도로테아 한 선생님의 반이었다.

일단은 교시 단위로 헬레네 랑에 학교 수업에 참석하는 것으로 했다. 그런데도 마크의 존재만으로 처음부터 교실 분위기가 확 달라진다. 담임선생님은 이 덩치 큰 아이가 실은 선생이 자기보다 훨씬 키가 작다는 것을 알고 무시할까 봐, 우선은 앉은 상태에서만 아이를 대했다. 마크의 과거를 알고 있는 반 친구들은 마크가 잘 적응할 수 있도록 많은 노력을 기울였다. 아이들은 선의를 가지고 마크에게 무엇이 어디까지 허용되는지를 자세히 설명해준다. 이 같은 상황은 마크에게도 결코 쉽지만은 않다. 마크가 처음으로 학급소풍에 함께했을 때에는 가슴이 벅차오르는 동시에, 행여 마크가 선생님에게 폭력을 행사하지나 않을까 하는 두려움이 교차했다. 몇 번 사건이 있은 뒤, 마크가 헬레네 랑에 학교에서 보내도록 허용되는 시간이 점차 줄어들었다. 정규학교에 가려면 그에 상응하는 '노력'을 보여줘야 한다는 것이었다. 이런 규정은 마크가 헬레네 랑에 학교에 다니려는 의지가 있을 때에만 유효한 것이다. 가을방학 때 마크는 닫힌 교문 앞에 서서 누군가 문을 열어주기를 기다리고 있었다. 방학이라는 사실을 깜빡 잊어버린 것이다.

나는 이러한 변화를 가져올 수 있었던 건 오로지 한 학생에 대한 한 교사의 사랑이라고밖에 설명할 길이 없다. 이 선생님은 마크를 처음 만나 눈을 마주친 순간부터 자기가 아이를 얼마나 믿는지를 끊임없이 보여주고자 했다. 학생과 교사들이 마크와의 관계에서 보여준 이 같은 깊은 신뢰는 마크를 새로운 사람으로 탈바꿈시켰다. 도로테아 한 선생님이 마크 다음으로 다른 행동장애 청소년을 반에 맞아들였을 때 가장 먼저 나선 것도 바로 마크다. "도로테아 한 선생님네 반에서는 그러는 거 아니야!" 마크는 자기가 원래 다니던 학교에는 별로 다니고 싶어하지 않았다. 반면 헬레네 랑에 학교에는 자기 패거리들이 말리는데도 빠지지 않고 꼭 나온다.

마크가 우리 학교에 온 지 3년이 지난 무렵, 한 연극연출가가 학생들과 연극작품을 만들어가고 있을 때였다. 그는 둘러앉은 아이들에게 책상에서 뛰어내릴 용기가 있는 사람이 있으면 나오라고 했다. 뛰어내리는 순간 밑에서 다른 아이들이 받아줄 것이었다. 열다섯 살 먹은 자기 반 동기들에 비해 크고 몸집이 육중한 마크가 앞으로 나선다. 아이는 책상에 올라가 뛰어내린다. 이 학급에서 보내게 될 마지막 한 해다. 얼마 전 마크는 헬레네 랑에 학교의 정식 학생이 되었다. 이 사실은 같은 반 아이들에게도 커다란 뿌듯함으로 다가온다. 몇 주 뒤 마크는 하우프트슐레 졸업장을 들고 학교를 나섰다. 자기네 집에서 학교 졸업장을 받은 것은 마크가 처음이다.

09

실력이 인정받는다
학업성적의 평가

요샤는 선생님들이 모두 다루기 힘들어하는 아이였다. 정서가 매우 불안했고 집중을 못 했다. 숙제를 제때 해오는 경우가 없었고 해오더라도 대충 해오기 일쑤였다. 심지어 어떤 날은 수업에서 어떤 일이 일어나고 있는지 관심조차 없는 듯 마음은 완전히 딴 곳에 가 있을 때도 있었다. 그러다가도 돌연 눈에 띄는 경우가 있었다. 수업 중 어떤 장면을 연출해야 할 때면 요샤가 불쑥 나타났다. 교사들이 '연극'이라는 틀로 수업을 진행하고자 하는 날에는 그것이 영어수업이든 프랑스어 수업이든 관계없이 요샤가 수업의 중심에 서 있었다.

그나마 이런 예외적인 상황들이 있었기에 교사들이 몇 해에 걸쳐 요샤를 용납할 수 있었다. 그러나 내심 아이의 학업성적에 대해서는 모두 걱정이 많았고, 요샤가 학교에서 시간낭비만 하고 있다고 여기는 교사도 적지 않았다. 그러다가 9학년이 되어 요샤의 숨은 끼가 '발견'되었다. 우리 학교에 몇 주간 머무르던 파리에서 온 한 프랑스 연극연출가가 요샤네 반 아이들과 코메디아 델 아르테풍의 작품을 연습하던 중이었다. 그 연출가는 흥분한 얼굴로 나를 찾아와서는 아주 특출한 재능을 가진 아이가 있다며 요샤 이야기를 했다. 요샤는 훌륭한 코미디언이며, 보기 드물게 타고난 재능을 가졌다는 것이었다! 이 같은 그의 평가는 이내 현실로 나타났다. 요샤는 연극반에 들어가게 되었고, 얼마 지나지 않아 학교 전체를 뒤흔들었다. 요샤는 관객들을 매료시켰다. 저학년 학생들은 요샤의 사인을 받으려고 줄을 섰고, 요샤의 사진이 나돌았다. 갑자기 스타가 된 것이다. 그러는 한편, 여러 해에 걸쳐 요샤를 지켜봐 온 교사들 가운데는 이런 그의 행보를 반신반의하는 이들도 적지 않았다. 경고가 이어졌다. 요샤는 분명 무대 위에서의 이런 성취를 핑계 삼아 다른 수업들을 소홀히 할 것이며, 연극 프로젝트를 이유로 여러 과목에서 문제가 많은 아이를 5주간이나 수업에 빠지게 할 수는 없다는 것이었다. 그러면 요샤더러 연극을 그만두라고 하잔 말인가? 나와 요샤네 반 담임선생님의 노력으로 연극반을 강제로 그만두어야 하는 일만은 간신히 막을 수 있었다. 우리는 요샤가 학교생활에서 이보다 더 큰 성취감을 경험할 길이 어디 있겠으며, 연극을 통해 자기를 넘어 공동체에 대한 책임감을 느끼는 모습을 여태 여느 수업에서 볼 수 있었는지 되물었다. 교사들은 자기들이 가지고 있던 편견과 의심을 인정하며 이에 수긍했다.

　일 년이 지난 어느 5월, 요샤는 주요 역할을 맡게 된 두 번째 작품의 첫 공연을 준비하고 있었다. 그리고 다른 한편에서는 학생들의 학업성취도에 따라 졸업장 수여 여부를 심사하는 회의가 열렸다. 요샤가 바라던 레알슐레 졸업은 여전히 위태위태했다. 교사들도 이번만큼은 다른 학생들과의 '형평성' 문제가 걸려 있기 때문에 객관적으로 평가할 수밖에 없다는 입장이었다. 요샤는 프랑스어에서 이제는 '겨우 3(미)'을 받는 정도가 아니라 '잘해야 4(양)'이며, 물리는 '겨우 4(양)'라는 것이었다. 이렇게 되면 레알슐레 졸업장은 물 건너간 셈이다. 학년 말을 두 달 남짓 앞둔 때에 요샤에게 하우프트슐레 졸업 판정이 났다. 요샤의 담임교사가 나에게 이런 슬픈 소식을 전했다. 그는 요샤의 부모님에게 보낼 편지를 손에 쥐고 있었다. 편지가 요샤 어머니의 손에 들어가는 순간, 요샤가 연극반을 그만둘 수밖에 없게 될 것은 눈에 보듯 뻔했다. 무엇보다 지금껏 준비한 공연을 못 하게 되는 것은 요샤로선 상상조차 할 수 없는 일이었다. 나는 담임교사에게 이런 사안은 학교 운영자에게 맡겨진 일이므로 학부모와는 내가 이야기를 하겠다고 했다. 그는 그나마 마음을 놓았다. 그런 뒤 나는 그 편지를 내 책상서랍에 넣어두었다. 이제부턴 다른 중요한 일들이 기다리고 있었다.

요샤의 경우는 나와 두 명의 학과교사 모두에게 공정성과 관련된 문제였다. 나는 아이에게 도움이 되는 방향으로 일을 해결하고 싶었다. 교사들은 요샤에게 '공정하게' 성적을 매기려 했다. 그들은 교장이 성적 평가에 일일이 간섭하려 한다고 느낄수록 자기들의 입장을 더욱 강력히 밀어붙였다. 어떻게 하면 반년 사이에 아이의 성적이 이렇게 떨어질 수 있느냐는 나의 질문은 민감한 부분에서 오해를 부추겼다. 요샤는 코빼기도 안 보였지 않느냐고 했다. 그 말에는 나도 동의할 수밖에 없었다. 요샤는 점점 더 수업에 무심해져 갔으며, 다른 아이들이 날마다 수업을 들어야 하는 동안 요샤는 연극만 하지 않았느냐는 것이다. 4¯라는 점수도 사실 후하게 준 것이며, 요샤가 한 행동대로라면 5를 줘야 한다고 했다. "양심상 3을 주는 건 절대로 용납이 안 돼요."라고 프랑스어 교사가 말했다. 나는 두 교사에게 제발 이 아이에게 마지막으로 한 번만 더 기회를 달라고 빌었다. 당신들도 결국 아이가 잘되기를 바라는 게 아니냐고, 그리고 아이 입장에서도 이제는 막다른 골목에 서 있는 것이라고 나는 교사들을 설득시켰다. "발표를 시키죠!"라고 물리교사가 말했다. 요샤가 수업에 빠지는 바람에 놓친 내용 가운데 하나의 주제를 정해 발표를 하도록 하자는 것이다. 그래서 이를 통해, 하나, 미진한 수업내용을 복습했으며 이를 응용할 수 있다는 것과, 둘, 스스로 문제를 제기하고 탐구하며 이를 종합해 발표할 수 있다는 것을 보여준다면, 셋, 마지못해 '4' 정도는 줄 수 있다고 했다. 프랑스어 선생님도 마음이 약해졌다. 사실 구술 면에서는 요샤도 늘 잘하는 편이었다고 했다. 요샤가 코메디 프랑세즈와 몰리에르가 프랑스 고전주의에 끼친 영향에 대해 연구해서 발표한다면 인정해주겠다고 했다.

그때까지 요샤는 아무것도 모르고 있었다. 첫 연극공연은 대성공을 거두었고 이어지는 공연들에서도 요샤는 관객들 앞에서 자신의 역량을 한껏 발휘했다. 나는 요샤가 나와 두 선생님들 사이에 맺은 약속에 대해 영문도 모른 채 정규수업에 들어가기 전에 요샤를 내 방으로 불렀다. 나는 우선 심사회의 결과가 좋지 않다고 말해주었다.

요샤는 울음을 터뜨렸다. 이 사실을 어머니가 알게 되는 날에는 큰일이라고 했다. 게다가 사진공부를 할 계획인데 이는 레알슐레 졸업장 없이는 아예 시작조차 할 수 없다고 했다. 그러면 한 가지 방법이 있다며 내가 위로했다. 그리고 프랑스어와 물리 과목에서 발표를 하는 것이라고 말해주었다. "저 그런 것 못 해요!" 내용을 하나도 모를 뿐더러 그 모든 것을 다 공부해서 발표 준비를 하는 것은 시간상 도저히 불가능하다는 것이었다. "어떻게든 할 방법을 찾아야 해. 프랑스어 발표는 내가 도우마."라고 내가 말했다. 또한 선택과목으로 물리를 택한 고학년 가운데 기꺼이 돕겠다는 여학생이 나타나 요샤에게 필요한 기본 공식들을 가르쳐주는 한편, 발표자료 준비까지도 도와주었다. 요샤는 이렇게 해서 준비한 내용을 낱말 하나하나 외웠다. 이제 와서 사실대로 말하면, 프랑스어 발표문 초안은 거의 내가 혼자 만들다시피 했다. 요샤는 이를 외우기만 하면 되었고, 이 부문에서 요샤는 물 만난 물고기였다. 그는 마치 하나의 연극 공연을 준비하듯, 모범생으로서의 역할을 충실히 연습했다. 그는 코메디 프랑세즈에 대한 발표자료를 준비했고, 프랑스어 낱말을 하나씩 짚어가며 외웠으며, 사전과 연극의 역사에 관한 책을 보며 내가 미처 몰랐던 실수를 지적하기도 했다. 물리에서는 핵분열과 핵융합을 다루면서 실제로 이 복잡한 물리현상을 이해하여 설득력 있는 발표를 준비하는 데 온 힘을 쏟았다. 6월 말이 되자 요샤는 자기 관객들, 즉 물리 선생님과 프랑스어 선생님 앞에 섰다.

그들의 반응은 똑같았다. 놀라우리만치 훌륭한 발표였다는 것이다. 요샤가 인간이 스트레스 상황 가운데 성과를 거두는 최고의 예를 보여주었다고 했다. 요샤 같은 게으름뱅이가 공부를 해야만 하는 상황에 처하자 그 진면목을 드러냈다면서 말이다. 어떤 점에서 이들이 한 말에도 일리는 있다. 어쨌든 이렇게 하여 요샤는 레알슐레 졸업장을 받을 수 있었다. 몇 년 뒤 요샤가 사진공부를 시작한 지 이미 오래되고 카메라맨 교육을 앞두고 있던 때, 나는 책상서랍을 정리하다가 아직 뜯어보지 않은 편지 한 통을 발견했다. 다름 아니라, 글라저 여사에게 보내는, 당신의 아들이 프랑스어와 물리에서 성적이 나빠서 레알슐레 졸업장을 줄 수 없다는 내용이 담긴 담임교사의 통보였다.

이 편지는 아직까지도 소중하게 간직하고 있는, 귀한 추억이 담긴 물건 중 하나다. 이를 보며 나는 학교가 아이들에 대해 판단할 때 얼마나 신중해야 하는가를 생각한다. 요샤가 만일 레알슐레 졸업장을 받지 못했더라면 그가 졸업 후 지금까지 성공적으로 밟고 있는 자기 인생의 길을 가지 못했을 것이다. 아이가 가진 능력에 대해 학교는 그저 잘해야 '기특한 재능' 정도로 여길 뿐 졸업성적을 평가할 때 이런 것은 하나도 반영되지 않는다. 반면 그의 인생을 멋지게 가꿔나갈 수 있게 해주는 것은 이런 재능들이다. 연극이 없었다면 요샤는 학교에서 한 가지 경험은 톡톡히 했을 것이다. 즉, 나는 바보구나, 라는 경험 말이다. 사람들이 나에게 바라는 것을 해내지 못하거나, 한다 해도 안 하느니만 못한 정도로밖에는 못 하는구나 하는 경험. 반면 요샤가 연극을 통해 맛본 성공의 경험은 자기 역량을 발휘하는 촉매제가 되어, '또 다른' 시험들에서도 좋은 결과를 거두고자 하는 동기를 부여했다.

학교는 학과목과 직접 관련되지 않은 학생들의 재능을 정식으로 인정하지 않으려 한다. 그러면서 왠지 모를 마음 한구석의 찜찜함을 달래기 위해 교사들은 학생들에게 성적을 매기는 것이 아이들이 자기 길을 찾아나가는 데 아무런 장애가 되지 않는다며 스스로를 위로한다. 처칠도 학교에서는 공부 못 하는 학생이었는데도 그렇게 훌륭하게 되지 않았느냐며. 아인슈타인의 예는 이제 새로울 것도 없다(사실 맞는 말이 아님에도!). 그렇게 학교는 자기들이 매정한 평가로 짓눌러버린 모든 학생들이 결국 언젠가는 자기 잠재력을 활짝 펼칠 것이라는 무책임한 믿음으로 일관한다.

점수로 매기는 성적은 객관적이다?

우리 아이들이 학교에서 받는 성적이라는 것이 한 사람의 모든 면모와 능력을 반영하지 않으며, 그 아이가 미래에 이룩할 성과에 대해 그저 제한적으로만 말해줄 뿐이라는 것은 우리 모두가 아는 사실이다. 생각할 줄 아는 이라면 이 말에 반론을 제기하지 않을 것이다. 그러나 동시에 우리는 성적이 인생의 길을 열거나 혹은 막는 것을 마치 하나의 운명처럼 여긴다. "성과를 거두는 것은 중요하며 따라서 이에 따라 보상이 주어져야 한다."는 기본원칙이 틀린 것은 아니다. 그러나 학교가 생각하는 '중요한' 성과라는 것이 무엇이며, 그것을 어떠한 방식으로 평가하는지를 생각해볼 때 이루 말할 수 없이 편협한 것이 사실이다.

많은 사람들, 심지어 대다수 교사들이 동의하는 바는 다음과 같다. 학교가 학생들의 성과를 평가하는 데 어려움을 겪는 것은, 평가

하고 비교하고 점수를 매길 기회가 부족하기 때문이라는 것이다. 따라서 아비투어에 시험과목을 추가한다든지, 독일연방 통합 시험을 시행하는 것이 당연한 해결책인 것처럼 강조한다. 게다가 최고의 학생들을 일반 학생들과 분리해 더욱더 최고로 만들기 위해 엘리트 학교와 엘리트 학급을 만들자고 한다.(엘리트 학급이란 예컨대 바이에른 주와 라인란트-팔츠 주에서 도입한 제도로, 김나지움 재학생에게 가해지는 과중한 부담이나, 김나지움이 요구하는 높은 교육수준의 부담을 감당할 의지가 있을 경우, 재학생 중 최대 20~25퍼센트 정도 별도 학급에 편성시켜 교육할 수 있도록 했는데, 이때 별도로 편성된 학급을 말한다 – 옮긴이). 이렇게 되면 학교 내 균형이 깨진다. 학교는 더는 젊은이들이 앞으로 자기 인생을 잘 살아나가기 위해 필요한 능력을 계발하고 중요한 것을 깨쳐가는 곳이 아니라, 끊임없는 시험을 그 업으로 삼는 기관으로 전락하고 만다.

　　"잘함 또는 좋음"이라는 말은 하나의 묘사적, 가치평가적 형용사다. 이것은 독일학교 성적평가에서 2라는 숫자로 표기될 수도 있다. 마찬가지로 "이만하면 되었음"이라는 평가는 4라는 숫자로 표기된다. 이 같은 숫자 형식의 성적평가는 사실상 근본적으로 가치평가를 할 수 없는 객관성을 나타낸다. 숫자로 표기된 성적은 합산할 수도, '평균'을 낼 수도 (그리고 이는 독일에서 시행되고 있다) 있고, 소수점 아래의 숫자를 반올림할 수도 있다. 이는 정확한 수학 계산법에 따르는 듯하지만 실은 매우 어이가 없는 방식이다. 이에 따르면 '2'와 '3' 그리고 '4'와 '5' 사이의 간극이 마치 똑같아 보이거나, 모든 과목에서

'3'이 의미하는 바가 똑같은 것처럼 보인다. 적어도 같은 과목을 수강하는 집단 내에서는 말이다. 이러한 수학적 표기방식은 마치 누군가가 몇 달에 걸쳐 하루에 다섯 번씩 온도계로 기온을 측정하여 표에 기록한, 정확한 결과라도 되는 것 같은 착각을 불러일으킨다. 그러나 조금이라도 자기 비판적 자세를 갖춘 교사라면(또한 지난 반세기 동안 학계의 광범위한 연구가 말해주듯) 이 같은 정확함이라는 것이 하나의 망상이라는 것을 알고 있다. 똑같은 '성취도'라도, 임의의 집단을 상대로 실험했을 때 우리가 객관적 측정이 가능하다고 여기는 수학에서조차 다양한 기준에 따라 달리 평가될 수 있으며 그 오차 범위 역시 상당히 클 수 있다고 한다. 우리는 한 학급에서 과목별 성적이 마치 '성취도' 순위를 반증해준다고 생각하지만, 이 역시 일반화시킬 수 없는 논리다. 이와 더불어, 학교에서 말하는 '성취도'라는 것은 대부분의 경우 다양하게 해석될 수 있다. 어떤 교사에게 중요한 평가 기준이 다른 교사에게는 별 비중을 차지하지 않을 수도 있고, 한 학생에 대한 호감이나 (대부분의 경우 무의식 중에 작용하는) 반감이 평가에 영향을 미치기도 한다. 이는 관심을 받지 못하는 학생에게 불이익으로 작용할 수 있다. 생물에서 항상 '4'를 받던 막스는 새로운 교사가 오면서 갑자기 '2'를 받게 되었다. 어쩌면 이 일을 계기로 막스가 스스로를 더는 희망 없는 낙오자로 여기지 않고, 배운 내용을 진심으로 이해하고자 하는 의지가 생겨났는지도 모른다. 그저 해야 하기 때문에, 무의미하고 불필요하게 여기면서도 억지로 공부를 하는 대신 말이다.

최고의 자리를 놓고 다투는 상위 10~15%의 학생들에게는 이 같은 소수점 경쟁이 일종의 동기를 부여할지도 모른다. 마치 0.1초를 다투는 스포츠 선수들처럼 말이다. 그러나 하위 삼분의 일에게 이 같은 성적 매기기는 그들의 노력이 쓸데없으며 무의미하다는 것을 계속해서 상기시켜줄 따름이다. 게다가 그것이 그들의 졸업인증에 직접적인 영향을 미치게 되면 자포자기의 심정은 더욱더 커질 뿐이다.

학생들은 당연히 자기들이 노력하고 있다는 것을 동기들과 선생님들이 알아주기 바란다. 뿐만 아니라 평가할 때 이 같은 노력과 발전 여부가 반영되고 인정받기를 원하며, 이는 매우 정당한 기대다. 그러나 때로는 학생들에게 그가 일군 결과물이 실은 자기 역량에 비하면 기대에 못 미치는 것이라는 점을 확실히 말해주어야 할 때도 있다. 아이들과 세부 사항을 놓고 진지하게 대화를 하다 보면 거의 모든 학생들이 자기 자신의 역량을 꽤나 정확히 파악하고 있음을 알 수 있다. 연륜 있는 교사라면 누구나, 그저 나쁜 성적을 주는 것보다 학생들이 자신의 노력이 인정받고 있다고 느끼고 구체적으로 어떠한 부분을 보강해야 하는지를 알도록 해주는 개개인을 위한 격려가 성취도를 높이는 데 훨씬 더 효과가 크다는 사실을 알고 있다.

이것이야말로 학교가 가장 중요하게 여겨야 할 과제다. 아주 뛰어난 학생에서 아주 모자란 학생까지 모두 아울러, 이들이 각자 자기 자신을 뛰어넘어 어제는 불가능하다고 여긴 일을 오늘은 보란 듯이 해내는 성취의 경험을 할 수 있도록 해준다면, 학교는 자기 본분을 다한 것이나 다름없다.

점수평가제의 폐지

하지만 이와 같은 사실을 알면서도 교사 대부분은 숫자로 성적을 매기는 평가제도를 지키려 한다. 마치 그러지 않으면 학교가 무너지기라도 할 것처럼 말이다. 교사들은 대중의 의견과 이를 대변하는 사람들을 등에 업고 말한다. 학교에서 점수를 매기지 말자고 이야기하는 것은, 좋게 말하면 낭만적인 꿈이고, 나쁘게 말하면 우리 사회를 지탱하고 있는 근본을 무너뜨리는 일이라고 말이다. 적어도 8학년 혹은 9학년까지 점수로 성적을 평가하지 않는 학교들의 경우, 이렇게 함으로써 오히려 더 많은 학생들이 기존 학교체제에서 상대적으로 좀 더 높거나 최상의 학업성취도를 보인 사례가 있다. 하지만 이조차 점수로 성적을 매기지 않는 학교는 학생들의 학업성취도에 관심이 없는 무책임한 학교라는 편견을 잠재우지는 못하는 듯하다. 그렇다 치자. 그러나 이는 오로지 교사들이 자기 학생들의 삶에 무관심한 경우에만 적용될 수 있는 말이다. 그러한 교사라면 설령 점수로 성적을 매기더라도 실제 자기 학생들의 학업성취도를 높이는 데는 아무런 관심도 없을 것이다. 독일연방 내 몇몇 주에서는 초등학교 1~2학년 과정까지는 성적을 점수로 매기지 않는다. 개중에는 이 원칙을 초등과정 4년 내내 적용하는 학교도 있다. 하지만 지금껏 어떠한 교육관련 연구에도 이 같은 학교 학생들의 학업성취도가 낮다는 보고는 단 한 건도 없다.

나는 학교에서 일한 기간 내내 바로 이 점수평가제를 폐지하고 학생들의 학업능력을 평가할 수 있는 대안을 찾기 위해 노력했다. 이 일은 언제나 실패로 돌아갔다. 최근에 나는 1972년에 있었던 총회의 회의록을 다시 보게 되었다. 거기에는 리겔 씨가 점수평가제 폐지 안건을 상정했다고 쓰여 있었다. 이는 대단한 논란을 불러일으켰다! 당시 참석자들 중에는 주먹으로 책상을 내리치며 나더러 아예 동독으로 가라고 위협하던 이들도 있었다.

그럼에도 나는 어떻게 하면 학교가 당면한 이 같은 딜레마를 해결할 것인가 하는 고민을 한 번도 멈춘 적이 없다. 한편으로 우리는 학생들이 서로 신뢰를 바탕으로 한 공동체를 형성하고 서로를 존중하기 바란다. 그러면서 다른 한편으로는 그중 몇 명만을 골라내어 상을 준다. 이러한 대우를 받는 것은 대부분 항상 같은 아이들이며 다수의 아이들은 빈손으로 돌아간다. 상을 받는 아이들은 좋을지 모르나, 노력을 많이 했는데도 결국 매번 "이만하면 되었음"이라는 평가를 받는 아이에게 이 같은 구조는 무기력을 조장할 뿐이다. 혹 아이들은 매번 일등 하는 아이를 '잘난척쟁이'로 몰아가는 식으로 이러한 제도를 거부하려 하지만, 이 역시 학급의 학습 분위기에 좋은 영향을 끼칠 리 없다. 그러나 더욱더 심각한 문제는 바로 이 같은 성적표기 제도가 실은 학생들에게 피드백을 주기에는 이루 말할 수 없이 원시적인 방식이라는 데 있다. 이렇게 매겨진 성적을 앞에 놓고 학생들은 그래서 자기가 잘한 부분은 무엇인지, 선생님이 자기가 노력하고 있음을 알고 인정해주었는지, 그리고 다음에 구체적으로 무엇을 어떻게 더 잘할 수 있을지, 그리고 더 잘한다는 것의 기준이 무엇인지 등에 대해서는 아무런 정보도 얻지 못한다.

이에 우리 학교 교사들은 적어도 다른 형식으로 학생들의 학업성취도를 평가하기 위해 보충 평가방식을 계발하기 위한 노력을 기울여왔다. 예컨대 학생들이 발표를 한 뒤 이어서 모든 학생들이 함께 토론을 하는 것이다. 우선 발표내용 가운데 긍정적으로 평가하고 싶은 부분에 대하여 말한 뒤 비판적 관점도 제시하는 것이 원칙이다. 또 학생이 쓴 글에 대하여 자세히 메모를 하고 틀린 부분을 교정하는 한편, 특히 잘 쓴 문단에 대하여 그것이 왜 좋은 글인지 이유를 단다든지, 어떻게 하면 더 설득력 있는 글이 될 수 있었을지 제안을 한다든지 하는 것이다. 학생들이 받게 되는 성적표에 이 같은 내용이 빠져서는 안 될 것이다. 이런 식으로 성적표에 '평가 첨부서'를 덧붙이는 것이 해가 지남에 따라 일상화되었고, 저학년의 경우 이는 담임선생님이 학생 개인에게 보내는 일종의 편지 형식으로 전달되었다. 이렇게 함으로써 숫자 형식의 성적표에는 다 담을 수 없는 내용들을 덧붙일 수 있었다. 그리고 이 내용들을 통해 학생들에게 용기를 주기도 하고 노력과 적극적인 참여를 한 점을 칭찬할 수 있었다. 반대로 성적이 높은 학생일지라도 지적할 부분이나 더 노력을 기울였으면 하는 부분이 있을 경우 이를 표현할 수가 있었다. 대부분의 아이들이 이 첨부서에 큰 가치를 부여했다. 때로 그 내용을 가지고 가족끼리 이야기를 나누거나 형제자매 그리고 부모와 토론을 하는 경우도 있었다. 또한 아이가 더 나은 자기로 발돋움하겠노라 다짐하는 계기가 되기도 했다. 이는 교사들이 작성한 첨부서가 지극히 개인적이고 되도록이면 정해진 형식에 따르지 않은 글이기 때문에 가능한 일이었다. 물론 교사 입장에서는 손이 많이 가는 일이지만 말이다.

그러나 성적은 그대로 점수로 매겼다. 우리 학교 교사 어느 누구도 성적 없는 수업은 상상조차 하지 못했다. 그러던 어느 날 우리 학교에서 열린 '교육의 날'*에 빌레펠트 실험학교(Bielefelder Laborschule)에서 오신 선생님 한 분이 '학업성취도 평가'를 주제로 이야기하면서 자기 학교에서는 9학년까지는 성적을 매기지 않는다고 하였다. 성적 없는 학교가 실제로 존재했던 것이다. 반 시간 동안 논의는 급진전되어 마치 당장이라도 우리 학교에서도 점수평가제를 폐지할 것 같은 기세였다. 그러나 지금까지의 경험을 통해 생긴 규칙, 즉 어떤 주제에 대해 절대로 하루 사이에 토론하고 결정을 내리지 못하도록 해놓은 규정에 의거하여 최종 결정만은 다음 회의로 미루었다. 3주 뒤. 걱정과 생각이 많아지기에 충분한 시간이다. 점수평가제를 폐지한다는 것은 교사가 학생에게 공부하도록 강제하는 유일한 무기를 포기하는 것이 아닌가? 과연 학부모들이 가만히 있을까? 만일 초등학교에서 성적 평가를 받던 아이들이 갑자기 중등교육 과정에서는 같은 식으로 성적평가를 받지 못한다면 아이들이 당황하지는 않을까? 게다가 이 실험학교에서 하는 것처럼 기존의 성적표를 대신할 학생계발보고서를 작성하자면 일이 또 얼마나 많아지겠는가? 결국 기존의 점수평가제를 고수하기로 결정이 났다.

하지만 당시 9학년에 재학 중이던 열다섯 살 요한네스의 생각은 달랐다. 그는 학급 반장으로서 총회에 참석했다. 그의 눈에는 교사들이 무기력해 보일 뿐이었다. 회의가 끝난 뒤 요한네스는 나를 찾아와서 이제부터 학생들이 나서서 이 일을 추진하겠다고 선언했다! 나는

---

* 헬레네 랑에 학교의 교육의 날은 교사들을 대상으로 한 일종의 교내 교육행사로, 다양한 교육학적 개념들과 수업내용 등에 대하여 정보를 교환하고 함께 고민하는 자리다.

웃었다. 내가 재임기간에 주먹을 불끈 쥐고 총력을 기울여도 안 되던 일을 이런 꼬마가 하겠다며 나서다니! 점수평가제를 폐지하겠다고? 나는 요한네스가 자기가 하고자 하는 일이 무엇인지도 모르면서 마음만 앞서는 것이라 생각했다. 심지어 이 아이가 자기 친구들조차 설득하지 못할 것이라 여겼다. 이 문제에서는 학생들의 생각 역시 교사들과 크게 다르지 않기 때문이다. 아이들도 점수로 평가받기를 원한다. 점수를 잘 받건 그렇지 못하건 상관없이 아이들의 인식 속에 점수라는 것은 마치 스케이트보드에 달린 바퀴처럼 학교라는 제도와 떼려야 뗄 수 없는 것이다. 내 생각이 옳았다. 얼마 지나지 않아 열린 학생대표자회의에서 각 학급 반장들이 투표를 한 결과 총 24명 중 21명이 점수평가제 유지에 찬성했다.

그러나 요한네스는 포기하지 않았다. 그는 점수평가제 유지 찬성론자 가운데 가장 영향력 있는 몇 명을 데리고 실제로 점수평가제를 폐지한 학교들을 견학했다. 또 이를 주제로 한 세미나를 열고 전문가를 초청하고 역할극을 하는 한편, 점수평가제 폐지에 대한 학문적 연구보고서를 학생들의 언어로 풀어쓰는 작업을 했다. 이렇게 요한네스는 거의 일 년간 자기 동기들을 설득시키는 작업을 했다. 그러던 어느 날 그는 나에게 "학교 운동장에 농구 골대가 필요해요!"라고 했다. "너희가 하고 있는 일은 점수평가제 폐지운동이라고 알고 있는데?"라고 맞받아쳤다. 그러자 그는 "학생들이 농구 골대를 원하고 있어요! 모두가 학교에 제대로 운동을 할 만한 곳이 없다고 해요. 이런 상황에서 제가 만일 학교 측과 협상해 농구 골대를 얻어냈다는 것이 알려지면 다른 문제에서도 훨씬 더 발언권이 커질 거예요." 이에 설득당하여 나는 내 주머니를 털어 농구 골대를 사주었고, 요한네스는 자기 친구들과 힘을 합쳐 학교 운동장에 이를 설치했다. 내 눈에 사실 이 운동장은 썩 맘에 들지 않았다. 내 관점으로 봤을 때 학교 운동장은 무엇보다 초록이어야 했다. 그러나 요한네스의 예상대로 학생들의 반응은 뜨거웠다. 몇 해간 열망했던 학생들의 요구사항이 드디어 관철된 것이다. 몇 주 뒤, 요한네스는 학생대표단이 5~8학년 과정에서 점수평가제를 폐지할 것에 한목소리로 합의했다는 소식을 전했다.

이 같은 학생대표단의 결정은 큰 반향을 불러일으켰다. 설득의 대상은 학생대표단에 그치지 않았다. 뜻이 모아진 각 학급 반장들과 함께 요한네스는 5~8학년 전 학급을 대상으로 한 설득작업에 들어갔다. 그 결과 전체 학생 중 대다수가 점수평가제 폐지에 찬성하는 입장을 보였고, 이에 어떻게 반응해야 할지를 놓고 교사들 사이에서 뜨거운 논쟁이 벌어졌다. 요한네스는 학생대표로서 학생들의 요구를 차기 총회의 안건으로 상정할 것을 요구했다. 그는 의심에 찬 교사들을 어떻게 설득할 것인지에 대한 구체적인 계획을 가지고 있었다. 각 교사들을 개인적으로 찾아가기로 한 것이다. 가장 좋은 방법은 그 교사에게 신망을 얻은 학생이 이야기하는 것이었다. 요한네스는 뜻을 같이하는 친구들과 함께 교사 명단을 만들고 나와 다른 선생님들에게 조언을 구하기도 했다. 확실히 찬성입장을 표명한 사람은 플러스로, 반대입장은 마이너스로 표시했다. 그런 뒤 누가 누구를 설득할 것인지 임무를 나누어 맡았다. "선생님들에게 너무 공격적으로 해서는 안 돼."라며 요한네스는 '외교관'들에게 주의를 준다. "선생님들이 우려하는 바를 차분하게 경청해야 해. 우리는 해낼 수 있어!"

날이 갈수록 당연히 '반대' 입장을 취할 줄로만 알았던 교사들이 줄어들었다. 총회 때 한 학생의 아버지가 '점수 없는 학교'를 시범 운영하고 있는 한 초등학교에 대한 학부모의 입장을 표명하기 위해 참석했다. 지난 몇 해간 우리 학교에 들어온 입학생 가운데 이 초등학교 졸업생이 많다. 학생들의 긍정적이고 적극적인 참여와 움직임은 이제껏 운영위원회에서 힘없이 찬성을 외치던 두 여성과 외고집으로 반대를 주장하던 두 남성 모두를 감화시켰다. 어느새 점수평가제 폐지라는 것이 하나의 구체적이고 실현 가능한 제안으로 탈바꿈한 것이다. 그럼에도 이에 찬성하는 교사들과, 과중한 업무를 비롯해서 여러 근거를 들어 반대하는 교사들 사이의 팽팽한 긴장감이 해소된 것은 아니었다. 단 반대입장에 서 있던 교사들은 강력한 논거로 무장된 학생 대표단에 맞서기가 쉽지만은 않았다. 이들은 의미 있는 개혁적 시도를 막고 나선다는 비난까지도 무릅써야 했다. 세 시간 남짓 계속된 기나긴 논쟁 끝에 '마이너스' 난에 이름이 적혀 있던 여선생님 하나가 말문을 열었다. 그녀는 이 안건이 금방 사그라질 것이라고 장담했었다고 했다. 그러나 지금까지 학생들이 보여준 행보에 깊이 감동했으며 자기를 설득시킬 수 있었던 학생들이 자랑스럽고 기특하다고 하였다. 요한네스가 말을 이었다. "저는 학교운영위원회에서 교사의 업무가 과중해지는 문제에 대한 대응책을 마련해야 한다고 생각합니다! 이번 사안과 같이 중대한 학교 방침을 개혁하고자 할 때에는 교사들에게 적어도 초기만이라도 업무량을 줄일 수 있는 방안이 반드시 필요합니다."

이는 또 한 번의 소요를 불러일으켰다. 회의는 중단되었다. 학교운영위원회는 이 문제에 대해 전혀 의견일치를 보지 못했다. 업무부담을 줄이자고? 지금까지 운영위원회의 절반이 반대하던 안건을 추진하기 위해? 한 무리의 학생과 교사들이 절충안을 내놓기 위해 머리를 모았다. 어떤 방안이 다수의 동의를 얻기에 적합할까? 점수평가제를 8학년까지가 아니라 5학년과 6학년 과정에서만 폐지하자고 하면 부담이 좀 줄어들까? 만일 3년간 시범으로 점수평가제 폐지를 시행하되, 특정 교사들이 선두주자로서 '우리 학교 실정에 맞는 평가방식과 새로운 수업형태에 대한 연구보고서'를 작성하는 식으로 업무부담을 덜어준다면 어떨까? 이러한 내용이 회의에서 논의되었고 기권 6, 반대 16 그리고 23개의 찬성표를 받아 통과되었다. 요한네스의 노력이 결실을 맺는 순간이었다. 이렇게 하여 헬레네 랑에 학교에서는 실험적으로 3년간 첫 두 학년 과정에서 점수평가제를 폐지하기로 결정하였다.

학습발전보고서

상당수의 교사들에게 그 뒤로 3년은 새로운 경험을 하는 시간이었다. 학생들은 마치 점수로 성적이 매겨지는 것처럼 열심히 공부했고 잘하려고 하였다. 학생들에게 선생님들의 평가는 매우 중요했던 것이다. 무엇보다 하위권 학생들이 용기를 얻고 예상치 못한 노력으로 우리를 놀라게 했다. 동시에 교사들에게는 어떠한 말로 개개인의 학습에 대한 열정과 노력, 그리고 그 결과를 평가할 수 있을까 하는 문제가 새로운 과제로 떠올랐다. 지금까지는 점수를 주고 거기에 약간의 보충설명을 하는 것으로 충분했다면, 이제부터는 알맞은 단어를 섬세히 선택해서 서술해야만 하는 상황이 된 것이다. 학생 하나하나가 개별 존재로서 평가되어야 했고, 한 학생의 성취도를 평가하기 위해서는 동료교사들과 논의하는 과정도 거쳐야 했다. 이런 식으로 하니 첫 해에는 일곱 장이나 되는 분량의 평가보고서가 나오기도 했다. 일곱 장이라니! 점수를 매기지 않고 수업을 진행한다는 긍정적인 면에 비해 이 막대한 업무에 대한 부담이 너무 컸다. 그래서 그 다음 해부터는 평가보고서의 분량을 한 장 반 이하로 제한했다. 그러나 평가방식의 혁신적 변화는 세 번째 해에 있었다.

문서형식의 보고서를 긴밀한 개별 대화형식으로 대체한 것이다. 시간이 지남에 따라 우리가 첫 두 해의 경험을 통해 예상했던 바가 옳았음이 드러났다. 즉, 학생 개개인의 학업능력 향상에서 교사의 평가를 전달하는 형식이 문서냐 구두냐는 그리 중요하지 않다는 점이다. 무엇보다 중요한 것은 학생 개개인이 이게 지금 내 얘기구나, 내가 한 노력과 성취, 실패와 오류에 대해 말하고 있구나, 적어도 선생님들 대부분은 내가 지금 어떠한 상태에 있는지를 알고 진짜로 나를 도우려 하시는구나, 그리고 그 분들은 내가 무언가를 이루어냈을 때 나와 함께 기뻐해주시는구나, 하는 느낌을 받는 것이다. 그리고 아이가 교사와 진지하게 모든 것을 털어놓고 이야기할 수 있도록 신뢰를 쌓는 것이다. 즉 아이 입장에서 "아니야, 그건 옳지 않아. 트뤼퍼 선생님은 내가 얼마나 많은 노력을 기울였는지 다 보지 못하신 거야."라든지, "베넨 선생님은 내가 학기초에 숙제를 두 번 안 해가는 바람에 나에 대한 선입견을 갖게 되셨구나. 사실 나는 그 뒤로는 한 번도 숙제를 안 해간 적이 없는데."라고 반론을 제기할 수도 있다. 학부모 입장에서 가장 중요한 점은, 이 교사들이 내 아이가 어떤 아이인지 알고 있구나, 내 아이의 장점과 약점이 무엇인지를 그것도 매우 정확히 파악하고 있구나, 이 교사들은 내 아이를 편견 섞인 눈길이 아니라 진정으로 아이가 가야 할 길을 갈 수 있도록 도우려는 자세로 대하고 있구나, 라는 믿음을 갖게 되는 것이다.

한 학기에 한 번 있는 대화의 시간에는 아이와 함께 학부모도 모시는데, 이 자리가 일반적으로 생각하는 학부모 면담처럼 인식되어서는 안 된다. 이런 자리는 담임교사 입장에서도 낯선 것이어서 간혹 이를 탐탁지 않게 여기는 이도 있다. 그래서 우리는 기업상담 관련 일을 하는 한 학부모의 권유로 경험이 풍부한 상담가에게 이틀에 걸쳐 대화법 교육을 받았다. 어떻게 하면 아이들이 자신감을 갖고 스스로 말을 하게 할 것인가? 대부분의 학부모는 이런 자리에서 일종의 두려움과 부자유함을 느끼고, 자칫 교사가 학부모에게 부당한 권력을 행사하는 것처럼 받아들일 수도 있는데 어떻게 하면 그러한 상황이 되지 않도록 할 수 있을까? 어떤 점에 대해서 칭찬을 아끼지 말아야 할 것인가? 어떻게 하면 아이의 약점과 문제점에 대해서 꼬집어 말하면서도 동시에 "우리는 마르쿠스가 이를 극복하고 자신은 물론 남들도 생각지 못했던 일을 해낼 거라 믿습니다."라는 점을 분명히 밝힐 수 있을까? 어떤 경우에도 이 자리는 판결을 내리는 법정 같은 인상을 주어서는 안 된다. 대화를 통해 어떤 합의점을 이끌어낼 수 있으며 이끌어내야 할 것인가? 이 같은 질문들에 대해 사전에 전문가의 도움을 받아 연습해본 교사들은 대화를 나누는 실제 상황에서 좀더 확신을 갖고 임할 수 있게 된다. 이렇게 함으로써 교사들은 학교가 어려운 상황에 자기를 혼자 내버려두지 않았다는 느낌을 갖는다.

우리는 학생들 또한 마찬가지로 이 시간을 위한 준비과정이 필요하다는 것을 경험을 통해 배웠다. 그래서 모든 5학년과 6학년 학생들은 대화의 시간에 앞서 한 학기 동안 해온 활동 중 아주 잘되었다고 생각하는 것 또는 가장 자신감 있게 선보일 수 있는 것들을 모아 발표하는 시간을 갖는다. 이는 받아쓰기일 수도 있고, 잘 그린 그림이나 영어로 쓴 시 혹은 인터뷰 기사일 수도 있다. 여기서 교사는 학생이 어떤 것을 선정할지 결정하는 데 조언자 역할을 한다. 더불어 한 학기 수업을 하는 동안 학생들이 정성스럽게 만든 서류철에 자기가 한 작업물을 모아둘 수 있도록 한다. 이렇게 하여 만들어진 포트폴리오는 나중에 부모님과 함께 하는 대화의 첫 번째 주제가 된다. 자기가 한 작업과 성취도에 대해 스스로 진지하고 자부심 있게 이야기할 수 있는 아이는 보통 자기를 향한 비판에 대해서도 훨씬 개방적이다. 이런 아이는 어떠한 관계 혹은 어떠한 과목에 있어서는 더 노력해야 함을 스스로 솔직하게 터놓고 이야기하기를 마다하지 않는다.

성취도는 인정받고 그 가치를 평가받아야 한다. 공적으로 인정받는 것도 이에 포함된다. 우리가 흔히 '동기부여'라고 말하는데, 흔히 아이들에게 동기를 부여하기 위해서는 재미있는 술수를 부려야만 하는 것으로 착각한다. 아이들이 압박을 받아 노력하는 것이 아니라 스스로 동력을 가지고 최고의 성과를 내기 위해 힘쓰는 것을 꿈꾸는 학교라면, 아이들이 스스로 노력해서 맺은 열매를 다른 사람들 앞에 선보이도록 끊임없이 장려하고 격려해야 할 것이다. 이것이야말로 어떠한 '성취도평가'보다 중요하다. 안타깝게도 우리는 다른 방식에 길들여져 있다. 학기말에 모든 학생들은 선생님에게 독일어 공책을 내야한다. 교사는 밤새워 이 공책을 검사하고 점수를 매긴 뒤 학생들에게 되돌려준다. 그러면 아이들은 서로 점수를 비교하기 바쁘다. 누가 1을 받았대? 누가 5를 받았대? 6 받은 애도 있대? 정작 공책에 어떤 내용이 담겨 있는지에 대해서는 한마디도 없다. 타마라가 시 몇 편을 옮겨 쓰고 예쁘게 장식했다는 사실은 안중에도 없다. 필립이 공책을 제출하기 직전에 얼마나 천재성이 번뜩이는 만화를 창작했는지를 아는 사람은 아무도 없다. 이 두 아이 모두 공책 제출점수로 3을 받았다. 맞춤법이 틀려서 그랬을까? 빠진 과제가 있어서일까, 아니면 공부 잘하는 아이들 글솜씨가 더 뛰어나서일까?

학습의 결과를 공공화하기

수업시간에 학생들이 공부한 내용이 공공화되는 것이야말로 학교에서 성취도에 대해 고민하는 진정한 의미를 살릴 수 있는 길이다. 교실과 교내 공공장소를 학생들이 미술시간에 스케치한 작업들, 물리실험의 진행과정 혹은 수학시간에 다룬 내용 등으로 가득한, 하나의 거대한 기획 전시장으로 꾸미는 것이다. 우리 학교 학생들은 사진을 찍고 실험방법을 스케치하고 설명을 덧붙여 벽을 온통 채운다. 학교 구성원 전체가 학생들이 해온 활동을 볼 수 있으며, 또 보도록 해야 한다.

　모든 프로젝트는 학부모를 위한 발표회로 마무리된다. 프로젝트를 시작하는 시점에는 그 결과를 예측할 수 없기 때문에 발표회에 대한 기대와 관심은 최고조에 달한다. 학생들은 무대에서 로마인들이 어떻게 살았으며, 한니발이 어떻게 알프스를 넘고, 율리우스 시저가 어떻게 살해되었는지 연출해 보인다. 또 이웃마을 숲의 생태에 대한 슬라이드 쇼를 보여주는가 하면, 석기시대 삶의 척박함에 대한 라디오 방송을 선보이기도 한다. 학생생활나눔터에는 학생들이 만들어 놓은 동굴 속에 다른 학생들의 탐구결과들이 전시되어 있다. 이렇게 학습결과를 발표하고 전시하는 형태는 이루 말할 수 없이 다양하다.

　학교가 학생들의 성취도에 진정 관심을 가진다면 적어도 모든 학생들이 빠짐없이 조명 아래 자기를 드러내도록 해야 한다. 만일 처음부터 교사가 관여하여 '우리 반'이 무엇을 어떻게 학부모에게 보여줄 것인지를 정하고 예시까지 들어준다면, 정작 아이들은 더는 할 일이 없으며, 자기 역량을 증명하고 장점을 드러낼 기회를 잃어버리고 말 것이다. 우리 학교에서 6년을 보낸 아이들은 다양한 발표형태를 체득하게 된다. 그림자료를 보여주며 발표하기, 토론현장에서 자기 입장을 말하기, 이해를 돕기 위한 작은 역할극 만들기, 개요를 시각화하기 위한 자료를 만드는 일, 오버헤드 프로젝트(OHP)나 슬라이드 기계 혹은 녹음설비를 다루는 능력 등이 모두가 터득할 수 있는 것들이다. 이러한 능력은 직업생활에서뿐 아니라 삶을 살아가는 데에도 쓸모 있는 자산이다.

졸업장

그렇다고 헬레네 랑에 학교가 세상과 동떨어진 섬에 있는 것은 아니다. 우리 학교 학생 역시 독일 내 여느 정규 교육기관과 마찬가지로 세 가지 형태로 규정된 졸업장을 취득하게 된다. 이 세 가지 졸업장은 각각의 특수성을 가지며 정확한 법적 근거하에 효력을 가진다. 우리 중 대다수는 이 같은 분류가 하나의 자연법칙이라도 되는 양 그 정당성을 그대로 수용한다. 그러나 조금만 눈을 돌려 다른 나라들의 교육 체계를 들여다보면 이와는 전혀 다른 형태의 방안이 가능함을 알 수 있다. 그렇다고 핀란드의 건축가, 영국의 의사, 네덜란드의 조경사 혹은 캐나다의 사회활동가들이 독일에서 같은 직종에 근무하는 이들에 비해 실력이 뒤떨어지던가? 이렇게 유독 독일에서 채택하고 있는 삼지체체(김나지움, 레알슐레, 하우프트슐레의 세 가지로 구분된 전형적인 독일의 교육제도. 독일 교육제도의 구조와 문제에 대해서는 다음 자료 참조. 송순재 편:《대학입시와 교육제도의 스펙트럼》. 학지사―옮긴이)는 비록 그 시초가 당시 귀족교육과 측근정치에 항거하기 위한 것이라 하더라도, 오늘에 이르러서는 점수평가제와 마찬가지로 더는 우리가 지녀야 할 시대정신에는 부합하지 않는다.

만일 누군가가 특정 지식 혹은 능력을 확실히 습득하지 못했을 경우, 그가 해당 교육과정에서 다다라야 할 목표를 제대로 이루지 못할 가능성이 커지는 것은 당연하다. 학교의 가장 중대한 과제 중 하나는 최대한 많은 학생들이 그들이 밟게 될 삶의 다음 과정(그것이 고등교육 과정이든 직업훈련 과정이든 간에)에 필요한 지식과 통찰, 능력을 키울 수 있도록 하는 것이다. 그리고 교사는 이러한 목적을 달성할 수 있도록 최선의 노력을 기울이고 항상 새로운 시도에 대해 열려 있어야 한다. 열여섯의 나이에 영어 몇 마디 더듬더듬 하는 학생에게 근동지역의 갈등에 대한 글을 읽고 이를 열 가지 중요한 항목으로 정리하여 발표하라는 건 그 자체가 악몽과도 같은 일일 것이다. 한편 공동주거공간의 난방비를 주거단위당 평방미터에 준하게 나누라는 문제를 앞에 두고 그저 고개를 떨어뜨리는 아이라면 아무래도 10학년을 마친 뒤 김나지움 과정으로 진학하기에는 어려움이 있을 것이다. 또 벽에 못 하나 제대로 박지 못하는 열여섯 살배기가 훗날 훌륭한 기술자가 되리라 기대하기는 어렵다. 학생의 적성과 반대되는 길을 가게 내버려두면서 그저 선의에 바탕을 둔 것이라고 정당화한다면 이는 무책임한 거짓말이다.

학교가 졸업장을 발급하는 기관이라면 이는 정당하고 진실하게 행해져야 할 것이다. 졸업장은 다음과 같은 의미를 지닌다. 즉, 지금까지 우리가 너의 노력, 성공과 실패, 목적의식과 이를 이루기 위한 의지 등을 지켜봐 온 결과 우리는 네가 이런 직업전선 혹은 저런 고등교육 방면으로 나아가기를 권유한다는 뜻이다. 학교가 이를 정확히 파악하고 있다면 이 같은 평가는 대체로 학생 스스로가 가진 자기정체성 혹은 자기 이해와 일치하는 경향을 보인다.

팀은 기술광이자 우리 학교 음악교사들의 오른팔이기도 했다. 그는 조명을 설치하고, 마이크와 믹서를 다루는 데 최고였다. 이런 일이 있을 때 가장 먼저 찾게 되는 것이 바로 팀이었다. 그러나 팀은 갖은 노력을 하고 주변 친구들과 선생님들의 도움을 받았는데도 주요

과목에서 일정점수를 받지 못했고, 결국 레알슐레가 아닌 하우프트 슐레 졸업장을 받을 수밖에 없었다. 그렇지만 우리 학교에서 공연이 있을 때마다 배우와 음악가들은 마지막에 반드시 그를 무대 위로 올라오게 했고 모든 관객들은 그에게 뜨거운 박수를 보냈다. 모두가 공연의 성공 뒤에 팀의 활약이 있었음을 인정하고 확인시켜주었던 것이다!

헬레네 랑에 학교도 예외일 수 없었던 기존 교육체계의 관점에서 보면 바뀌는 점은 아무것도 없다. 하우프트슐레 졸업장이 돌연 레알슐레 졸업장으로 바뀔 수 없는 노릇이다. 그래도 '하위권 학생'이었던 팀은 적어도 우리 학교에서 자기 능력을 인정받았을 뿐 아니라, 자기가 다른 이들에게 쓸모 있고 꼭 필요한 존재라는 것을 경험할 수 있었다.

엘리트 학교란 무엇인가?

우리 학교를 방문했던 이들이나 언론인 등 곳곳에서 그러면 헬레네 랑에 학교가 일종의 엘리트 학교냐고 묻는 경우가 종종 있다. 이같은 질문은 간혹 덫에 걸려들게 하려는 것이기도 했다.(이러한 부류의 사람들은 항상 자기가 우위를 차지하려고 한다!) 이를 모르는 바 아니면서도 나는 항상 "그렇다."고 대답했다. 일반적인 의미에서 엘리트 학교를 모든 과목에서 "매우 잘함"을 받는 선별된 최우수 학생들을 모아놓은 곳으로 본다면 우리 학교는 결코 이 같은 기준에 부합하지 않는다. 우리 학교는 통합형 종합학교이다. 즉, 우리 학교 교실에 앉아 있는 학생들을 그 학업성적으로만 본다면 평균 수준인 학생이 대다수다. 몇몇 '최우수' 학생을 제외하면 대부분이 평균 수준이고, 보통 10에서 20퍼센트 정도는 '하우프트슐레' 수업수준에서조차 도움이 필요할 정도로 학업성취도가 낮은 학생들로 이루어져 있다.

우리 학교의 가장 핵심적인 원칙 가운데 하나는 바로 다양한 수준의 학생들이 한 반에서 함께 공부하는 것이다(단, 9학년과 10학년 과정 중에는 예외의 경우가 발생한다. 그러나 이것도 특정한 시한을 넘기지 않는다). 이 같은 원칙은 여러 차례 회의에서 쟁점이 되었음에도 한 번도 제대로 그 가치를 인정받지 못했다. 한 학생의 성적은 그 학급 내에서 상대적으로 평가된다. 정부 학교운영방침에는 통합형 종합학교의 경우 7학년부터는 최소 영어와 수학, 그리고 8학년부터는 이와 더불어 기타 자연과학 과목에서 학생들을 기본과정과 심화과정 두 단계로 분리할 것을 규정해 놓았다. 우리 학교에서는 이것이 각 학급회의에서 결정된다. 교사는 난이도가 다른 두 종류의 시험문제를 만들어야 한다. 이는 추가 업무가 생긴다는 것을 의미한다. 그러나 우리는 지난 십오 년간의 경험을 통해 학급을 분리하지 않고 수준이 다른 아이들을 한 반에 모아 수업하는 것이 긍정적인 측면이 훨씬 더 크다는 결론을 내렸다. 이러한 형태의 수업은, 다른 아이들에게 인정받거나 서로 도와가며 공부함으로써 얻게 되는 만족감과 성취감 등 다양한 형태의 '보상'이 점수로 받는 성적보다 값지다는 인식이 아이들 사이에 퍼져 있을 때 진정한 성공을 거둘 수 있다.

언젠가 나는 어느 9학년 학생들에게, 행여 같은 반 친구들 중에 누군가 수학, 영어 혹은 물리 과목에서 기본과정 수강생으로 분류되어 자기 실력보다 '쉬운' 시험문제를 받게 되는 것이 억울한 경우는 없는지 물어보았다. 아이들은 어이가 없다는 듯 나를 쳐다보았다. 그 자리에 있던 어느 누구도 누가 어떤 문제지를 받는지에는 관심이 없었던 것이다. 왜 그랬을까? 아마 그 학급에서는 누군가가 어떤 내용을 이해하는 데 어려움이 있을 때 서로를 도와주는 분위기가 자연스럽게 형성되어 있었기 때문이리라.

같은 반에 시범적으로 특수학교에서 온 학생이 하나 있었다. 초반에 그 아이는 일상적 사회생활이 불가능해 보였고 기초적인 학습내용을 습득하는 데에도 어려움이 있었다. 4년 뒤 그가 하우프트슐레 졸업장을 취득했을 때, 그 반에서 이제 고등과정으로 진학하여 거뜬히 아비투어에 합격할 학생들조차 한마음으로 그의 결실을 축하해주었다. 내가 생각하는 엘리트 학교란 바로 이런 것이다. 학교가 만일 그 울타리 안에 있는 모든 학생이 각자 자기 능력의 한계를 뛰어넘도록 함과 동시에 자신의 정체성과 공동체의식을 함께 발견하고 키워나갈 수 있도록 한다면, 그 학교는 할 일을 다 한 것이나 다름없다. 그래서 이 학교 문을 나선 아이들이 훗날 각자 삶의 자리에서, 각자의 직업생활에서, 그리고 하나의 인간으로서 '엘리트'가 될 수 있다면 말이다. 이러한 관점에서 본다면 점수로 성적을 매기는 것은 어불성설이다.

10

내가 속한 곳은 여기야

학교에서의 의례

시끄러운 논쟁과 자질구레한 말다툼, 재빨리 숙제를 베끼는 아이들. 입학한 지 몇 달이 채 안 되는 5학년 A반의 쉬는 시간이 끝난 뒤 광경이다. 브렌너 선생님이 교실에 들어선다. 이내 여기저기서 아이들이 몰려와 너도나도 쉬는 시간에 일어난 일을 이르기 바쁘다. 그 동안 한쪽에서는 토론과 말다툼이 계속된다. 얼마간 기다리던 브렌너 선생님이 손을 들어 보인다. 이제 그만하라는 표시다. 학생들이 하나둘 제자리에 앉아 하던 말을 멈추고 손을 든다. 모든 아이들이 이렇게 손을 들어 이제 공부할 준비가 되었다는 표시를 하면 수업이 시작된다.

손짓

손짓은 헬레네 랑에 학교에 입학하는 학생들이 가장 먼저 익히고 생활화하게 되는 의례 중 하나다. 손짓은 일상적으로 쓰이며 심지어 10학년에 이르기까지 수업분위기를 차분하게 만들기 위한 효과적인 기술로 인식된다. 이는 교사들에게만 해당되지 않는다. 학생들도 주변이 지나치게 어수선하다거나 친구들의 주목을 끌고자 할 때, 예를 들어 뜨거운 논쟁이 벌어지는 학생대표자회의나 모둠작업에서 발표를 할 때 이 같은 손짓을 사용한다. 손을 들어 침묵을 요구하는 행위는 서로 평등한 관계에 있는 사람들 간에 이루어지는 것으로, 이에 대하여 반 친구들과 선생님은 존중을 표한다.

우리 학교에서조차 이 손짓의 효력이 그저 당연하게 생겨난 것은 아니다. 이 행동의 의미가 학생들 사이에 하나의 자연스러운 약속으로 받아들여지기까지는 오랜 인내와 훈련이 필요했다. 특히 학교에서 침묵과 질서가 유독 교사 개인의 권위에 의해 규정되고 어떠한 형태의 의례도 찾아볼 수 없는 초등학교에서 막 진학한 아이들의 경우, 이 손짓을 생활화하기까지는 많은 노력과 참을성이 필요하다.* 특정 행동양식이 부단한 훈련을 통하여 일상에서 통용되는 경지에 이르면, 그때부터는 이것이 교사의 강요가 아니라 학생들 스스로가 하는 '약속'으로 인식된다. 5학년 A반의 경우가 그러하고 우리 학교의 경우가 그러하다.

이 손짓은 결코 교사가 학생들을 강력히 통제하기 위한 방도가 아니다. 손짓으로 침묵을 요구하는 것은 교사이지만, 함께 손을 들어 보임으로써 동의를 나타내고 이 의지를 지원하는 것은 학생 개개인

---

* 물론 유용한 의례를 생활화하고 있는 초등학교도 많이 있다. 여기서 언급하는 손짓도 어떤 초등학교에서 보고 배운 것이다.

이다. 모든 의례는 구성원들의 동의로 뒷받침될 때에야 그 위력을 갖는다. 한 집단이 합의한 '규칙'도 마찬가지다("지금 이 시점부터 이 규칙이 우리 가운데 통용될 것이다"라고 하는 합의). 이 같은 규칙과 의례는 교사의 권위로 내리고 시행되는 명령이나 금지조항보다 훨씬 더 강한 힘을 발휘한다.

보통 우리 학교에서 통용되는 의례는 무에서 창조되는 것이 아니다. 일반적으로 교사들은 각각의 팀에서 어떤 의례를 학생들에게 익히도록 할 것인가를 사전에 합의하여 모든 수업에서 일관성 있게 적용할 것을 계획한다. 이러한 부분이야말로 '모두가 함께 힘을 합쳐야 하는 것'으로, 무엇보다 일관성이 중시되는 몇 안 되는 항목 중 하나다. 이렇게 해야 하나의 의례가 빠른 시일 안에 공동체 안에서 신뢰를 얻고 자리 잡을 수 있다. 그리고 이로써 학생들의 학업과 공동체 생활이 수월해지는 환경이 조성된다.

의례는 학교 일상의 반복된 틀을 깨는 효과가 있는데, 그럼으로써 새로운 상황과 시간이 조성되고 특정 사건이 부각되기도 하며, 이에 더해 일종의 의미가 부여되기도 한다. 어떤 의례들은 수줍음을 많이 타서 자기주장을 잘 하지 못하거나 두려움이 많은 아이들을 외향적이고 말 잘하는 아이들에게서 보호하는 장치로서 작용할 수도 있다. 또 어떤 의례들은 싸움을 줄이거나 공동의 감정을 표현하는 데 도움이 된다. 의례는 참여하는 이가 특별한 부가설명 없이도 그 의미를 이해할 수 있다는 점에서 상징적 성격을 지닌다.

안타깝게도 우리 학교에 입학하는 아이들 중 대다수는 부활절 달걀찾기나 성탄절 선물풀기 등을 제외하면, 삶 속에서 이 같은 의례나

풍습을 정기적으로 충분히 경험하지 못한다. 극소수 아이들만이 다소 규모 있는 공동체에서 장기간에 걸쳐 규칙적으로, 사사로운 감정 차원을 넘어 어떻게 일을 분담하고 대화할 것인지 합의하고 약속해 본 경험이 있다.

이렇게 의례를 연습하고 체득하는 과정을 통해 많은 학생들이 신선하고 의미 있는 경험을 한다. 물론 이 같은 경험이 학교 일상에 깊숙이 뿌리내리고 몸에 배기까지는 많은 시간이 필요하다. 경우에 따라 일 년 이상 걸릴 때도 있다. 그러나 이에 소요되는 시간은 자율적이고 학생들 스스로 책임지는 학습환경을 조성하는 데 필요한 것으로 매우 값진 시간이다.

월요아침모임

월요아침모임은 한 학급이 한 주를 시작하면서 하는 의례다. 이야기의 주제는 보통 주말에 어떤 일이 있었는지를 중심으로 시작되며, 구체적으로 집에서 키우는 애완동물 얘기에서 친지 방문, 운동시합 혹은 말 타고 숲에 간 이야기 등에 이르기까지 다양하다. 약 삼십여 분간 아이들은 재미있었던 일, 흥분했던 일, 간혹 감동적인 일이나 지루한 일 등에 대해 이야기한다. 누구나 자기 이야기를 풀어놓을 수 있는데, 가장 중요한 점은 다른 친구들의 이야기를 귀 기울여 듣는 것이다. 듣다가 질문도 하고 이와 관련지을 만한 자기 이야기를 꺼내기도 한다. 여기서 대화의 분위기가 매우 중요하다. 이 역시 그저 처음부터 자연스럽게 형성되는 것이 아니고 대부분의 경우 많은 노력과 관심으로 지탱된다. 즉 남의 말을 끊는다든지 다른 사람의 이야기를 깎아내리는 공격적인 태도가 허용되지 않음을 분명히 해야 한다. 이때 특히 교사의 친절함과 감수성, 일관성과 명확함이 필요하다. 이렇게 한 학급 안에서 서로가 즐겁고 진지하게 또 배려하며 이야기 나누고 남의 이야기에 진심 어린 마음으로 귀 기울이고 이해하는 법을 차츰차츰 배워나간 아이들은, 이 월요아침모임에서 자기의 속 깊은 이야기, 때로는 꺼내놓기 힘겨울 수도 있는 경험들을 친구들과 나누기도 한다. 그렇게 해도 아무도 자기를 비웃지 않을 것이며, 이 자리에서 나온 이야기는 서로 비밀로 간직할 것이라는 것, 담임선생님 또한 여기서 자기가 한 이야기를 다른 자리에서 들먹이거나 약점으로 삼지 않을 것임을 알기 때문이다. 월요아침모임은 담임교사와 아이들이 한 주의 계획을 결정함으로써 마무리된다. 이번 주에는 어떤 특별한 일이 있나, 어떤 처리할 문제들이 있는가 짚어보는 시간이다.

학교에서 그저 학생들이 주말에 무엇을 했나 수다를 떨자고 월요일 아침 한 교시를 통째로 들이는 것에 대해 많은 학교들에서는 고개를 절레절레 흔들 것이다. 우리 학교 말고도 10에서 16세까지의 청소년들이 다니는 학교 가운데 이 같은 시간을 가지는 학교들이 몇 군데 있지만, 이 가운데 시간이 남아도는 학교는 하나도 없다. 안 그래도 정해진 정규 수업만 계획하려고 해도 시간이 모자랄 지경이다! 그나마 부가적인 프로젝트나 여타 희망 활동들은 제외하더라도 말이다.

학교는 이를 핑계 삼아 수업 이외의 시간 갖기를 포기한다. 흔히들 이런 식으로 낭비한 시간은 나중에 '이자까지 쳐서' 갚아야 할 것이라고들 하지만, 실은 이 시간을 쓸데없이 수다 떠는 시간으로 보아서는 안 되는 중요한 까닭이 있다. 학생들은 이 시간을 통하여 자신이 단지 영어나 수학을 배우는 학생으로서만 가치 있는 존재가 아니며, 하나의 인간으로서 하는 모든 경험이 소중함을 깨닫게 된다. 또한 아이들이 스스로 입을 열어 말할 수 있는(해야 하는 것이 아니라!) 공식적인 기회를 얻음으로써, 잡담으로 옆자리 친구와 학급 전체의 학업을 방해하는 일은 오히려 줄어드는 셈이다.

무엇보다 이 시간은 학생들이 자유롭게 이야기하고 토론하는 것을 배우고 생산적인 대화 방법과 형식을 익히고 연습할 수 있는 가장 좋은 기회다. 아이들은 이 시간에 듣는 사람의 기대와 이해능력을 고려하여 말하는 법을 배운다. 심도 있게 듣는 법 또한 배운다. 너무 장황하게 이야기를 펼쳐나가거나 지나치게 느리게 이야기를 전개시키거나 이해할 수 없는 언어로 두서 없이 말한다거나 하는 경우, 듣는 이들이 그에 상응하는 반응을 하게 마련이다. 이에 반해 생생하고 명확한 설명은 큰 주목을 받는다. 이야기를 잘해서 인정받는 사람은 그 나름대로 자신감을 가지게 되고 이런 식의 말하기는 줄곧 다른 아이들에게 본보기가 된다. 수업 중 이루어지는 토론이나 발표에 대비하는 연습을 할 수 있는 기회로서 이보다 더 좋은 시간이 있을까?

열두 살인 사스키아는 자기 오빠가 이제 며칠 뒤면 수술을 받게 된다고 말했다. 아이는 더듬더듬 짧게 끊어 말한다. 아이는 겁을 먹고 있었다. 상당히 힘든 수술이어서 잘못될 경우 오빠가 죽을 수도 있다는 말에 반 아이들 모두가 숨을 죽인다. 사스키아는 자기의 긴장감을 반 친구들 모두와 나누고 있었다. 다른 아이들도 이제 사스키아에게 어떤 일이 벌어지고 있는지 알게 되었다. 몇몇 아이들은 공감을 느끼며 이것저것 묻기도 하고 사스키아에게 용기를 준다. 이 날 사스키아는 큰 두려움에 사로잡혀 있었지만 반 친구들의 따뜻함에 힘입어 수업에 어느 정도 임할 수 있었다. 나중에 수술을 무사히 마쳤다는 소식을 듣고는 반 아이들 모두 한시름 놓았다.

이 같은 심각한 사례는 다행스럽게도 드물다. 그러나 사고, 갈등과 다툼, 형제자매 간의 경쟁과 같은 진지하고 슬픈 소식들은 월요아침모임에서 종종 언급되는 주제들이다. 이런 이야기를 나누려면 공동체 구성원들 간에 그리고 학생들과 교사 간에 굳은 신뢰관계가 바탕이 되어야 한다. 어떤 이야기를 했을 때 조롱당하고 상처받을지도 모른다는 두려움이 없어야만 진정으로 자기 마음을 열고 감정을 솔직히 이야기할 수 있다. 이것이 항상 가능한 것은 아니다. 경험이 풍부한 교사조차도 간혹 대화 분위기를 순조롭게 끌어가는 데 실패를 하곤 한다. 대개 초기에는 아이들이 이야기의 주제를 교사가 정해주기를 기대하면서 옆자리 친구들과 눈도 마주치지 않으려 하는 상황이 벌어지는데, 이때 초조해진 교사가 전형적인 선생님 노릇을 하려고 할 경우 그렇게 되곤 한다. 교사들이란 수업 흐름을 좌지우지하고 대화가 일정 목표에 도달하도록 하는 것을 배운 사람들이 아니던가.

그러나 이 월요아침모임이 8학년 혹은 10학년이 되도록 계속 유지되는 것은 아니다. 아이들이 한두 살 나이를 먹어감에 따라 이 모임에 점점 건성으로 그리고 비정기적으로 임하는 경향이 있다. 이 또래의 사춘기 청소년들은 이렇게 이야기하는 것을 유치하게 여기며, 기본적으로 의례를 포함하여 어떠한 종류의 규칙이나 금지조항에도 반

항하려 하기 때문이다. 이렇게 되면 월요아침모임을 갈수록 비생산적이라고 느끼는 학급과 교사들도 생긴다. 형식적인 의례로 시간낭비를 하고 앉아 있는 대신 그 시간에 무언가 제대로 된 활동을 하자고 요구하는 경우도 있다.

의례를 통해 소통하기

어른들 중에는 심지어 자신이 동의했으면서도 일상으로 돌아가서는 의례를 행하는 일을 부수적이며 지나친 행동으로 치부하여 등한시하는 경우가 있다. 그런가 하면, 특히 사춘기 청소년들을 대할 때 아이들의 요구에 너무 쉽게 응해주거나 그들의 저항에 너무 쉽게 손을 들어버리는 경우도 있다. 이러한 상황에서 교사팀은 학생들과 소통하고자 할 때 어떤 의례를 실행에 옮길 것인지를 더욱더 신경 써서 살피고 결정해야 한다. 일정 부분 각 학년마다, 또 각 학교의 상황에 따라 서로 다른 의례가 적용되어야 하리라는 건 분명하다. 단, 경우에 따라 다양하게 적용된다 하더라도 의례의 근본 목적을 잃어버려서는 안 된다. 즉, 학생 대부분이 (그리고 교사들이) 원하는 것은 결국 질서와 체계가 잡힌 학교 일상, 그리고 지식습득의 차원을 넘어 다양한 경험을 하는 것이다.

다음은 우리 학교 저학년에서 시행하고 있는 의례의 예다.

● 둘러서기 : 5학년과 6학년에서는 오전 일과가 끝난 뒤 원을 이

루고 둘러서서, 다음날 혹은 오후 수업이 있는 날이면 그날 오후 수업의 중요한 핵심사항들을 검토한다. 어떤 반에서는 이야기를 마치며 다 함께 손을 잡고 서로에게 '좋은 하루'를 보내라고 인사하기도 한다. 보통 정신없이 마치고 흩어지기 바쁜 이 시간을 좀 더 의식적으로 성찰하며 보내기 위한 작은 의례다.

- 학급연대기 : 각 반마다 공책이 한 권 있어서 여기에 중요한 행사나 사건을 기록한다. 많은 경우 이는 사진과 다른 '자료'들로 채워지고 장식되기도 한다. 어떤 반은 졸업할 때까지 이 학급연대기를 기록, 보존하는 경우도 있다.

- 생일 : 정성스럽게 장식한 생일달력을 만들어 걸어놓는다. 어떤 식으로 서로의 생일을 축하해줄지는 다 함께 생각하여 결정한다. 케이크, 촛불과 꽃을 준비하고 생일축하 노래를 불러주기도 한다. 언젠가 어떤 반은 끈으로 장식한 막대를 '생일지팡이'라고 일컫고, 이를 반 아이들이 돌려가며 들게 했다. 지팡이를 받아 든 사람은 생일 맞은 친구에게 축복하는 말을 한 마디씩 해준다.

축제와 잔치

학급 내 축제와 잔치, 무엇보다도 한 학년 전체 혹은 학교 차원에서 벌어지는 축제 역시 넓은 의미에서 의례에 해당한다. 이는 중요한 날을 기념하고, 어떤 일을 종합하며, 정해진 기한 동안 일상을 벗어나는 공동의 '아름다운' 경험이라야 한다.

축제와 잔치는 주도면밀하게 계획을 세우고 준비를 해야 한다. 상당수 학생들에게 이 과정은 하나의 색다른 경험이다. 서로 다른 일들이 동시에 진행되어야 하고, 때에 따라 오랜 준비와 연습기간을 거쳐야 하는 일도 생긴다. 축제와 잔치의 성공여부는 단지 몇몇 '행동파'가 아니라, 참여하는 모든 이들의 특별한 기여, 예를 들어 공간을 장식한다든지 음식을 준비하고 차린다든지 하는 다양한 활동에 따라 결정된다. 축제와 잔치는 손님을 초대하는 자리이기도 하다. 이 자리에서 펼쳐지는 연극공연이나 작은 음악회 등은 단지 '교육적인' 행사에 그치는 것이 아니라, 좀 더 총체적인 틀에서 그 의미가 부각되어야 할 것이다.

새로운 학생을 맞이하기

많은 아이들과 청소년들은 학교라는 곳을 자기 의지와는 상관없이 다녀야 하는 곳으로 인식하고 있다. 그런 학교가 다닐 만한 곳이 되는 데는 아이들이 다음과 같은 인상을 받는 것이 결정적이다. 즉, 여기서 내가 인정을 받는구나, 내가 선생님과 친구들에게 중요한 존재구나, 이곳이 내가 있을 곳이구나 하는 믿음 말이다. 아이들이 이같은 느낌을 가지느냐가 수업을 성공적으로 이끄는 데 전제조건이라 해도 지나친 말이 아니다.

소속감이란 다른 사람에게 받아들여지는 경험을 통해 생기는 것이다. 어떤 패거리, 연합, 새로운 직장 혹은 교회공동체든 간에 사회

집단이라면 조금 차이는 있겠지만 소속여부를 가리는 통과의례가 있게 마련이다. 새로운 구성원을 맞이하고 기존 구성원과 작별하는 의례를 정성스레 치러주는 학교가 바로 좋은 학교다. 이는 '새로운' 교사의 부임과 '오래된' 교사의 이임에도 해당하는 말이다. 맞이하고 이별하는 형식 속에 곧 '상징적' 의미가 드러난다. 이는 단지 어떤 분기점을 (법적으로) 표시하는 차원을 넘어 일종의 메시지를 띤다. 그 메시지는 "저 걸어 다니는 학번 14 126이 누구건 우린 관심 없어."일 수도 있지만, "우린 너에게 아주 관심이 많아. 네가 와서 기뻐. 우리는 네가 여기서 소속감을 느끼고 편안해했으면 좋겠어. 너에 대한 기대가 매우 크단다."일 수도 있다. 또는 "우리는 이제 네가 떠나야만 하고 또 떠나고 싶어한다는 사실을 알아. 너에게 참 좋은 일이야. 그럼에도 우리에게 이런 작별이 쉽지만은 않구나. 넌 그 누구와도 바꿀 수 없는 존재야. 네가 우리 중 한 명이었던 걸 기쁘게 생각해. 우리가 가끔 싸우긴 했어도 너에게 고마운 마음이 더 커."일 수도 있다.

　"프란첸 씨는 수학과 물리교사로 5학년 A반 담임입니다. 로렌츠 씨는 독일어와 역사 과목을 맡으며 5학년 B반 담임입니다. 나흐트바이 씨는 영어와 불어교사로 5학년 C반 담임입니다." 내 아들 세바스티안이 김나지움에 등교하던 첫날은 그야말로 갖은 입학절차를 처리하기에 바빴다. 교장은 아이들을 학교 마당 한쪽에 몰아놓고 5학년 담임교사 세 명을 소개한 뒤 각 반에 해당하는 학생들의 이름을 불렀다. 그런 뒤 아이들은 자기 반 교실로 사라졌고 그곳에서 한 학기 시간표와 이튿날 등교규칙을 안내 받았다. 세바스티안은 이 학교에서의 첫날이 어떠했는지를 더는 기억하지 못한다.

우리는 우리 학교 학생들이 학교에 온 첫날을 기억했으면 한다. 새로운 입학생을 맞이하는 일은 학교 모두를 위한 축제다. 이 날을 위해 이제 막 6학년이 된, '앞서' 5학년이었던 선배들이 새로운 5학년 교사팀과 힘을 합하여 이미 여름방학이 시작되기 몇 주 전부터 축제를 계획하고 준비한다. 축제의 내용이 해마다 똑같은 것은 아니지만, 해를 거듭하며 여러 시도와 경험을 하게 됨에 따라(그리고 때때로 겪는 실패를 통해) 여기에도 일종의 의례가 생겼다. 학생들이 화려하게 장식된 커다란 선물꾸러미를 무대 위로 들고 나온다. 입학생 가운데 두 명이 선물을 풀면 그 안에서 선배들이 후배들에게 보내는 편지가 나온다.

"안녕, 새로운 5학년 친구들아! 작년 이맘때 우리가 이 강당에 앉아 있었을 때 우린 몹시도 흥분해 있었단다.(너희도 아마 마찬가지겠지?) 우리는 그때 당시 6학년 선배들에게서 편지 한 통과 지금 여기 보이는 깃발을 선물로 받았어. 이제 이 깃발은 너희가 받게 될 것이고 너희는 아마 내년에 새로 들어오는 5학년 동생들에게 물려주게 될 거야. 이 깃발은 제각기 다른 알록달록한 백 개의 천으로 만들어졌어. 왜 백 개냐 하면, 바로 너희가 백 명이기 때문이야. 여기에 이제 너희 이름만 새기면 돼. 가장 마음에 드는 천을 하나 고르렴. 새로운 친구들과 선생님들과 시작할 한 해에 즐거운 일이 가득하기를! 너희를 반갑게 맞이하는 6학년이."

6학년 학생들이 깃발을 펼친다. 군데군데 헐거나 심지어 찢어졌다 다시 붙인 흔적이 보인다. 지금까지 5학년이었던 학생들에게 속했던 깃발이 내일부터는 새로운 5학년에게 넘어간다. 이제 마지막으로 이

전 주인의 손에 들린 채 깃발이 강당을 빠져나간다. 혹 어떤 독자들은 이 부분을 읽으면서 황당해할지도 모른다. 깃발이라니! (나를 비롯한) 헬레네 랑에 학교 교사들 중에도 처음에 이 부분에서 꺼림칙함을 느낀 이들이 있었다. 오랜 시간이 흐른 뒤에야 나는 소아과 의사이자 교육자이며 인간을 사랑했던 폴란드의 야누쉬 코르착(Janusz Korczak, 1878~1942)이 운영했던 고아원 돔 시에로트에도 초록 깃발이 있었고 그것이 '숭고히' 받들어졌다는 것을 알게 되었다(코르착의 주저 《어떻게 아이들을 사랑해야 하는가》 송순재/안미현 역, 내일을 여는 책, 2011. 해설 참조 – 옮긴이). 야누쉬 코르착은 친구들의 도움으로 도망칠 수도 있었건만 아이들과 운명을 함께 하기 위해 트레블링카의 강제수용소에 들어가기를 택했고, 죽음의 행진을 할 때에 아이들은 초록 깃발을 들고 있었다고 한다. 이처럼 깃발은 매우 다양한 것을 상징할 수 있다.

어쨌든 이 의례를 행할 때 신입생들의 얼굴을 들여다보고 있으면, 어떤 연출을 통하여 얼마나 긍정적인 힘이 솟아나고 특별한 연대감이 형성될 수 있는지를 이해하게 될 것이다. 아이들은 이를 보며, 이 학교에서 자기들 나름대로 발자취를 남길 수 있음을 알게 됨과 동시에 이 학교가 스스로 얼마나 당당한 모습으로 서 있는지를 보게 된다. 이 천차만별의 아이들은 각자 자기 모습대로 이 학교 안 어디선가 자기 자리를 찾을 수 있게 되리라는 것을 안다. 동시에 이 날은 매우 특별하게 다가온다. 새로운 학교에 입학하는 것이 그저 행정절차상 거쳐야 하는 과정에 그치는 것이 아니라, 자기 인생의 의미 있는 전환점일 수 있음을 스스로 깨닫는 것이다.

그러고 나면 이어서 교사를 소개한다. 이는 해마다 새로운 아이디어로 펼쳐진다. 한번은 커다란 솥이 무대 위에 등장했고 학생 한 명이 사다리를 타고 올라가 비밀스런 요리법에 따라 새로운 교사팀을 요리하기 시작했다. 이를 잘 저어주고 나자 솥이 쩍 하고 갈라지면서 관객들의 눈앞에 아주 신선하게 조리된 새 교사팀이 서 있었다. 또 한번은 교사들이 마법에 걸린 액자 속에 갇혀 있고, 한 학생이 주문을 외우자 점점 액자에서 살아 걸어 나오기도 했다.

신입생들과 마찬가지로 교사들에게도 이 날은 새로운 시작을 알리는 날이다. 공식적인 입학식은 교장이 주도한다. 신입생들을 맡을 담임교사들이 한 편에 서 있고, 아이들이 하나씩 무대 위로 초청된다. 한 명 한 명을 악수로 맞을 때 그 자리에 있는 모든 사람들이 박수로 아이들을 환영한다. 아이들은 담임선생님에게서 해바라기 한 송이와 입학날짜가 적힌, 우리 학교 이름의 유래가 된 헬레네 랑 여사의 그림을 하나씩 받게 된다. 이제 아이들은 우리 가운데 하나가 된 것이다. 이는 단순한 의례이지만 참여하는 아이들에게 끼치는 영향력은 무시할 수 없다. 아이들은 자기 이름이 불리고 앞에 나가 악수를 함과 동시에 자기가 이 학교의 일원이 된다고 느낀다.

작년에 교장으로서 6학년 학생들과 인사를 나누며 둘러서 있을 때 어떤 여자아이가 다가왔다. 이 아이는 마지막 순간에 한 자리가 더 나면서 뒤늦게 입학허가 결정이 났고, 그 바람에 입학식 때 반 배정표에 이름이 빠지는 안타까운 상황이 벌어졌다. 이 어처구니없는 '기술적' 오류로 당시 나는 아이의 이름을 부르고 악수하는 걸 빠뜨렸다. 아무도 눈치채지 못한 큰 실수를 한 것이다. 일 년이 지난 시점에 아이는 나에게 다가와서는 "저랑도 악수 해주세요."라고 했다. 우리는 텅 빈 학생생활나눔터에 마주 서 있었다. 이 말과 함께 그 순간은 이내 하나의 작은 축제의 시간으로 변했다. 나는 아이와 악수를 했고 우리는 오랫동안 서로를 바라보았다. 이제는 다 괜찮다고 아이가 말했다.

이를 보고 있자면 아이들과 청소년들에게 의례는 마치 인생의 결정적 전환점을 순조롭게 넘길 수 있도록 해주는 '마력'을 지닌 듯하다. 나는 이러한 입학식을 통해, 맞이하는 사람이나 새로이 들어오는 사람 모두가 하나의 깊은 연대감을 경험할 수 있기를 바라며 그럴 것이라 굳게 믿는다. 기쁨과 두려움, 불안함과 희망 등 그 자리에 함께한 이들이 가지고 있는 감정들이 이러한 의식을 통하여 공적인 성격을 갖게 되며, 이러한 경험을 통해 모두가 기쁨 속에서 자기가 결코혼자가 아님을 알게 되는 것이다.

새로운 교사를 맞이하기

새로운 집단 혹은 인생의 과정으로 진입할 때 이와 같은 의례를 행하는 것은 다양한 문화권에서 새로운 인생의 장을 맞이할 때 그 전환점을 강조하는 것과 비슷하다. 서구 문명에서 이 같은 통과의례는 낯선 것이 되어버렸다. 무엇보다 공적으로 이를 행하는 것은 더욱 더 멀어져 갔는데 학교는 공공기관이 아니던가! 공적 영역에서 우리는 일정한 거리를 두고 형식적이고 기능적으로 처신하도록 길들여졌다. 어떤 강렬한 경험이라는 것은 사적 영역에 속하는 것이다. 이러한 경험은 우리 내면에 해당하는 것으로 바깥으로는 아무런 영향력도 없을 것이라 치부하고 만다. 그래서 우리는 의례를 행하는 것 그리고 상징적, 감정적 경험에 공적 형태를 부여하는 것을 스스로 다시금 연습해나가야 한다. 이러한 경험은 매우 주관적이라 어떤 이에게 감흥을 주는 것이 다른 이에게는 거부감을 불러일으킬 수도 있다. 우리 학교에서 새로운 교사를 맞이하는 의례가 이런 식으로 상반된 반응을 불러일으킨 한 예다.

교사회가 붉은 벨벳 카펫 위에 원을 그리고 앉아 있다. 그리고 교장이 카펫 위에 맨발로 올라서서 역시 벨벳 주머니 속에 든 큰 원석을 꺼내어 새로운 동료들에게 하나씩 손에 쥐어주었다. 손에 꼭 맞는 이 돌들은 어딘가 먼 바다 혹은 강에서 온 것들이다. 이들이 손에 든 돌은 이제 새로운 학교에서 교직을 시작하는 이들이 내적으로 새로운 시작을 다짐한다는 의미가 담겨 있다. 마음으로 이를 경험하면 교장은 이들에게 손을 내밀어 악수하고 이제 그들이 우리 가운데 한 명이 되었음을 알린다.

교사들 가운데 이 같은 환영식에 대해 강력한 거부감을 나타낸 이들이 있었다. 이들이 다른 교사들과 환영식 흉을 본 것이 이내 프랑크푸르트에까지 건너가 헬레네 랑에 학교에서는 교장이 벨벳 카펫 위의 왕좌에 앉고 새로운 교사들이 맨발로 무릎을 꿇어야 한다는 소문으로 돌아왔다. 한편 개중에는 환영선물로 받은 돌을 집에 귀중히 모시는 이들도 있었다. 이들에게 이 돌은 우리 학교에 들어올 때의 처음마음을 기억하자는 의미를 지닌다.

우리는 환영이나 작별의 상황에 어떤 의례를 행할 때 지나친 열정이 끼어들지 않도록 노력한다. 물론 어느 정도 축제 분위기가 무르익어야 하겠지만, 무엇보다 즐겁고 부담 없는 시간이어야 한다. 그래서 모든 환영과 작별 행사는 소박한 잔치와 함께 치러진다. 이때 바라는 것은 학교가 자기 모습 그대로 자신의 역할을 수행하는 것이다. 즉 기존 구성원이나 새로 맞아들인 구성원이나 모두가 함께 즐기고 따뜻하게 인사하고 먹고 마시는 자리로서 말이다. 보통 여름방학 마지막 날 열리는, 한 학년의 시작을 알리는 회의는 일반적으로 새로운 규정과 과제를 논의하는 딱딱한 자리가 되기 쉬운데, 원하기만 한다면 이 역시 좀 더 즐겁고 부드러운 분위기로 만들어갈 수 있을 것이다. 교장실에서 준비한 간단한 아침식사 자리에서 개인적인 대화들이 피어나고, 이어서 교장의 연설이 아니라 예술로 하루의 시작을 알린다. 어떤 선생님은 자기가 좋아하는 시를 읊기도 하고 어떤 선생님은 피아노 연주를 하기도 하며 함께 노래를 부르기도 한다.

공동의 의식을 행한다고 해서 위계질서가 사라지는 것은 아니다. 어떤 학교든 교장을 비롯해 각각의 역할, 즉 의무와 권한이 분명하게 정해져 있는 위치와 그룹이 있게 마련이다. 나는 이것이 꼭 필요한 요소라 보며 이를 아예 무시해버리자고 하는 데에는 동의하지 않는다. 각각의 역할에 주어진 의무와 권한이 명확히 규정되어 있으면 일의 효율성을 높이는 데 오히려 도움이 된다. 의례는 이와 더불어 또 하나의 중요한 점을 되새기는 역할을 한다. 이 학급, 이 학년, 이 운영위원회, 이 학교는 단지 임의로 구성된 기관이 아니라는 인식이 바로 그것이다. 이 모두가 사람들이 모인 모임이자 뜻을 함께하는 작은 공동체라는 것, 그래서 살아 있는, 사람 냄새 나는 모임이라는 깨달음 말이다.

가장 바람직한 경우 의례를 통해 교사와 학생들은, 이것은 '내' 학교다, 이곳은 내가 있어야 하기 때문이 아니라 있고 싶어서 머무는 곳이다, 내가 이곳에 속할 수 있어 자랑스럽다는 인식을 가지게 된다. 처음에 말한 손짓 등의 의례는 함께하는 일에 질서를 갖게 하는 데 도움이 되는가 하면, 어떤 의례들은 어려운 상황을 돌파하는 동력으로 작용하기도 한다.

작별

지난밤 슈테판이 죽었다. 아무런 예고도 없이, 질병도 없던 아이가 아침에 죽은 채 발견된 것이다. 급성뇌출혈이라는 진단이었다. 친구들과 선생님은 충격과 슬픔에 말을 잃었다. 이들은 공식적인 장례식에 참석하는 것에 그치지 않고 학년 전체가 슈테판을 보내는 장례식과 그를 기리는 의식을 치를 것을 원했고, 이는 이후 같은 학년 아이들이 졸업할 때까지 이어졌다. 학생생활나눔터에는 슈테판의 사진이 걸렸고 그 밑에 빈 공책이 하나 놓였다. 여학생 하나가 비올라를 연주했고 몇몇 친구들은 노래를 불렀으며 담임선생님은 생전의 슈테판이 자기에게 어떠한 기억으로 남아 있는지에 대해 이야기했다. 이 공간의 다른 한쪽에는 초 백 개가 불을 밝혔다. 선생님이 말을 마치자 슈테판을 기리는 의미로 학생 한 명 한 명이 그곳에 놓여 있던 초를 하나씩 들고 방을 가로질러 펼쳐진 공책 옆에 갖다 놓았다. 이 공책은 여름방학 때까지 그곳에 펼쳐져 있었고 모두가 슈테판에게 하고 싶은 말을 쓸 수 있도록 하였다. 내가 너를 얼마나 좋아했는지 아니, 네 생각을 자주 한단다, 보고 싶어……. 공책은 수많은 문구들로 가득 찼다. 날마다 책상 위에는 촛불이 밝혀졌고 공책 옆에 놓인 꽃이 시들면 아이들은 싱싱한 꽃다발을 새로 가져다 놓았다. 교실에서 슈테판이 앉던 자리는 비어 있었지만 슈테판은 그곳에 함께 있었다. 아무도 그 자리에 앉지 않았다. 여러 해를 지내며 많은 시간을 함께 했던 한 사람의 자리는 그렇게 쉽게 교체될 수 있는 것이 아니다. 슈테판의 친구들과 담임선생님은 이렇게 그와 작별인사를 했고 학교는 이를 위한 자리를 내어주었다. 그들이 학교를 떠나던 마지막 순간까지. 졸업식 날 슈테판의 친구들은 그의 부모님을 찾아가 슈테판을 기리는 공책을 전해드렸다. 몇몇 아이들에게 이 사건은 같은 날 있었던 분주한 졸업식보다 더 큰 의미를 지닌 일이었다.

죽은 사람이 학교공동체에서 자기 자리를 가지려면 먼저 살아 있는 이들이 자기 자리를 가지고 있어야 한다. 이를 위해서 학생과 교사들은 학교에서 시험과 과제를 함께 치르는 것을 넘어서서, 함께 잔치를 벌이고 함께 웃는 공동의 경험을 해야 한다. 학교가 그곳에 속한 이들이 서로에 대해 아무것도 모른 채 공부만 하기 위해 임의로 모여 있는 곳이어서는 안 된다. 학생과 교사 간에 지지대로 작용할 수 있는 소통방식을 함께 만들어가면 훨씬 수월하다. 이 같은 맥락에서 일상에서 의례를 행하고 언어와 몸짓으로 자기를 표현하는 법을 아는 사람은 극복해야 하는 어려움 앞에서 자기에게 힘을 실어줄 의례를 '창조'해내는 법 또한 터득할 수 있는 힘이 있다.

리하르트 헤르베르트 선생님은 세상을 떠나기 3개월 전 이미 자신의 죽음에 대해 알고 있었다. 에이즈로 고통 받던 그는 증세가 말기로 접어들었고, 더는 살 가망이 없다는 사실을 모두가 알고 있었다. 이 기간에 그가 맡고 있던 반 학생들이 그와 함께했다. 아이들은 그에게 편지를 쓰고 선물을 보내고 방문도 했다. 그가 세상을 떠난 뒤 거의 십오 년에 이르는 세월 동안 그의 사진이 학교에 걸려 있었다. 오늘에 이르기까지 그의 기일이 되면 생전에 그가 가장 좋아하던 노란 장미꽃 한 다발이 교사실에 놓이고, 몇몇 교사들은 정장을 하고 학교에 온다. 이 역시 우리 중 하나였던 한 사람을 기억하기 위해 벗들이 행하는 의식이다.

11

우리가 개입한다

사회정치적 참여 – 학교 울타리를 넘어서

"시위하러 나갈 거예요." 학교 학생회장인 요한네스는 단호했다. 그는 도시학생연합에서 결정한 대로 학생과 교사, 학부모가 연방정부의 교육정책 반대운동에 나설 것을 촉구했다. 시위는 수요일 오전 11시, 즉 수업시간에 있을 예정이었다. 나는 "안 된다."고 했다. "우리는 그럴 권리가 있어요."라고 요한네스가 맞받아쳤다. "절대로 안 돼." 라고 내가 다소 신경질적으로 말을 잘랐다. "너희는 모두 미성년자고 수업시간에 학교 문을 나서서는 안 돼." 나는 서 있는 그 아이를 두고 자리를 떴다.

이틀 뒤 다시 요한네스가 나를 찾아왔다. 이번에는 자기 아이가 시위에 참석하기 위해 수업에 빠져도 좋다는 학부모 동의서 500여 개를 손에 들고 있었다. 그뿐만 아니라 그저께 문화부 담당 법률직원과 이야기를 했다고 했다. "그 사람한테 물어보세요. 우리에게는 시위할 권리가 있어요!"

보통 교사와 학생은 정치 참여에 대해 말만 하는 것이 아니라 실제로 구체적 행동으로 옮겨야 한다는 데 의견을 같이한다. 그럼에도 나는 학생들이 시위에 참가하기 위해 수업을 빠지는 상황에 대해서는 종종 반대를 했다. 내가 볼 때 학생에게 시위하고 싶으면 가라고 하는 것은 오로지 그 학생이 그에 대한 책임을 질 준비가 되어 있을 경우에만 정당화할 수 있는 일이다. 학생이 학교에 나오지 않으면 그만큼의 공백을 스스로 메워야만 한다. 시위에 나가느라 놓친 시험은 훗날 언젠가 치러야 한다. 학부모에게도 이를 알려야 한다. 요한네스는 시위에 나서기 전 정보를 입수하고 다른 이들과 연대를 함으로써 교장인 나의 반대에 맞섰다. 학생에게는 이 같은 불복종의 권리 또한 당연히 있지 않은가?

폭력과 외국인 혐오에 대한 저항

다른 한편으로는 학생들이 자기들의 주장에 선생님들이 힘을 실어주고 있다는 경험을 해보는 것 또한 매우 중요한 일이다. 안전한 학교 교실에서뿐 아니라 공공의 장에서 말이다. 1990년대 초 외국인 혐오로 인한 외국인 공격과 폭행 사건이 연이었다. 당시 비스바덴에서도 이에 항의하는 집회가 곳곳에서 열렸고 우리 학교 학생들도 상당수 촛불행진에 동참했다. 우리는 우리와 함께 살고 있는 외국인들을 지원하기 위해 학교 차원에서 과연 어떠한 행동을 취할 수 있을까 고민했다. 우리 도시가 좀더 평화롭게 공존하는 사회가 되기 위해 우리는 어떠한 일을 할 수 있을까?

이에 교장과 운영위원회 총회에서는 비스바덴의 모든 학교들이 시위에 참석할 것과, 이 날 참석한 모든 이들의 기억에 남을 만한 대규모 공동마무리 행사를 진행하자는 제안을 내놓았다. 절차상 결코 간단하지 않을뿐더러 의견도 분분했다. 하필이면 바로 그 날 오래 전에 계획한 중요한 시험이 있다는 학교도 있었다. 학기 중 수업시간에는 절대로 시위에 참석할 수 없다고 하는 학교도 있었다. 어떤 이들은 시위라는 것은 그냥 무작정 길에 나가는 것이지 계획해서 할 수 있는 게 아니라고도 했다. 그럼에도 결국 이 같은 문제에 대해 정치 참여의 사례를 보여주는 것은 교사가 회피해서는 안 될 책임이라는 점과, 이러한 대규모 행사는 사전에 면밀히 계획, 고안되어야 한다는 의견이 절반 이상을 차지함으로써 일은 진행되었다.

2개월의 준비과정 끝에 만 이천여 명의 학생들이 선생님들과 함께 시 광장에 집결했다. 각 학교들은 하나 혹은 두 개의 큰 알파벳을 선두로 이미 도시를 통과하는 행진을 했다. 모든 학교들이 한자리에 모이자 그 글자들이 모여 하나의 문장이 만들어졌다. "인간의 존엄성은 결코 건드릴 수 없다." 시위 현장에서 흔히 볼 수 있는 현수막에도 공통으로 위험한 상황에 처해 있는 사람의 실루엣을 표현했다. 무대에서는 학생들이 직접 쓴 글을 발표했다. 함께 노래를 부르며 외국인 혐오로 인한 희생자들을 기렸다. 어른들 가운데 대표로 호르스트 에버하르트 리히터 씨가 말을 이었다.

다른 사람이 연설을 할 수도 있었을 것이다. 다른 노래를 부를 수도, 현수막을 다르게 만들 수도 있었을 것이다. 하지만 이 자리에서 실로 중요한 것은 '우리는 혼자가 아니다.'라는 연대감이었다. 이 같은 경험이 학생들에게 그토록 값진 까닭은 이 행사에서 드러난 긍정적인 공명이 아이들의 삶의 자리에서뿐 아니라 공공의 영역에서도 울려 퍼졌기 때문이다. 자기에게 중요한 무언가를 다른 사람과 함께 나누고 이를 실행에 옮길 수 있는 이의 말은 사람들이 귀 기울여 듣는다.

전쟁 발발

1991년 1차 걸프전이 일어나기 며칠 전, 우리는 '평범한' 수업을 하는 것이 불가능한 상황이 되었다는 것을 직감했다. 시종일관 부대 행렬이 전진한다는 기사가 신문 일면을 채웠다. 우리에게 어떤 영향을 끼칠지 아무도 예상하지 못하는 전쟁이 일어날 것이라고 했다. 두려움과 걱정으로 뒤엉킨 복잡한 기운이 감돌았고, 동시에 사태의 정황에 대한 우리의 무지가 드러났다. 한참 예민한 청소년기 아이들에게 이 같은 상황은 매우 불안한 것이 아닐 수 없었다. 그러면 어떻게 할 것인가? 전쟁이 일어난 상황에서 학교가 그 특수한 상황에 따라 일부 사회학 과목 시간을 '중동 갈등'이라는 주제에 할애하는 것은 당연한 일일 것이다. 누구나 혼란스러운 상황 가운데서도 어떻게 하면 그래도 평화에 대한 자신의 의지를 표현할 수 있을 것인가?

우리 학교에는 평화의 깃발이라는 것이 있다. 몇 해 전 우리 학교가 유네스코 시범학교로 선정되었을 때 모든 학급이 힘을 모아 만든 것이다. 가로 20미터 세로 10미터 크기로, 무지개가 그려져 있고 그 위에는 평화를 상징하는 비둘기가 새겨져 있다. 이 깃발은 얼마간 학교 기둥에 걸려 있었다. 그러다가 언젠가 이를 상자에 접어 넣어두고는 거의 잊고 있었다. 이 깃발이 우리의 기억 속에 다시 살아난 것이다. 한밤중에 전쟁이 일어났고 그 이튿날 아침, 우리는 이 깃발을 앞세워 비스바덴 중심가의 시청과 의회를 가로지르며 행진했다. 우리는 마르크트 교회 옆, 2차 세계대전 당시 파괴된 우리 학교의 본관이 있던 역사적 자리에 이 깃발을 내려놓았다. 마르크트 교회의 목사님은 교회 문을 열어 우리를 맞아들였고 우리는 그곳에서 우리 마음을 산란하게 하는 것들에 대해 성찰하는 시간을 가졌다. 나는 아주 개인적인 연설을 했는데, 내 마음을 움직이는 말들을 모으다 보니 거의 설교에 가까운 것 같기도 했다. 그 자리에서 나는 성서구절을 인용하기도 했다.

이런 일이 교회에서 이루어졌다는 것은 사실 학교로서는 흔치 않은 풍경이다. 종교 전통 위에 세워진 학교들 가운데 아침예배를 아직까지 유지하고 있는 학교는 매우 드물다. 또한 좀 더 큰 규모의 공립학교에서 학교장이 학교 차원의 기념일이나 졸업식 이외의 행사에서 학교 구성원 전체를 상대로 연설하는 것도 아주 드문 일이다. 그럼에도 이 같은 특수한 상황에서 학교장이 자기 학생들 앞에서 공동의 감정을 표현하는 것은, 지난 세기 우리가 겪은 전쟁의 경험에 비추어볼 때 더욱더 중요하다고 생각한다. 이 날 마르크트 교회에는 다른 학교 학생들도 많이 앉아 있었는데, 개중에는 우리를 도와 평화의 깃발을 다시 나르는 데 동참한 아이들도 있었다. 그들은 자기들의 감정과 두려움이 존중받는다는 느낌에 안도하였다. 행사가 끝나고는 이들을 다시 집으로 돌려보내는 수밖에 없었다. 전쟁에 대해서 너희 선생님들과 이야기하려무나, 라는 조언을 해줄 수 있을 따름이었다.

세상에서 일어나는, 우리를 불안에 떨게 하는 많은 일들 가운데에는 그것이 설령 학습계획안에 포함되지 않은 것이라 할지라도 학교가 그냥 지나쳐버려서는 안 되는 것들이 있다. 많은 아이들, 청소년들 그리고 어른들에게 두려움과 무력함만을 자아내는 일을 언어로 표현해내는 작업은 학교가 담당해야 할 중요한 과제다. 우리는 이 같은 사건을 이해할 수 있도록 해석하고 상징화하는 작업을 수행했다. 한 예로 평화의 깃발은 이 사건 이후 우리 학교에서 상징적 의미를 가지게 되었다. 우리를 불안에 떨게 하는 사건이 일어날 때마다 우리는 이 깃발을 학교 외벽에 걸어놓았다. 또한 교회 건물도 중요하게 쓰인다. 우리 학교는 모든 학생들이 한자리에 모일 만큼 큰 공간이 체육관밖에 없다. 그러나 체육관은 깊은 성찰을 하기에 적합한 곳이 못 된다. 2001년 9월 11일 테러 사건이 일어났을 때 바로 성찰을 위한 공간이 필요했다. 우리 학생들 중 상당수가 이를 계기로 처음 교회라는 곳을 접했다. 보통때는 교회에 나가지 않는 교사들도 많았다. 그러나 공간 자체가 갖는 의미가 있다. 교회 전체가 꽉 찼는데도 성스러울 정도로 조용했다. 어린 학생들도 고학년 학생들 못지않은 진지한 태도로 임했다. 가까스로 울음을 참는 아이도 있었다.

진지하게 대화를 나눌 자세를 갖춘 교사라면 청소년들의 중요한 대화 상대자가 될 수 있다. 자기의 경험을 나누고 학생들의 상황에 대해 자기의 의견을 말해주려 할 때 결코 도덕적, 윤리적 관념에 사로잡힐 필요가 없다. 스스로의 가치기준을 정립해나가는 청소년들에게 자기들이 믿는 한 교사가 제시하는 잣대는 중요한 판단의 척도가 된다.

2003년, 바그다드에 또다시 폭탄이 투하되었다. 제2차 걸프전의 영향은 멀리 떨어진 안정권에 있는 비스바덴에까지 이르렀다. 학교는 정상 운영되었지만 사람들의 머릿속은 온통 딴 생각으로 가득 찼다. 학교 방송국인 '라디오 액티브'는 특집방송을 했고 학교 전체가 학생들이 보도하는 방송을 듣기 위해 체육관에 모였다. 방송은 12년 전 일어난 제1차 걸프전 이후의 이라크 현대사를 다루었다. 사담 후세인과 그의 폭압정치에 대한 내용도 있었다. '침묵의 방'에서는 매일 아침 묵념의 시간이 열렸다.

여기저기서 전쟁에 대해 생각하게 하는 행위를 볼 수 있었다. 서무실 옆 복도에는 평화의 촛불이 밝혀져 있었으며, 학교 건물 앞에는 티베트의 기도깃발을 연상케 하는 600여 개의 천이 하나의 긴 끈에 묶여 있었다. 모든 학생이 각각 하나의 천에 글을 썼다. 어떤 천에는 "스스로를 세계 경찰이라 칭할 권리가 누구에게 있단 말인가?"라고 쓰여 있는가 하면, "평화는 오랜 시간이 걸려 자라나는 나무와 같은 것이다."라고 쓰여 있는 천도 눈에 띄었다. 바람에 흩날리는 이 천들이 전부가 아니었다. 많은 학생들의 생각을 모아 녹음작업을 하기도 했다. 전쟁에 대한 발언을 하려는 학생들이 줄을 잇고, 학생들의 이야기는 두 개의 스피커를 통해 울려 퍼져 학교 양쪽으로 난 길을 지나던 행인들의 귀에까지 전달되었다. 저녁이 되어서야 다시 조용해졌다.

네팔 프로젝트

세계 곳곳에서는 우리가 '난리'라고 할 만한 일들이 하루가 멀다 하고 일어난다. 개중에는 수업의 주제가 되는 사례도 있다. 학생들이 더는 가만히 앉아서 다른 사람의 고통에 대해 얘기만 하고 있을 수 없다고 느끼기 시작하면, 때로는 후원금을 모으고 교사가 이를 모금기관에 전달하기도 한다. 이런 일은 흔히 볼 수 있다.

이 같은 익명의 모금행위는 이러저러한 생각을 불러일으킨다. 이 돈으로 진짜 누군가가 도움을 받을까? 성금을 낸다고 해서 그것이 예를 들어 제3세계 사람들의 삶의 환경에 어떤 변화를 줄까? 이 돈으로 무엇을 할 것인지는 누가 결정하는가? 적어도 몇몇 사람들이라도 이 도움을 받음으로써 자립하여 스스로 일어날 수 있는 기회를 얻을까, 아니면 그들의 '안녕'은 결국 끝까지 다른 이들의 후원금에 달려 있게 될까? 다른 사람의 어려움에 동참하고 그들이 위기상황에 처했을 때 돕고자 하는 것은 결코 간단한 문제가 아니다. 이 역시 배움이 필요한 일이다.

다른 사람을 돕는 일은 그 사람들의 문제에 그저 힘이 닿는 대로 신경 쓰겠다고 해서 되는 게 아니다. 그래서는 그들에게 진정으로 필요한 도움이 무엇인지, 어떤 부분이 결핍되었는지 알 길이 없다. 우리 학교에서도 각 학급마다 누구에게 도움을 줄지 잘 모르면서도 온갖 종류의 성금을 모으곤 했다. 그러다가 1988년에 당시 영어교사 발터 림베르크의 네팔 여행을 계기로 큰 변화가 생겼다. 그가 이 지구상 가장 가난한 지역 가운데 하나로 꼽히는 외로운 고지대를 찾은 것이 처음은 아니었다. 이미 학생 시절 그는 지도 제작을 목적으로 한 연구 프로젝트의 장학생으로 네팔에 머문 적이 있었다. 이십여 년이 지나 다시 한 번 그 지역을 돌아보고 온 림베르크는 그곳에 살고 있는 사람들의 가난과 무지, 잃어버린 희망에 대한 이야기를 자기 반 학생들에게 해주었다. 몇몇 학생들이 그 자리에서 이들에게 어떤 도움을 주고 싶다고 밝혔다. 아이들은 자기 용돈에서 매달 1.25유로를 네팔의 학생들에게 전달했다. 이 돈이라면 그곳에서 한 아이가 학교를 다니기에 충분한 돈이다.

이 같은 결의가 어떻게 발전해나갈지는 아무도 예측할 수 없었다. 그러나 아이들에 이어 이번에는 한 무리의 교사가 좀더 장기적인 후원 프로젝트를 진행하기 위해 이미 구축된 이 관계망을 이용하자는 제안을 내놓았다. 이때 학교의 후원을 단 하나의 지역에 한정시키고, 그곳에 어떤 방식으로 도움을 줄 것인지 집중해서 찾아나가자고 결정했다. 그리하여 네팔의 반다르 지역이 우리 학교와 자매결연을 하게 되었다. 유네스코에서도 이에 발맞추어 우리 학교와 반다르 지역 간의 연대를 지속해서 지원할 팀을 꾸렸다.

반다르는 인구의 90퍼센트 이상이 문맹인 마을이다. 카트만두에서 동북쪽으로 버스로 12시간, 또 걸어서 12시간을 가면 히말라야 골짜기에 있는 이 마을에 다다르게 된다. 농사로 거두는 수확에 비해서 인구증가율이 지나치게 높기 때문에 식량은 항상 부족하다. 이러한 가난은 수공업자들의 일자리마저도 앗아갔다. 계약이 들어오지 않는 것이다. 1996년까지 이 지역에서 의료혜택을 받을 수 있는 가장 가까운 곳이 2~3일 쉬지 않고 걸어야 다다를 수 있는 곳이었다. 건강

관리와 위생에 대한 무지 그리고 극심한 가난은 온갖 질병을 불러일으켰다.

이러한 내용은 우리 학교 학생들이 반다르 지방에 대해 맨 처음 접하는 정보들이다. 그리고 나면 개중에는 유네스코 지원팀에 합류해 여러 해에 걸쳐 이 지역사회와 사람들에 대해 연구하는 데 열정을 쏟는 학생도 생긴다. 우리는 의식적으로 학생들이 가까운 미래에 네팔 여행을 할 수 있을 것이라는 기대감으로 이 일을 하지 않도록 신경 쓴다. 네팔 프로젝트는 학생 교환 프로그램이 아니다. 우리 학생들이 네팔 청소년들과 어떻게 의사소통을 할 것인가 하는 문제는 차치하고라도, 우리는 결코 이 프로젝트를 통하여 학생들에게 신기하고 이국적인 문화체험 여행을 하게 하려는 것이 아니다. 명예직의 성격을 띠는 사회 참여는 설령 그것이 지구 반대편에 있는 사람들을 대상으로 한 구호운동이라 할지라도 먼저 자기 삶의 자리, 자기 집에서 시작하는 법이다. 이러한 맥락에서 네팔 청소년들과의 교환체계보다 중요한 것은 다양한 나이대의 학생들이 함께 섞여 일하는 구조를 만드는 것이다. 유네스코 팀은 다양한 학년과 나이의 학생들을 팀에 받아들여 일하는 좋은 예를 보여주었다. 고학년 학생들은 여기서 일한 시간을 필수선택과목 가운데 일부로 인정받을 수 있으며, 저학년 학생들은 유네스코 팀이라는 자율 작업공동체에 참여한 것으로 학습평가서에 기록할 수 있다. 우리는 일반적으로 아이들과 청소년들로 이루어진 집단이 효율적으로 일하고 성과를 거두려면 반드시 같은 나이로 구성되어야 한다는 편견을 갖고 있다. 그러나 실제로 열여섯 살 청소년이 여섯 살 어린 동생과 함께 프로젝트 활동을 했을 때 이를 통해 열여섯 살짜리 아이가 얻는 배움은 우리가 생각하는 것 이상이다. 대체로 어린 학생들이 선배들에게 배우는 점이 많은 것도 사실이다. 그러나 그 반대의 경우도 성립한다. 고학년 학생들은 이미 복잡하게 생각하는 것에 익숙한 데 비해 어린 학생들은 즉흥적이고 자유로운 생각을 하기 때문에 일의 흐름에 참신함을 보일 수 있다. 이렇게 하여 고학년 학생들이 어린 학생들의 재기 발랄한 열정에 따라가는 경우가 많다.

비욘과 안드레아스는 무게가 나가는 모직 카펫을 낑낑거리며 3층으로 옮기고 있다. 복도에서는 전시 준비 마무리가 한창이다. 반다르를 소개하는 사진과, 제목과 설명을 단 안내판을 벽에 거는 작업이 남았다. 게오르크와 니콜은 네팔 원주민이 수작업으로 만든 종이에 힌두교를 상징하는 도장을 찍고 이를 공책으로 묶는 작업을 할 것이다. 또 조끼와 양말을 크기별로 정리하고, 정원에서 불을 밝히는 데 쓰는 연철로 만든 관에 가격표 붙이는 일이 남았다.

네팔 성탄바자회는 우리가 네팔과 첫 자매결연을 맺은 뒤로 지난 15년간 학교의 정기적인 행사가 되었다. 네팔 바자회는 일 년에도 여러 차례 열린다. 그 준비과정은 시간이 매우 오래 걸리고 에너지가 많이 필요한 일이다. 그럼에도 우리 학생들 대부분은 준비를 잘하는 것이 얼마나 중요한지를 경험을 통해 알고 있다. 철저히 계획하고 준비하면 반다르 주민들이 손수 제작한 많은 물건들이 바자회에서 더 높은 가격에 팔릴 수 있다. 그리고 더 많이 팔릴수록 이를 만든 네팔 수공업자들에게 돌아가는 돈도 많아질 것이다. 학생들은 자기들의 역할이 얼마나 중요한지를 안다.

반다르 사람들과 연계해 그들이 만든 물건을 판매해보자는 생각은 1991년으로 거슬러 올라간다. 네팔 프로젝트를 시작하면서 우리는 교육만으로는 그곳 주민들이 처한 삶의 환경을 변화시킬 수 없다는 사실을 깨달았다. 교육이 노동환경과 연계되어야 했다. 당시 우리는 반다르에 카펫 공방을 세우는 데 필요한 자금을 무이자로 대출받을 수 있었다. 그리고 우리 학교에서 연간 200제곱미터의 카펫을 수입하겠다고 약정했다. 반다르 카펫 공방에서 일하는 여직공들에게 옆 마을 카트만두에서 벌 수 있는 평균 수입의 약 세 배에 이르는 임금을 지급하는 대신, 15세 이하 청소년들에게는 노동을 시키지 않을 것을 조건으로 하였다. 약 1,300유로를 들여 기계를 장만하고 인도에서 질 좋은 모직을 들여와 작업을 시작했다. 유럽에서 제공한 무늬에 따라 만듦으로써 안정적인 소비자층을 확보할 수 있었다. 완성된 카펫은 짐꾼들이 짊어지고 산을 가로질러 카트만두까지 옮겼고, 그것이 항공편으로 프랑크푸르트까지 오면 우리 학교에서 판매되었다. 판매 이익은 네팔로 전달되었다.

성탄바자회에서 비욘은 열의에 차 있었다. 카펫에 관심을 보이는 한 방문객에게 비욘은 네팔의 노동조건에 대해 열심히 설명한다. 2.5제곱미터 크기의 카펫 하나가 판매되면, 직공의 열흘 치 노동임금이 나오는데, 이 금액은 네팔의 초등학교 교사가 받는 세달 치 월급에 해당하고, 3,600명에 달하는 반다르 주민들에게 필요한 의약품을 구입할 수 있는 금액이라고 그 잠재 구매자에게 설명한다. 옆 가판에서는 은으로 만든 네팔 전통 귀금속이 불티나게 팔려나간다. 은이나 천을 다루는 수공업자들 역시 제작비는 대출로 충당하고 판매 이익으로 이를 갚아나가기는 마찬가지다. 이들의 공예품 역시 바자회에서 판매된다.

이렇게 해를 거듭해 네팔에서 만들어진 물건을 수입해서 판매하다 보니, 자연스럽게 학교 안에 자체적으로 수입회사를 만들어야 한다는 의견이 제기되었다. 회사 운영자는 한 여선생님이었지만 상업활동 대부분은 학생들의 몫이었다. 상품등록과 가격책정, 정기적인 창고물량 정비와 필요한 주문절차 그리고 연간 매출평가에 이르는 모든 업무는 학생들의 책임하에 이루어졌다. 학생들은 이러한 경험을 통해 수업시간에는 종종 추상적으로 다룰 수밖에 없는 경제의 흐름에 대한 감각을 익힐 수 있다. 이렇게 시작한 카펫 사업은 여러 해에 걸쳐 성공적인 결과를 거두었다. 할인매장 알디가 그 사업영역을 확장하기 전까지는 말이다. 이들이 저가의 네팔 카펫을 풀어놓은 것이다. 사람들은 갑자기 저가의 대량생산품을 사기 시작했다. 이로 인해 우리 학교에서 하던 사업은 큰 타격을 입게 되었다. 이에 우리 학생들은 판매전략을 바꾸었다. 완성된 제품을 판매하는 대신 구매 희망자들이 개인의 취향에 따라 문양을 선택할 수 있도록 하는 일 대 일 제작을 해주기로 한 것이다.

이 같은 프로젝트는 동업자 간의 깊은 신뢰와 연대를 바탕으로 해야 가능하다. 따라서 해마다 우리 교사들 가운데 몇몇은 자비를 들여 반다르에 가서 현지 근황을 확인하고 현지 주민들과 의견을 교환한다. 우리는 네팔 거주 외국인에게 중개업을 해달라고 하는 방식은 의식적으로 처음부터 아예 제외시켰다. 그렇게 하는 대신, 반다르의 여성과 남성들로 이루어진 위원회가 스스로 지역사회 산업을 계획하고 그 수익금의 사용처를 결정하는 일을 하고 있다. 더불어 카트만두에는 그 지역의 모든 수입현황을 총괄하는 담당자가 있다. 현지 주민들과 직접 교류하는 것이 얼마나 중요한지는 요즘 네팔이 정치적 혼란을 겪으면서 더욱 뚜렷이 알 수 있었다. 대부분의 외국 구호단체에서는 직원들을 송환했다. 이로 인해 서구의 도움이 끊겨버린 셈이다. 우리 프로젝트는 그러한 상황에서도 끊이지 않고 진행될 수 있었던 몇 개 안 되는 구호작업 가운데 하나였다.

우리의 구호활동으로 반다르 지역사회에서는 하나의 지속가능한 변화의 바람이 불었다. 아홉 개의 학교가 지어졌고 서른다섯 명의 교사들이 정부에서 받는 급여에 우리가 보내주는 보조금을 얹어 받음으로써, 교사들이 그 지역사회를 떠나지 않을 수 있었다. 개중에는 우리 교사들이 받는 수준의 급여를 받는 이도 있다. 또 헬레네 랑에 학교는 지역주민들의 의료혜택을 보장하기 위해 설립된 한 병원과도 교류하고 있는데, 여기서는 피임 캠페인도 벌이고 있다. 이는 문맹탈피 운동이기도 하다. 적지 않은 여성들이 바로 이곳에서 처음으로 읽고 쓰는 법을 배웠다. 수도시설 정비와 교복마련에도 자금 지원을 했다. 여성들에게는 경제 자립을 위해 일정 금액을 대출받을 수 있도록 하였다.

지금까지의 활동을 나름대로 평가해보자면 다음과 같다. 우리가 행하는 다양한 형태의 구호활동은 어느 시점에 가서는 우리 쪽에서 재정 지원을 하지 않아도 스스로 굴러갈 수 있는 상태를 이루는 것을 목적으로 한다. 그러나 동시에 이렇듯 어렵게 세워진 탑을 무너뜨리지 않기 위해 우리 학교가, 즉 우리 학생과 학부모들 그리고 교사들이 끝까지 책임지고 지원해주어야만 하는 부분도 있다. 특히 교사, 의사, 간호사 등의 임금이나 반다르 지역에 필요한 만큼의 의약품을 조달하는 데 드는 비용 등이 그에 해당한다. 이로 인해 네팔 프로젝트는 우리 학교가 지속해서 관심과 후원을 해야 하는, 이제는 결코 떼려야 뗄 수 없는 책임 영역이 되었다. 우리 학교에서는 2년에 한 번씩 후원자 릴레이를 실시한다. 참가자들은 몇 킬로미터든 되도록 먼 거리를 자전거로 달려야 한다. 후원자는 다름 아닌 학부모, 친지, 친구들, 가게와 회사들로서, 이들은 릴레이 몇 주 전에 학생들이 달린 거리(킬로미터)에 따라 네팔 프로젝트에 성금을 기부하겠다고 나선 이들이다. 이렇게 해서 모인 금액은 첫 해에 약 25,000유로였고, 지난번 릴레이 때는 무려 90,000유로에 달했다.

학생들이 이 프로젝트를 위한 기금을 모으는 성과는 놀랍다. 아이들은 직접 거리로 나서서 집집마다 다니며 반다르가 어디에 있으며 어떠한 어려움에 처해 있고 어떻게 하면 그곳에 사는 사람들을 도울 수 있는지를 설명한다. 이 네팔 프로젝트가 우리 학교에게 지니는 의미는 매우 크며, 심지어 외부에서도 우리 학교를 네팔 프로젝트와 한데 묶어 생각할 정도다. 각자가 할 수 있는 만큼 기여하며 모두가 이에 자긍심을 갖고 있다. 프로젝트의 범위가 확장될 때마다, 그리고 그로 인해 일이 더 늘어남에 따라, 네팔 프로젝트는 학생들이 명예를 걸고 사회에 참여한다는 게 어떤 것인지를 눈으로 보고 배우는 본보기로서 그 자리를 더욱 굳히게 되었다.

언젠가 비욘의 친구는 비욘이 토요일마다 바자회에서 일하면 얼마나 버는지 궁금해했다. 한 푼도 벌지 않는다는 비욘의 대답에 그 친구는 이해하지 못하겠다는 듯, "그러면 거기서 왜 일해?"라고 되물었다. 비욘은 다음과 같이 대답했다. "내가 누군가에게 이야기를 해야만 그 노동이 값어치를 얻는 사람들이 있기 때문이야."

12 벽을 허물기

공부하고 함께 사는 공간

독일에서 어린이와 청소년 한 명당 학교에서 활동할 수 있는 공간 면적은 꽤 정확히 규정되어 있다. 대략 학생 한 명당 1.5제곱미터다. 정부는 공부를 하는 데 더 넓은 공간은 필요 없다고 말한다. 또 하나 우리가 귀에 못이 박히도록 듣는 것이, 교실은 학생들이 공부하는 데 방해될 요소가 없어야 하고 교사가 하는 수업에 집중할 수 있도록 꼭 필요한 요소만을 갖춘 공간이어야 한다는 말이다. 학교 공간을 텅 비게 하는 것은 본질적인 것에 집중하도록 하기 위해서란다.

그러나 우리가 경험한 바로는 정반대다. '정신' 노동에 종사하는 성인 가운데에는 집중해서 작업할 수 있도록 자기 집 서재를 되도록 이면 간소하게 꾸미는 이도 있다. 물론 어디까지나 자기의 미적 취향을 충분히 고려해서 말이다. 그러나 대부분은 좋은 생각이 떠오르고 집중할 수 있도록 이것저것 따지고 아주 세밀한 부분에까지 신경을

써 자기가 생각하기에 최상의 상태로 공간을 구성한다. 창의적인 작업을 하는 이들의 경우 특히 그러하다. 공공기관의 아무런 장식도 없는 긴 복도가 방문자에게 어떠한 영향을 끼치는지 생각해본다면, 차갑고 비인격적인 교실과 복도가 무엇을 뜻하는지 짐작할 수 있을 것이다. 이는 어떤 기관이나 군부대 막사가 함축하고 있는 정신이 반영된 공간구성과 같다. "지금 너는 여기에 한 사람으로서, 한 개인으로서 존재하는 게 아니야. 우리가 너를 환영한다고 착각하지 마. 그리고 우리가 네 뜻에 조금이라도 맞춰줄 것이란 기대는 하지도 마. 너는 너에게 좋은 게 뭔지 몰라. 우리가 너에게 좋은 게 뭔지 말해줄게. 그러니까 넌 이곳에서 자신을 우리에게 맞추고 복종하는 법을 배우면 되는 거야. 먼저 우리가 말해주는 대로 앉는 법을 배우고, 우리가 정해주는 방향을 보고, 우리가 보라고 하는 것을 보는 게 기본이지." 상당수 학교 건물과 교실이 함의하는 바가 바로 이 같은 복종과 적응이다. 이 같은 구조가 수업방식에도 다분히 영향을 끼치리라는 것을 짐작하는 건 그리 어려운 일이 아니다.

각 학년이 쓰는 공간

1986년 우리 학교가 김나지움에서 통합형 종합학교로 탈바꿈하면서, 이 새로운 형태의 학교에 부합하는 학교공간을 조성하기 위해 우리가 가장 먼저 한 일은 벽을 허무는 일이었다. 그때까지는 층마다 길다랗고 비인격적인 복도가 쭉 늘어서 있었고 복도 양옆으로 교실들이 있었다. 수업은 닫힌 문 너머에서 진행되었다. 벽을 허물면서 2층(우리 식으로 말해 3층)에는 새로 들어올 5학년을 위한 '터'가 마련되었다. 방 두 개를 이루고 있던 벽을 허물자 하나의 널찍한 공간이 되었고, 이후 이곳에 복도이자 만남과 학습의 공간으로 쓰이는, '학생생활나눔터'라는 공간이 생겨났다. 공사를 마치고 나니 갑자기 층 전체에 햇볕이 들면서 훨씬 밝고 편안한 분위기가 나게 되었다. 이후 6년간 매년 여름방학 때마다 벽을 허물어 우리 학교에는 모든 층에 이 같은 '터'가 만들어졌다.

한 학년에 하나씩 있는 이 '터'는 학생생활나눔터, 작은 교사실 하나, 자료실 하나 그리고 네 개의 교실로 이루어져 있다. 층마다 100명의 학생들이 함께 공부하고 생활한다. 모든 학급이 저마다 스스로 책임지고 구상하고 꾸며나가는 교실을 가진다. 한 학급이 특수교실 혹은 체육관에서 수업을 하는 시간이면 교실은 비어 있는 채로 있다. 이런 까닭에 우리 학교의 공간 사용이 일반적인 학교 기준에서 봤을 때 지나친 사치라고 비판하는 목소리도 있다. 공간을 좀 더 효율적으로 활용한다면 훨씬 더 많은 학생을 수용할 수 있을 거라는 것이다. 즉 학생들이 수업마다 빈 교실을 찾아다니도록 하는, 이른바 '이동수업'을 하라는 것이다. 공간을 지금처럼 사용하게 되면서 학생 수를 총 900명에서 600명으로 줄여야 했던 게 사실이다. 그러나 이를 사치라고 할 수는 없다. 그보다는 우리 학교가 추구하는 교육목표를 이루기 위한 전제조건이라고 봐야 옳을 것이다.

한 학교가 존속하는 기간 전체를 놓고 볼 때, 공간을 이런 식으로 활용하는 데 드는 조성비와 유지비는 교사 임금과 비교해보면 사실 아무것도 아니다. 설령 그것이 '교육적 가치'와는 동떨어진, 메마른 경영방침에 따라 조성된 것이라 할지라도 말이다. 그러므로 긴 안목으로 본다면, 교사의 노동시간에 대한 값비싼 대가에 걸맞도록 웬만하면 공간을 의미 있게 활용하는 것이야말로 진정 이성적인 공간계획이 아니겠는가?

공간의 구성

입학식을 마치고 반 배정을 받은 5학년들은 깔끔하고 텅 빈 교실에 들어서게 된다. 의도적으로 그렇게 하는 것이다. 책상, 의자, 선반 몇 개와 학습에 필요한 도구들 그리고 칠판이 전부다. 대부분의 아이들은 학교에 들어오기 전 이미 우리 학교를 둘러보다가 다른 반 교실이나 학생생활나눔터 등이 어떻게 생겼는지 봐서 알고 있는데, 이 텅 빈 교실을 보고는 실망한다. "기차역처럼 차가워요."라고 말하는 아이도 있었다. 그러나 아이들은 이내 이 교실을 살 만한 공간으로 꾸미는 것이 자기들에게 주어진 과제라는 것을 알게 된다. 교실 풍경은 화초와 어항, 테라리엄, 집에서 가져오거나 서점에서 사온 책으로 꾸민 책 읽는 모퉁이, 그림과 사진들로 시간이 지남에 따라 점점 달라진다. 학생들이 이 교실을 학교 안의 자기 공간이라고 인식하기까지는 그리 오랜 시간이 걸리지 않는다. 내가 속한 곳이 여기구나, 그리고 내가 이 공간에 대해 책임을 져야 하는구나, 하는 인식 말이다. 계속해서 교실을 옮겨 다녀야 하는 상황이나 여러 학급이 공동으로 사용하는 공간에서 학생들이 '집 같은 편안함'을 느끼기는 어렵다.

우리는 학생들이 학교라는 곳에 대해, "나는 여기에 '있어야 하기' 때문에 있는 것이 아니라, '있고 싶어서' 있는다."라고 느끼기를 바란다. 학교에 대한 인식은 학교공간에 대한 인식과 함께한다. 헬레네 랑에 학교에서 수업은 8시 10분에 시작한다. 일찍 오는 학생들은 7시 반이면 벌써 학생생활나눔터에 나와 있고 늦어도 8시에는 학생들이 대부분 와 있다. '열린 아침'은 수다를 떨고 약속을 하고 숙제를 비교하거나 수정하고 다양한 일들을 해결하는 시간이다. 이 시간에는 교사 한 명이 늘 대기하고 있어서 찾아가 대화를 나눌 수도 있다. 수업 시작 전에 해결되어야 할 사항들이 이 시간에 느긋하게 처리된다. 누구나 편안한 마음으로 학교에 도착하는 대로 이곳에 들른다. 거의 모든 학생들이 수업 시작 전에 이 시간과 공간을 이용하는데, 여기에는 편안하게 조성된 공간구성도 한몫한다. 많은 학생들이 종종 학교에서 하룻밤 놀고 자고 가도 되냐고 묻는 것도 아이들이 학교라는 곳을 편안하게 느끼기 때문이라고 생각한다. 이는 아이들이 스스로 학교공간 이곳저곳에 자기 흔적을 남길 수 있기 때문이기도 하다. 이런 흔적들은 한편으로는 한 학급과 학생 개개인이 작업을 하고 있거나 했던 흔적이고, 다른 한편으로는 아이들이 학교에 자기의 존재감을 확인할 수 있도록 만들어놓은 흔적들이다. 그 예를 한번 보자.

- 7학년 어떤 반이 '물'을 주제로 6주간 진행한 프로젝트의 결과 발표를 준비하고 있다. 수업시간에 다룬 글과 북해여행 때 촬영한 사진을 중심으로 전시를 준비하는 한편, 다른 한쪽에서는 짤

막한 발표문을 연습하는 학생들이 눈에 띈다. 그러나 학생들은 이것만으로는 부족하다고 느낀다. 아이들은 학생생활나눔터를 백사장으로 꾸미고 싶어했다. 모래, 조개껍데기, 돌멩이 그리고 바닷새 몇 마리와 해변의자 두 개로 말이다. 실행하기 쉽지만은 않은 일이었지만 3일간 열심히 일한 끝에 아이들이 원하던 해변이 만들어졌다. 한편 다른 학년에서는 석기시대 건축법으로 커다란 동굴을 만들고 있다. 또 다른 학년은 자기들 학생생활나눔터를 고대 로마의 기둥이 있는 시장광장으로 꾸미고 예술과 자유토론을 위한 작은 무대를 설치한다. 아이들이 자기가 작업한 프로젝트를 다른 이들에게 선보이고, 남들이 해놓은 작업을 볼 줄 안다면, 스스로에게 자부심을 갖는 동시에 다른 친구들에게 찬사를 보낼 것이다. 그뿐만 아니라 아이들이 이 과정을 통해 스스로 미적 감각을 키워나간다는 긍정적인 효과를 볼 수 있다. 어떻게 하면 내 작업의 결과를 다른 이들에게도 설득력 있고 '보기에도 좋게' 꾸밀 수 있을까?

● 모든 학급이 한 학년을 시작하며 자기 반을 대표하는 포스터를 제작해 교실문에 붙인다. 멀리서 이 포스터를 보기만 해도 그 교실 문 너머에 어떤 아이들이 '모습을 감추고' 공부하고 작업하는지를 짐작할 수 있다. 이 과정이 항상 순조로운 것만은 아니다. 헬레네 랑에 학교에는 몇 달이 지나도록 이 포스터를 만들지 않는 반도 있다. 예를 들어 담임교사와 미술교사가 서로 일을 미루다가 어느새 포스터 제작이 잊히는 경우에 말이다.

우리 학교가 교육과 삶의 터전이었으면 한다. 이곳에서는 모두가, 여기서는 내가 함께 참여하여 만들어나갈 수 있고 구체적으로 책임을 가지는구나, 이곳은 이 안에서 '살아가는' 다른 사람들과의 상호관계로 이루어지는 공동의 삶의 터전이구나, 하는 느낌을 받았으면 좋겠다. 이러한 상호작용은 2년에 한 번씩 하게 되는 이사를 통해 드러난다. 학년끼리 층을 바꾸는 것이다. 옛 교실은 이제 이 교실에 새로들어오게 될 학년을 위해 깨끗이 정비해 놓아야 한다. 그리고 새로운 교실을 다시 새롭게 꾸며야 한다. 이는 낡은 것에 신선함을 부여하고 교실을 나이대에 맞게 새롭게 단장할 수 있는 좋은 기회다. 나이의 변화는 다른 층으로 이사한다는 형식으로 가시화된다.

움직이는 배움터

일반적으로 학교에서는 다음과 같은 생각이 널리 퍼져 있다. 대부분의 교과수업은 어차피 말하고 쓰기만 하면 되기 때문에 '일상적인' 공간에서 할 수 있으며, 반면에 특수한 장비가 필요한 몇몇 과목은 오로지 '특수교실'에서만 할 수 있다는 생각 말이다. 후자의 경우, 교과장비 업체에서 정기적으로 새로운 장비로 교체할 것을 알려준다. 그러나 우리의 경험에 따르면 실제로 아이들은 결코 이 같은 규칙에 얽매여 학습하지 않는다. 무엇보다 모든 아이들은 동시에 똑같은 리듬과 형태로 학습하는 게 아니라 개인별로 상당한 차이가 있다. 이는 어려움인 동시에 새로운 생각을 하게 하는 돌파구이기도 하다. 또

한 보통 정규수업 때도 실험을 해야 하는 상황이 있을 수 있는데 이럴 때 어떻게 할 것인가 하는 문제도 있다. 특수교실은 그저 필요하다고 해서 임의로 30분 혹은 오전시간 전체를 빌릴 수 있는 것이 아니기 때문이다. 이런 상황에서 그냥 편의를 위해 실험을 포기할 수는 없다. 그 대신 우리는 혹시 지금까지 '특수교실'에서만 가능하다고 여겼던 많은 부분을 일반 교실에서도 할 수 있도록 하는 방법이 없을까 고민했다. 적어도 작은 학습모둠에서라도 말이다. 자연과학 실험실, 수공예를 할 수 있는 작업실, 요리실, 라디오 방송실, 사진실, 미술실 그리고 체육관 등의 특수교실들을 대체하기는 힘들다. 이곳들은 일반 교실에서는 하기 힘든 작업들을 하기 위한 특수한 장비를 갖춘 공간들이다.

헬레네 랑에 학교에는 학년마다 두 개의 '자연과학수레'라는 것이 마련되어 있다. 이는 우리가 개발하고 직접 제작한 수레로, 판자를 고정해 만든 작업대와 물건을 넣을 수 있는 공간으로 이루어져 있으며, 여기에 여러 가지 실험도구들이 가득 차 있다. 수레의 용도는 매우 다양하다. 실험도구와 함께 카드 형식으로 된 실험설명서가 있어서 이것을 가지고 학생들이 직접 실험을 할 수도 있고, 때론 시범용 탁자로 이용되기도 한다. 또 필요한 재료를 담아둘 수도 있으며, 모둠 작업의 결과물을 보여주는 전시대가 될 수도 있다. 5학년과 6학년 때 학생들은 수레 사용법을 익히게 된다. 이때는 무엇보다 실험도구 사용설명서를 정확히 읽고 주의하는 법과, 주변에 피해를 주지 않고 조용히 작업하는 법, 실험도구와 화학약품의 사용법, 작업을 마친 뒤 도구를 깨끗이 닦고 작업하던 자리를 치우는 것까지 배운다. 각 반에서 두 명씩 이 수레가 언제든 사용할 수 있는 상태로 유지되도록 책임을 지고 관리한다.

우리가 직접 개발한 또 하나의 학습용 가구는 '비스바덴 선반'이다. 이는 각 교실이나 학생생활나눔터에서 간단한 실험이나 수공작업을 할 수 있도록 하기 위해 고안한 것이다. 이 선반에는 인쇄, 제본, 목공 작업 등 한번에 최대 열한 가지 작업을 할 수 있는 공간과 필요한 장비들이 비치되어 있다. 우리는 '비스바덴 선반'을 활용하는 규칙을 정하고, 10세에서 13세 청소년들의 작업능력을 고려한 장비를 마련해놓았다. 그래서 누구나 사용법을 익히고 나면 다른 사람의 도움을 받지 않고도 스스로 알아서 이용할 수 있도록 하였다.

교실 문은 활짝 열려 있고, 학생생활나눔터에는 여학생 두 명이 앉아서 이야기를 하고 있으며, 한쪽에서는 남자아이 몇 명이 물을 가지고 이런저런 실험을 하고 있다. 한 학생은 교실에서 나오더니 '제자리 손 짚고 뒤돌기'를 한다. 어디에도 선생님은 보이지 않는다. 헬레네랑에 학교를 방문하는 사람들은 이 같은 수업풍경에 놀라움을 감추지 못한다. 학생들이 교실에 앉아 있는 대신 바가지에 모래를 한 가득 담아 실어나르거나, 자기 반 친구들이 교실에서 수업을 받고 있는 동안 한 무리의 학생들이 교사의 지도나 통제를 받지 않고 무대에서 연극연습을 하는 모습을 보면서 매우 의아해한다. 방문객들의 쏟아지는 질문에 대한 답도 대부분은 학생들이 직접 한다. 한번은 브레멘에서 온 교육의원이 도대체 교사는 학생들을 지도하지 않고 어디에 가 있냐고 묻자 한 여학생이 대답하기를, 선생님은 지금 꼭 있어야 하는 곳에 있다고 했다. 뿐만 아니라 지금 자기가 무엇을 해야 할지는 각자가 알고 있다고 했다. 교실에 붙어 있는 계획표를 보면 이를 확인할 수 있다는 것이었다. 외부인이 이 같은 '열린 학습' 혹은 '주간학습계획표' 뒤에 숨어 있는 활동방식을 첫눈에 이해하기란 쉽지 않을 수도 있다. 얼핏 보기에 그저 수다를 떠는 것처럼 보이는, 학생생활나눔터에 앉아 있던 두 여학생은 리사와 프란치스카로, 사실 이들은 영어에서 to do의 부정형이 어떻게 구성되는지를 서로 알려주고 있는 중이다. 그 옆의 남자아이들은 생물선생님에게서 이번 주 안에 '물'을 주제로 한 프로젝트의 일환으로 두 개의 실험을 할 것을 과제로 받았다. 주의력결핍 과잉행동장애(ADHD)인 요나스는 몸을 한번 풀고 오라는 지시를 받았다. 이렇게 '제자리 손 짚고 뒤돌기'를 하고 나면 다시 차분히 집중하는 데 도움이 된다.

우리 학교에서는 무엇보다 아이들과 청소년들이 스스로 다양한 주제에 대해 깊이 파고드는 법을 배운다. 문득문득 질문이 떠오를 때 그냥 언젠가 수업시간에 다루겠지 하며 기다리는 것이 아니라, 그 순간 직접 나서서 나름의 답을 찾는 경험을 하도록 하는 것을 중시한다. 특수교실, 특수장비와 표준화된 학습자료에 얽매이지 않는 이러한 학습방식은, 학생들이 필요한 자료를 그때그때 자유롭게 찾아다 쓸 수 있는 우리 나름의 공간계획과 질서가 있기에 가능한 것이다.

준비된 학습환경

교실은 모든 것이 한눈에 들어오고 분명한 구조를 이루고 있으며 학습을 촉진하는 환경을 갖추고 있다. 각 반마다 매주 새롭게 짜도록 되어 있는 시간표가 붙어 있고, 그 옆에는 업무분담표가 있으며, 선반에는 각 학생의 개인물품과 학습자료를 보관해 놓는 상자들이 올려져 있다. 선반 한쪽에는 현재 진행 중인 프로젝트에 필요한 학습자료와 학급연대기, 다양한 책과 타악기들이 놓여 있다. 저학년 교실에는 책상이 하나 더 있는데, 이는 보통 프로젝트 활동을 위해 읽어야 할 책을 비치하는 데 사용된다. 동시에 이 책상은 계절마다 그 계절 분위기에 맞게 장식하기 때문에 계절책상이라고 불리기도 한다. 마리아 몬테소리(Maria Montessori)가 말했듯, 교실은 하나의 '준비된 학습환경'을 조성하고 있어야 한다.

학생생활나눔터는 학습공간으로서 각 교실의 연장이라고 봐야 한다. 그렇기 때문에 수업시간에 교실 문은 보통 활짝 열려 있다. 이렇게 열린 교실 문은 수업의 공공성을 상징하기도 한다. 헬레네 랑에 학교에서는 학교의 일원이든 방문객이든 누구나 언제든지 수업이 '어떻게 진행되고 있는지' 들여다볼 수 있다. 동시에 학생 개개인과 각 학급은 자기만의 시간을 가질 공간도 필요하다. 예를 들어 학급회의 때 갈등상황을 조정하는 대화를 할 경우에는 교실 문이 닫혀 있다. 이는 "지금은 우리끼리 있고 싶어요. 방문객은 돌아가 주세요."라는 뜻이기도 하다.

심지어 교실에 책상이 어떤 형태로 놓여 있는가 하는 것도 학습을 저해하거나 혹은 촉진하는 요소로 작용할 수 있다. 책상을 줄 맞추어 길게 정렬해 놓고 모두가 칠판을 향해 앉아 있다 보면 아이들끼리 토론을 하기보다는 선생님의 질문에 대답만 하고 말 것이다. 이런 구조라면 바로 옆에 앉은 짝하고만 겨우 의견을 나눌 수 있을 것이다. 이러한 까닭에 헬레네 랑에 학교에서는 교실 가운데를 중심으로 작은 모둠들이 둘러앉도록 책상을 배치한다. 이때 교실 한가운데는 빈 공간으로 남긴다. 큰 교실의 경우 한쪽 구석에 책을 읽을 수 있는 공간이나 작업공간을 따로 마련해두었다. 앉는 형태는 모둠을 이루어 작업을 하느냐, 혼자 조용히 작업하느냐, 다 함께 토론을 하느냐 아니면 누군가 발표하는 것을 듣느냐 등 다양한 상황에 맞춰 유연하게 바꿀 수 있다.

학생생활나눔터 역시 '형태'를 변화시킬 수 있다. 이 공간은 학습을 위한 공간 이상의 의미를 지니기 때문이다. 이곳은 그 학년 전체의 중심과도 같으며, 학생들이 이야기를 하고 잔치를 벌이고 그저 서로를 바라보기 위해 모일 수 있는 곳이다. 한 예로, 이미 말한 바 있는 '나눔터 예술잔치'는 한 달에 한 번 그 학년의 모든 학급이 한자리에 모여 다양한 장기를 즐기는 자리다. 학생생활나눔터, 교실 그리고 교사실은 학교 안의 '작은 학교'로서 서로가 서로를 만나고 이름을 소개하고 믿음을 쌓아가는 공간들이다. 학교가 이러한 것을 기대하는 것이 과연 사치일까?

13 기업으로서의 학교

부수입 직접 창출하기

　수업이 끝났다. 자기 물건을 다 챙긴 미아는 버스 정류장으로 가기 전에 청소기를 집어든다. 쓰레기도 버려야지. 하지만 그건 토비도 할 수 있는 일이야, 라고 생각한다. 마리는 이미 칠판을 다 닦았다. 마지막 종이 울린 지 20여 분 만에 교실은 깨끗이 정돈되었다. 담임선생님이 청소상태를 확인하고 가도 좋다고 허락한다.

　헬레네 랑에 학교에서 학생들이 직접 청소하는 문제에 대해 지난 10여 년간 언론매체에는 무수한 이야기가 오르내렸다. 방송국에서도 이미 여러 차례 학생들이 수업이 끝난 뒤 자기 교실과 복도, 학생생활나눔터를 청소하는 모습을 영상으로 담아갔다. 기자들은 이렇게 함으로써 우리 학교가 얼마나 많은 비용을 줄이는지 보도했다. 사실 우리 입장에서는 학생들이 직접 청소를 하는 것에 대한 열렬한 반응이야말로 예상치 못한 일이었다. 이 일이 왜 그렇게 큰 사회적 관심과 반향을 불러일으킨단 말인가? 아마 학교물품을 아무렇게나 관리하고 대하는 학생들의 태도가 끊임없이 문제가 되면서 이를 바꿀 수 있는 방안으로 떠올랐기 때문인지도 모른다. 그러나 또 한편으로는 학교가 독자적으로 부수적인 재정수입을 창출한다는 점 때문이었으리라. 지난 10여 년간 이는 하나의 호기심거리 같은 일로 다루어졌다. 그 뒤로 우리는 점차 돈 버는 일에 좀 더 적극적인 태도를 갖게 되었다. 이런 관점에서 본다면 청소업무의 역사는 실로 하나의 모범 사례인 듯도 싶다.

도시행정 차원의 업무를 직접 하기

처음부터 자세한 사항까지 고려하여 시행하기만 하면 되는 무슨 계획이 있어서 시작한 일은 아니었다. 몇몇 교사들의 비판적인 시각이 있었을 따름이다. 이들은 오전에 자기들이 더럽힌 학교공간을 오후에 세금으로 고용한 청소인력이 와서 정돈해 놓고 가는 것을 아이들이 그저 당연시하는 데에는 문제가 있는 게 아닐까 스스로 되물었다. 이를 계기로 한 학년의 교사팀이 앞으로 학교일과 뒤 아이들과 남아 직접 정리하고 청소를 하겠다고 밝혔다. 절반이 넘는 학부모가 이 제안에 환영하며 각 학급에 청소기와 세제 등을 지원해주었다. 당시 이를 통해 돈을 벌겠다는 생각을 한 사람은 아무도 없었다. 이듬해에는 신입생인 5학년을 맡은 교사팀이 이 관습을 이어받았다. 몇 해가 지나자 이 청소업무는 모든 학년에서 당연하게 여겨졌다. 매주 교사들이 돌아가면서 모든 것이 제대로 정돈되었는지 확인한다. 각 학급마다 모둠을 나누어 돌아가며 청소를 한다. 학생과 교사 모두에게 이렇게 스스로 청소하는 일이 특별히 큰일은 아니지만 어쨌든 굳이 하지 않아도 되는 일을 추가로 하는 것이었음에도 이는 하나의 일상으로 자리매김하게 되었다.

그러나 곧 청소를 둘러싸고 갈등이 빚어졌다. 학교 내에서는 아무런 문제가 없었지만 비스바덴 시 행정 당국과의 사이에서 문제가 생겨났다. 시 행정당국과 학교건물 청소 건을 계약한 청소업체에서 계약범위를 고수하기 위해 나선 것이다. 우리는 청소업체에 앞으로 특수교실과 복도, 행정실과 서무실 그리고 화장실 청소만 해주었으면 좋겠다고 제안했었다. 업체로서는 이런 식으로 계약범위가 줄어드는 것은 있을 수 없는 일이라며 맞섰다. 그렇게 되면 일자리를 줄이는 수밖에 없다고 하였다. 청소업체는 이 사건을 시 행정 담당부서에 회부했고, 담당부서에서는 우리에게 청소업체의 요구에 따르라는 명령을 내렸다. 우리는 이에 불복했다. 점심 때 우리 학생들이 청소한 공간을 오후에 청소인력이 또 한 번 하도록 하란 말인가!

우리는 이 말도 안 되는 상황을 마무리 짓고 싶었다. 이미 가능한 대안을 따져보고 있던 중이었다. 우리는 시 의회에 우리가 자체적으로 청소를 해서 절약하는 돈을 특별한 프로젝트에 투자하고 싶다는 제안서를 제출했다. 이 제안은 세 번이나 기각당했다. 재정부의 담당자는 선례를 남기고 싶지 않아 했다. 이러한 상황에서도 우리는 계속 청소 일을 멈추지 않았다. 그러던 어느 날 시의 총무부장이 우리 학교를 방문하여 청소뿐만 아니라 학교의 교육이념 전반에 대한 설명을 듣고는 우리와 뜻을 같이한다는 입장을 밝혔다. 그리고 그가 재정부 담당자를, 또 재정부 담당자가 시 의회를 설득하는 놀라운 일이 벌어졌다. 그 뒤로 학교공간을 새롭게 측량하여 우리가 청소하는 범위를 제곱미터 단위로 계산해 일반 청소업체 임금기준에 따라 청소비를 우리가 받게 되었다. 이는 연간 27,000유로에 이르는 금액이다.

이 돈으로 우리는 특별 프로젝트를 진행하는 데 필요한 연극연출가, 연기자, 가수, 무용수, 탈과 무대의상 디자이너, 요리사와 수공기술자 등 수많은 강사를 초빙할 수 있었다. 이 외부 전문가들은 교사가 아니면서도 학생들과 함께 작업을 하며 자기가 지닌 지식과 능력을 전수해주기 위해 일정 기간 학교에 머무르곤 한다. 청소를 해서 얻은 추가자금이 없었다면 결코 이 비용을 충당하지 못했을 것이다. 이런 내역은 시 행정당국의 예산책정 때 감안되지 않았던 부분이다.

헬레네 랑에 학교만큼 넉넉한 재정을 가지고 그 정도의 '특혜'를 받기만 한다면야 '좋은' 학교를 만드는 것쯤 누구나 할 수 있지 않겠냐는 비아냥거림을 심심치 않게 듣는다. 실제로 어떤 변화를 일으키려면 돈이 필요한 경우가 많다. 그렇다고 해서 그 반대의 경우가 정당화되는 것은 아니다. 즉 사전에 거액의 자금지원이 확정되지 않는 한 그 어떠한 변화도 감행할 수 없다고 하는 것은 변명에 지나지 않는다. 우리는 그 동안 새로운 시도를 하기 위해 추가로 필요한 재정을 스스로 마련해야 함과 동시에, 경우에 따라서는 이를 확보하기 위한 투쟁도 감수해야 했다. 다른 이들이 '특혜'라고 부르는 것도 마찬가지다. 이 역시 우리가 오랜 시간에 걸쳐 노력한 끝에 스스로 쟁취해낸 것이다. 우리 교사들과 학생들이 끊임없이 새로운 것을 개발하고 시도한

지 십여 년이 지나서야 우리 학교는 헤센 주의 공식 시범학교로 등록될 수 있었다. 그 결과 실제로 교사 자리가 확충되는 특혜를 받기는 했지만, 이는 우리의 활동을 평가, 기록하고 이 자료를 다른 학교와 관심 있는 사람들에게 공개하기 위한 업무를 담당할 사람이 추가로 필요했기 때문이다. 그리고 이는 시범학교라는 명목에 부합하는 일이라 생각한다.

경제활동의 여섯 가지 예

학교가 시종일관 정부나 지방자치단체가 필요한 것을 해주지 않는다고 불평만 하기보다는 적극적으로 경영을 하려는 자세를 취하는 것도 필요하다. 물론 학교마다 처한 상황과 환경이 다를 것이다. 그러나 교사와 학생이 기대치를 뛰어넘는 노력으로 거둔 작업의 결과물을 바탕으로 학교가 이를 잘 상품화하기만 한다면, 기본 자금에 더해 부수적 수익을 창출할 가능성은 어디서나 찾을 수 있으리라 생각한다.

지난 15년간 우리가 쌓은 경험을 예로 들어보겠다. 우리 학교 수학 선생님 한 분이 수업시간에 사용할 목적으로 멕스박스(MexBox)라는 것을 개발했다. 이는 일종의 수학실험 도구상자로, 도형과 숫자를 가지고 놀이하듯 다루면서 다양한 문제를 혼자서도 풀 수 있도록 하는 도움상자다. 학생들이 노작활동시간에 이 멕스박스를 직접 제작했고, 이는 다른 학교 수업자재로 판매될 예정이다. 판매수익은 우리 학교로 돌아오게 된다.

또 다른 선생님 한 분은 자전거 공방을 만들어 학생들에게 자전거 수리법을 가르쳐주었다. 현재 이 공방은 돈을 내고 수리를 맡기는 학부모, 교사, 학생들에서 이웃에 이르는 폭넓은 단골 고객층을 확보하고 있다.

한 무리의 학생들이 한 여선생님에게 외식업과 관련된 일을 배우고 있다. 이 선생님은 몇 해 동안 학교에 자리가 나지 않자 호텔 매니저 교육을 받고 외식업에 종사한 경험이 있다. 잔칫상은 어떻게 차릴 것인가? 접대는 어떻게 하나? 음식의 조리와 질에 대해 유념해야 할 사항은 무엇인가? 우리에게 '방문객을 맞이하는 학교'란 그 자체로만 끝나는 것은 아니다. 방문객을 맞게 되는 축제라든지 기타 행사에서 학교는 방문객들에게 음식을 대접한다. 음료수, 커피, 케이크뿐 아니라 정식으로 저녁식사를 하는 방문객들이 적잖이 있다. 우리는 이런 종류의 서비스를 제공하면서 돈을 받는 것이 과연 합당한 일인지를 놓고 진지하게 토론을 벌인 적이 있다. 방문객 대부분은 멀리서 오는 분들로, 이미 교통비와 호텔 숙박비 등 돈을 쓰면서 우리 학교를 방문하는 것이다. 한편 학생들이 이들을 위해 추가로 제공하는 노동력과 시간을 계산해 따져보면, 사실 방문객들에게 돈을 내도록 하는 게 정당하다. 많은 방문객이 처음에는 당혹스러워한다. 학교에서는 모든 게 공짜인 데 익숙해져 있기 때문이다. 그러나 우리 측에서 그 비용이 어떻게 해서 나온 것인지를 잘 설명하면 그들도 이에 동의의 뜻을 나타낸다. 더욱이 우리 경험에 따르면 방문객들이 음식에 대한 값을 지불하면 그에 걸맞은 '대가'를 기대하게 되고, 따라서 자연히 우리 학생들도 음식의 맛과 질을 높이기 위해 특별히 더 신경을 쓰게 되는 효과가 있다.

많은 학교들의 경우 자기가 한 일의 경제 가치를 평가하고, 어떤 프로젝트를 통해 훗날 수익을 창출하고자 틈새시장을 발굴하고 이에 자금을 투자하는 등의 일을 매우 낯설어하는 것 같다. 얼마 전까지만 해도 학교에서 경제성에 대해 논하는 것 자체가 흔치 않은 일이었다. 학교가 독자적으로 재정을 관리하는 것은 상상조차 할 수 없는 일이었다. 학교에 필요한 모든 자재비용은 이사회가 총괄했다. 심지어 서무실에서 쓸 볼펜 다섯 개조차 이사회에서 지불했다. 교사 임금은 학교에서 신경 쓸 필요조차 없는 일이었다. 교사는 어차피 연방정부에서 일괄 배치하기 때문이다. 1990년대에 이르러서야 각 주 정부와 몇몇 학교 이사회 차원에서 이 부분에 커다란 변화의 움직임이 일었다.

언젠가 우리 학교에서 여러 학급과 함께 작업한 적이 있는 한 배우가 자신이 구상한 새로운 샹송 프로그램을 시사할 관객을 모집해야 할 일이 있었다. 그 과정에서 우리 학교 연극실을 외부 공연을 위해 대여하자는 아이디어가 나왔다. 우리 학생과 학부모 입장에서도 우리 학교와 함께 일하고 있는 예술가들의 작품을 학교의 무대에서 볼 수 있는 좋은 기회였다. 더불어 학교 문을 지역사회에 개방한다는 의미도 있었다. 어떤 추가수입을 기대하고 시작한 일은 아니었다. 입장권 판매와 무대장식을 맡아 할 이들이 있었고, 공간정비는 어차피 학교의 몫이었다. 당시 공연수익은 모두 예술가들에게 돌아갔다. 우리는 이러한 일을 계획하고 시행하려면 우선 우리부터 공연기획자로서 경제적 이득에 관심을 가지고 있어야 함을 배웠다. 요즘에는 평균 해마다 네 차례 정도 외부 공연이 있고 입장권은 늘 몇 달 전부터 매진이다. 입장권 판매수익의 삼분의 일은 학교에게 돌아온다. 이 돈은 우리 학교에서 자체적으로 하는 연극에 필요한 비용, 예를 들어 연극실 정비와 수리, 조명교체 혹은 커튼 관리 비용 등으로 쓰인다.

최근 들어 우리 학교에서 제작되는 연극작품 대부분은 외부초청 연출가에게 지불하는 강사료를 제외한 모든 비용을 스스로 충당한다. 학급 단위의 프로젝트로 진행되는 연극공연 하나를 제작하는 데 드는 총 비용을 다른 학교 선생님들에게 말해주면 놀라서 까무러친다. 무대의상, 무대그림 등을 포함한 기타 물품 구입비용은 약 900에서 1,500유로에 이른다. 이렇게 지출된 금액을 다시 채워넣을 책임은 각 학급에게 있다. 대부분의 작품은 적어도 여섯 회, 많으면 그 이상 무대 위에 올려진다. 학생들은 물론이거니와 학부모, 교사, 친지, 이웃 그리고 형제자매에 이르기까지 공연이 매진되도록 함께 돕는다. 입장권 가격은 학생 1.5유로, 성인 3유로이며, 입장권 판매수익금은 바로 다음 공연 제작비로 들어가게 된다. 이런 식으로 하여 첫 공연을 위한 투자 이후로 점차 하나의 작은 경제 순환체계가 만들어졌다. 그 결과 학교는 초청 연출가들이 내놓는 예술적으로 수준 높고 매력 넘치는 제안들을 자금부족이라는 명목으로 거절하는 대신 기쁘게 받아들일 수 있을 정도의 경제력을 확보하게 되었다. 심지어 한번은 어떤 반이 연습하고 있던 〈파리대왕〉을 진짜 모래사장 위에서 공연해야 한다기에 강당의 삼분의 일을 20센티미터 높이의 모래로 덮은 적도 있다. 트럭을 빌려 몇 톤이나 되는 모래를 실어나른 것이다. 연극반의 작품 가운데는 무려 15회나 장기공연을 하는 것도 있다. 이런 경우는 지출보다 수익을 훨씬 많이 올리게 되며, 이 비용은 기본자본금으로 저축한다.

사업을 하는 것이 학교가 할 일은 아니지 않느냐는 비판도 물론 있을 수 있다. 그러나 만일 이렇게 해서 생긴 수익금이 사적인 용도가 아니라 학생들의 교육을 위해 쓰인다면 그러지 말아야 할 까닭은 또 어디 있단 말인가?

한 가지 예를 들어보겠다. 일상에서 컴퓨터가 차지하는 비중이 점점 커짐에 따라 우리 학교 역시 학생들이 컴퓨터를 효과적으로 사용하는 데 꼭 필요한 기능을 익히도록 해야 한다는 과제 앞에 섰다. 이 같은 능력은 '스스로' 습득할 수 있는 게 아니기 때문이다. 홈페이지를 만들고, 표에 있는 정보를 분석하고, 그림 혹은 사진 작업을 할 수 있다는 사실만 일러주는 것이 아니라 아이들이 손수 그러한 능력을 익히도록 하려면, 그저 인터넷이 연결된 컴퓨터 앞에 앉혀 놓는 것만으로는 안 된다. 컴퓨터와 별로 친하지 않은 아이에게도 적용할 수 있는 훌륭한 컴퓨터 수업이란 어떤 것일까? 어떤 교육자료들이 있을까? 이러한 고민을 안고 찾던 끝에 우리는 훌륭한 수업자료와 교육 프로그램을 만드는 미국의 한 회사에서 제작한 '퓨처 키즈(Future Kids)'라는 소프트웨어를 발견하게 되었다. 문제는 우리 예산으로는 도저히 프로그램 초기 구입비와 교사 교육비를 충당할 수 없다는 데 있었다. 그마저도 소프트웨어라는 것은 업데이트를 하지 않으면 금방 쓸모없어지게 마련이다. 이에 학교 후원위원회에서는 좀 더 근본적으로 대응하기로 결정했다. 즉 소비자가 아닌 '퓨쳐 키즈'의 라이선스 소유권자가 되기로 한 것이다. 이를 위해서는 연간 사용료를 지불해야 하기 때문에 사실상 지불해야 하는 비용은 더 올라가는 셈이다. 그러나 그렇게 했을 때 두 가지 장점이 있었다. 우선 해마다 업데이트된 버전을 제공받게 된다는 이득이 있었다. 둘째, 우리가 라이선스를 획득함으로써 제작사는 반경 50km 내 다른 학교들에 '퓨처 키즈'를 판매할 수 없으며, 프로그램에 대한 독자 교육권을 우리 학교가 갖게 된다는 것이었다. 우리의 사업 모델에 따르면 학생 대부분은 교사가 아닌 학생에게 교육을 받게 될 것이다. 이를 위해 고학년 가운데 특별히 이 분야에 관심이 있는 학생들이 우선 프로그램에 대한 입문교육을 받게 될 것이다. 그리고 이렇게 해서 양성된 '전문가'들이 각기 일주일에 한 번씩 소그룹으로 구성된 저학년 학생들에게 교육을 시키게 될 것이다. 이렇게 함으로써 교사를 따로 두지 않고도 모든 학생들이 이 결코 쉽지 않은 컴퓨터 기술을 배울 수 있는 기회를 얻게 된다. 다른 한편, 우리는 다른 학교 교사들을 대상으로 프로그램 사용법에 대한 교육을 시행할 수도 있다. 우리의 계산에 따르면 장기적으로 봤을 때 수강료로 거둬들인 수입이 라이선스 획득을 위한 초기비용을 넘어설 것이라는 전망이다. 앞으로 지불해야 할 연간 사용료는 우리 학교에 새로 들어올 5학년 학생들에게 주 1회 오후 시간에 컴퓨터 수업을 의무화함으로써 충당할 예정이다. 계획하기로는 학생 한 명당 일 년에 20유로로 정했고, 그마저도 가정형편에 따라 면제해줄 수 있다. 사설 컴퓨터 학원과 비교했을 때 이는 사실 매우 적은 금액이다.

교사, 학생과 학부모의 재정적 자립

"이 책은 적어도 6유로는 받아야 돼!" 토마스가 타협의 여지없이 자기가 책정한 책의 가격을 주장하는 동안 같은 반 친구들 중 누군가는 가격이 너무 높다고 반박한다. "그 가격이라면 아무도 사지 않을걸." 다른 한편으로 이들 역시 토마스의 생각에 동의하는 부분이 있다. 토마스가 책정한 가격은 시간 수당을 50센트로 계산하고 거기에 재료비를 더한 것이다. 결국 책을 5유로에 팔기로 합의했다. 아이들은 자기들이 창작한 단편을 모아 직접 인쇄하고 손으로 엮은 이 책을 마인츠 소책자 박람회에 출품할 예정이다.

몇 시간을 서서 기다렸지만 남는 것은 실망뿐이었다. 아이들의 책을 사가는 이는 아무도 없었다. 토마스는 그 까닭을 짐작했다. "우리 책이 너무 비싼가 봐. 다른 책들은 싸고." 그는 단호하게 가격표를 돌려 뒷면에 할인된 가격을 적는다. 이날 준비해 간 책은 모두 팔려나갔다.

많은 아이들과 청소년들은 물건을 팔고 가격을 흥정하는 일을 재미있어 하지만 이를 어려워하는 아이들도 있다. 이런 아이들일수록 더욱더 경제적으로 생각하는 법을 배워야 한다. 학교에서 판매할 목적으로 무언가 생산하는 과정을 경험한 학생들은 별다른 설명을 하지 않아도 질 좋은 제품이 높은 가격에 팔릴 수 있다는 사실을 깨닫는다. 아이들은 정성 들여 물건을 만들고, 여기에 적당한 가격을 책정하고, 상품 배달원이나 잠재 구매자와 흥정을 하는 일련의 과정을 통해 상업행위와 관련된 여러 가지 원칙들을 점차 이해해나간다. 토마스의 경우 박람회 첫날 이후로 아예 여러 개의 다른 가격표를 가지고 가서 시장상황에 따라 가격을 유연하게 상향 또는 하향 조정할 수 있도록 했다. 목표는 판매수익으로 적어도 인쇄에 들어간 잉크와 종잇값을 조달하는 것이었는데, 결과는 기대 이상이어서 이 반은 책을 총 4쇄까지 발행하는 대성공을 거두었다.

우리 학교 학생과 교사들이 돈을 대하는 태도는 지출한 만큼 거두어들이자는 기본원칙을 바탕으로 한다. 그러나 더욱 중요한 것은 모든 학급, 모든 교사팀, 심지어 학부모 대표단까지도 각각 재정을 독립적으로 책임지고 운영한다는 점이다. 여기서 말하는 돈의 액수는 그리 많지 않다. 그러나 우리의 경험에 따르면 각각의 집단이 독립적으로 재정을 운영하도록 하면 학교의 제반 사안에 더욱더 적극적으로 참여하는 경향을 띤다. 새로운 생각과 계획이 있는데 이를 실행에 옮기기 위해서 자금이 필요하다고 할 때, 만일 자기 몫을 가지고 있으면 어떻게든 이를 자립적으로 실현시킬 방도를 찾아낸다. 또한 가지고 있는 자금을 어떠한 용도로 쓸 것인지, 지출이 수입한도 내에서 이루어지는지 등을 검토하여 지속해서 투자가 가능하도록 살피는 고도의 책임을 지게 된다.

우리는 학부모와 학교를 사랑하는 사람들로 구성된 후원단체에게서 연간 약 12,000유로 정도의 추가 지원금을 받는다. 이 자금은 강사료와 자재구입 혹은 특별한 프로젝트에 드는 비용을 충당하는 데 쓰인다. 이외에도 우리는 해마다 학부모들에게 자기 아이가 속한 학년의 공동금고에 50유로씩 지원해줄 것을 당부한다. 처음에는 이를 당혹스러워하는 분들도 있지만, 이후 그 돈이 어디에 쓰이는지를 알게 되면 거의 모든 학부모가 기꺼이 돈을 기부한다. 이 기금의 30퍼센트는 바로 학교 학부모위원회로 들어간다. 나머지 70퍼센트는 학년별로 부수적으로 필요한 학습자료를 사거나 학급 통합형 프로젝트를 진행하는 데 쓰인다.

우리 학교에서 돈에 대한 권한은 교장이 모두 가지는 게 아니다. 교장실은 돈과 관련해 일일이 간섭하기보다는 오히려 각 단위에서 책임지고 운영할 것을 장려한다.

믹서가 더는 수리도 할 수 없을 정도로 완전히 고장 나버렸다. 이런 일은 항상 중요한 행사를 앞둔 때에 일어나게 마련이다. 이사회에 재정지원 요청을 하기에도 늦었다. 빨라야 내년에나 지원을 받을 수 있을 뿐 아니라, 그 돈은 우선 교육자재 구입비로 지출될 것이다. 그래도 믹서는 필요했다. 더군다나 믹서는 여기저기서 정말로 많이 쓰이는 것이어서 특별히 품질 좋고 튼튼한 것을 사야 했다. 그러려면 약 750유로 정도가 든다.

이 같은 상황에서 나는 늘 학교장으로서 발벗고 나서야 할 책임감을 느낀다. 물론 교장의 돈을 들여가며 학교를 운영하자는 얘기는 아니다. 그렇지만 어떤 면에서는 학교 역시 하나의 기업이다. 모든 기업은 당연히 장기적으로 지출을 수입으로 보완할 수 있는 계획을 세워야 한다. 하지만 때때로 닥치는 예상치 못한 상황에 처했을 때 돌이킬 수 없는 생산 차질을 빚기 전에 나름대로 유연하게 대처하는 법 또한 알아야 하지 않겠는가? 이러한 상황에서는 다른 용도에 사용하려고 마련해놓은 자금을 끌어다 쓰는 것도 고려해볼 만하다.

또 다른 방법은 기부금을 모으는 것이다. 많은 이들은 다른 사람들에게 호주머니에서 돈을 꺼내도록 하는 일을 부끄럽게 생각한다. 교장은 그 명목이 학교의 안녕을 위한 것이라면 이런 일로 부끄러워해서는 안 된다. 학교 축제, 프로젝트 발표회, 입학식 등 학교 행사가 있을 때면 나는 모자를 하나 가지고 나타난다. 모자에는 잘 보이게 50유로와 20유로짜리 지폐를 붙여 놓았다. 행사가 끝나면 나는 나가는 문을 절반만 열어놓고 그 앞에 서 있다. 사전에 기부를 통해 학교를 지원할 수 있다는 사실과 그 구체적인 사용 용도를 알리고서 말이다. 예를 들어 새로운 그랜드피아노가 필요하다든지, 아까 말했다시피 믹서를 급히 바꿔야 한다든지 하는 이야기를 한다. 때에 따라서는 이런 식으로 그 자리에서 1,000유로까지 모은 경우도 있었다.

'학교 문지방'을 넘어 들어오세요!

학부모들과의 협동과 갈등

바이스 씨 앞에는 자기 아이의 새로운 담임선생님이 수첩을 하나 꺼내놓고 앉아 있다. "자, 적으세요! 시험일정은⋯⋯" 그녀 기억에 담임선생님은 자기소개도 하지 않았다. 그녀 옆에 앉은 한 부부는 어쩔 줄 몰라 하는 듯했다. 아마 김나지움에서 맞는 첫 학부모회의인 것 같았다. 질문을 해도 될까? 바이스 씨가 보기에 첫 줄에 앉은 어떤 아버지는 아무 말 없이 앉아 있는 모습이 마치 초등학교 1학년 학생 같았다. 일정을 쭉 훑어본 선생님은 고개도 들지 않은 채 말했다. "질문 있나요?" 바이스 씨는 지금 여기 있는 다른 학부모들은 어떤 분들일까, 담임선생님은 무슨 과목 담당일까, 그리고 왜 교사가 되었을까 등 알고 싶은 것이 많았다. 선생님은 누군가가 입을 뗄 용기를 미처 내기도 전에 말을 이었다. "여러분의 아이가 숙제를 잘 해오도록 함께 신경 좀 써주십시오." 모두 고개를 끄덕인다. 선생님은 네 가지

사항을 더 이야기했고, 서로 간에 문제가 생기지 않기를 바란다고 했다. 그 자리에 있던 어느 누구도 문제가 생기기를 바라지 않았다. 선생님은 미소를 지어 보였다. 첫 만남은 그렇게 끝났다. "이렇게 신속하게 처리되어 좋군요."라고 말하더니 선생님은 어디론가 사라졌다. 회의 마지막 순서에 담임교사가 있을 필요는 없었다. 학부모 대표 선출은 자기들끼리 알아서 하면 되기 때문이다.

학부모회의

참 신기한 현상이 아닐 수 없다. 경제활동을 하고 자기와 가족을 위해 중요한 결정을 내리고 대화할 때는 당연히 그리고 당당하게 자기 의견을 말할 줄 아는 어른들이, 유독 자기 아이가 공부하는 학교 교실에서 담임선생님과 마주앉게 되는 상황인 학부모회의에서는 전혀 딴사람이 되는 현상 말이다. 그들은 불안한 눈으로 옆에 앉은 다른 학부모들을 쳐다본다. 누가 어떤 행동을 하나? 최대한 눈에 띄어서는 안 된다! 교사가 행여 자기를 이상한 부류로 취급하면 안 되니까. 자기들이 학교 측에 기여를 할 수 있을 것이라 생각하는 학부모는 매우 드물다. 그래도 대부분은 최대한 잘하려고 노력한다. 어떠한 경우에도 자기 아이가 불이익을 당하면 안 되니까, 결국 아이의 앞날은 담임교사에게 달려 있는 것이 아니던가.

한편 교사 입장에서 볼 때도 이 학부모회의는 부담스러운 자리다. 질문 하나에도 마치 자기 정당화를 해야만 할 것 같고 통제당하는 느낌이다. 부모는 자기 아이를 교사와는 전혀 다른 눈으로 바라본다. 이런 그들에게 하필 당신 아이가 문제를 일으킨다는 사실을 어떻게 전달할 것인가? 부모는 늘 다른 아이 탓으로 돌리곤 한다. 일이 틀어질 경우 그 동안 속에 쌓였던 모든 문제들이 한꺼번에 터져 나와 서로를 할퀴고 헐뜯는 상황이 벌어질 수도 있다. 이런 일이 벌어지지 않는다면 다행이다. 미소를 지을 만한 까닭이 충분하다.

학부모회의는 이렇듯 요상한 분위기로 흘러갈 수 있다. 서로를 믿지 못하는 교사와 학부모가 마주 앉아 어떤 이는 빠져나갈 구멍을 찾는가 하면 어떤 이는 자기 권리를 쟁탈해내려는 전투적 자세를 취한다. 이 같은 광경은 사회의 여러 다른 영역에서도 찾아볼 수 있다. 자기 권리를 스스로 인식하고 찾지 않으면 권리를 찾기가 힘든 상황 말이다. 모두가 자기 권리를 옹호해야만 한다. 그렇게 하고 싶지 않은 사람, 압력을 행사하기보다는 협동하기를 원하고 아무런 대가 없이도 무엇인가 제공하려는 사람은 나약하다는 비난을 받는다. 학교라고 다를 게 뭐가 있겠는가? 수줍어하지 않고 자신감 있게 앞에 나서는 사람만이 대우를 받는다. 다른 방식은 없을까?

바이스 씨 앞에 자기 아이의 새로운 담임선생님이 수업자료들로 가득 찬 상자 하나를 두고 앉아 있다. "이제부터 우리가 지난 몇 주간 여러분의 자녀들과 어떻게 수학수업을 진행했는지를 보여드리고자 합니다." 마지막으로 도형을 접한 게 언제였는지 그녀는 기억조차 할 수 없다. 그녀 옆에 앉은 한 부부는 어쩔 줄 몰라 하는 듯했다. 아마 헬레네 랑에 학교에서 맞는 첫 학부모회의인 것 같았다. 질문을 해도 될까? 그녀의 눈에 저기 저 마지막 줄에 앉아 있는 한 아버지마저도 호기심이 발동한 것처럼 보였다(여태 단 한 마디도 하지 않았는데도 말이다). 교사가 학부모들을 바라본다. "질문 있나요?" 거의 30분이 다 되도록 학부모들은 판에 이리저리 핀을 꽂아 도형을 만들고 있다. 그러는 동안 선생님은 자기가 왜 되도록이면 학생들에게 숙제를 내지 않으려 하는지, 그러나 간혹 숙제를 내줘야 하는 상황에서 왜 부모들의 도움이 절실히 필요한지를 설명한다. 모두가 고개를 끄덕인다. 이어서 공동으로 네 가지 핵심사항에 대한 합의를 이끌어낸다. 선생님은 미소를 지었다. "우리가 한뜻이어서 좋군요." 선생님은 자리를 뜨기 전에 문제가 있으면 언제든 전화를 달라고 당부한다.

아이들이 자기 '미래'에 대비하기 위해 학교가 무엇을 어떻게 해주어야 할지에 대한 학부모와 교사의 의견은 매우 분분하다. 학교가 이 사실을 간과하면 학부모들은 마치 자기네는 그저 멀리 떨어져 서서 학교 문 틈새로 훔쳐봐야 하는 입장인 듯한 인상을 받으며, 이는 괜한 오해를 낳을 수 있다. 수학을 예로 들어보자. 학부모들도 언젠가 수학수업을 받은 적이 있을 것이다. 개중에는 직업상 수학을 일상적으로 접하는 이들도 있고, 이들의 뇌리에는 좋은 수학수업이 어떤 것인지에 대해 나름대로 뚜렷한 기대치가 있다. 즉 공식과 문제풀이 방식을 익히는 것이다. 자기들이 했던 것처럼 말이다. 오늘날 어떤 학교가 수학을 기존과는 다른 방식으로 가르치려 한다면, 즉 실험을 하고 수학을 손으로 느끼게 하려는 시도를 하게 되면 많은 학부모들은 이를 매우 낯설어한다. 새로운 방식을 적용하려면 학교는 학부모들이 우선 이를 직접 경험할 수 있도록 배려해야 한다. 앞에 예로 든 학부모회의는 물론 아주 이상적인 경우로, 우리 학교에서도 예외적이라

할 수 있다. 보통 학부모회의에서는 세세한 부분까지 논쟁하고, 서로 의견이 달라 반목하기도 하며, 때론 넘치도록 말을 하고, 때론 참여가 저조해 어려움을 겪기도 한다. 학부모는 학부모대로 하루 종일 일하고 피곤에 지친 채, 교사는 교사대로 산더미처럼 쌓인 검토해야 할 학생들의 과제를 뒤로한 채 와 있는 그 자리는 실은 더 값지게 보낼 수 있을지도 모를 소중한 저녁시간들을 할애하여 모인 자리이다. 그럼에도 다른 학교들과는 분명 구분되는 점이 있다. 대부분의 학부모들이 이 학부모회의를 학교를 함께 만들어나가는 데 동참할 수 있는 하나의 기회로 본다는 사실이다. 이 자리에서 학부모들은 적극적으로 발언권을 가지며, 자기 아이들을 가르치고 있는 선생님들과 함께 학교에서 이루어지는 수업과 교육 전반에 대해 서로 의견을 나누고 조정할 수 있다. 학부모회의 참여율은 매우 높아서 교실은 항상 꽉 찬다.

학부모를 학교 일상에 엮기

학부모들이 자기 아이가 다니고 있는 학교에서 환영만 받는 것은 아니다. 학교 입장에서 보면 학부모는 절실히 필요하고 중요하며 신뢰할 수 있는 학교의 동반자와도 같다. 유독 우리만 학부모가 자기 아이의 활동에 동참하는 것을 마땅하다고 여기는 것이 아니다. 수업시간에 다루었던 내용은 어떠한 형식을 통해서든 공개된다. 부모들은 자기 아이가 무엇을 배웠는지 볼 수 있고, 아이들이 학교에서 잘 지내고 있는지, 얼마나 편안함을 느끼며 학교를 다니고 있는지 두 눈으로 확인할 수 있어야 한다. 카이는 자기 집 복도에 있던 대나무를 학교에 가져다 놓겠다고 졸라댄 끝에 결국 허락을 받아냈다. 이 나무를 자기네 교실 한쪽 구석에 놓으면 잘 어울릴 것이라 생각해서 그런 것이다. 한나와 도로테아는 자기가 가장 좋아하는 책을 다른 친구들도 읽었으면 좋겠다는 마음에 학교에 가져와 창가 선반에 꽂아 놓았다. 부모들은 학교에 와서 이리저리 둘러보면서 그제야 자기 아이가 왜 그런 행동을 했는지 별다른 설명이 없이도 이해하게 되며, 나아가 자기가 도울 일은 없는지를 찾기도 한다.

많은 학교들이 학교 운영차원에서 학부모 참여를 역동적인 힘으로 활용할 생각을 하지 못한다. 아예 그런 노력조차 하지 않기도 하고, 어떻게 해야 할지 방도를 몰라 그러는 경우도 있다. 또 어떤 이들은 학부모들이 학교 행사 때 음식준비를 넘어서는 다른 여러 가지 후원을 하는 것을 불쾌한 간섭으로 여기기도 한다. 어떤 이들은 필요에 따라 학부모를 일종의 자금줄로 여겨 당당하지 못한 모습으로 끊임없이 성금을 내주십사 부탁한다. 물론 우리도 학부모에게 재정지원을 부탁하기도 하지만 재정적으로 달리 방도를 찾지 못해 그러는 것은 아니다. 우리는 대부분의 학교에서 그러하듯 우리 학부모에게도 후원회에 가입할 것을 권한다. 그렇게 하기 전에 우리는 우리가 왜 '최소 50유로'라는 연간회비를 걷는지 설명한다. 이 돈은 바로 자기 아이가 속한 학년금고로 들어가며, 이렇게 해서 모인 자금으로 학생들의 학습자료를 구입하고 다양한 특별활동에 투자한다는 것을. 그러나 여기서 돈보다 더 중요한 것은 바로 우리 학생들의 모든 부모들이 우리 학교의 든든한 동반자가 되어주는 점이라는 사실을 무엇보다 강조한다.

〈장화 신은 고양이〉의 첫 공연을 엿새 앞둔 시점에 프랑크푸르트 극장에서 걸려온 전화는 정말 대단한 혼란을 불러일으켰다. 표는 매진된 상태고 연일 고된 연습이 진행되던 어느 날, 무대의상을 빌려주겠다던 극장 측이 약속을 취소한 것이다. 우리에겐 엄청난 타격이 아닐 수 없었다. 갑자기 고양이와 왕자가 입을 옷이 사라진 것이다. 우리는 학부모들에게 급히 도움을 요청했다. 이에 일곱 명의 어머니들이 여선생님 한 분과 함께 공연까지 5일 남은 때부터 밤낮으로 재봉틀 앞에 앉아 무대의상을 만들기 시작했다. 연출가는 시간이 촉박한데도 의상이 연출구상에 맞게 제작되어야 한다고 고집했다. 연출가는 왕자의 연미복이 자기가 구상한 대로 만들어지는지 확인하기 위해 번번이 연습을 중단시킬 정도였다. 금색으로 된 레이스는 일일이 손으로 꿰매야 했다. 거기에 벨벳 리본이 이 레이스 사이를 타고 흘러내려야 했다. 리허설은 반쯤 완성된 의상을 입고 진행했다. 마지막 30분을 남겨놓고 완성된 이 완벽한 의상을 입고 첫무대에 선 극단은 빛났다. 일곱 명의 어머니들도 이 단원들만큼이나 자랑스러웠다. 다른 학부모들은 첫 공연이 끝나고 열릴 잔치를 위한 음식을 준비했다. 한 부부는 매표소를 지켰다. 모두가 한마음으로 공연이 성공리에 이루어지기를 기원했다. 학부모들의 이 같은 전적인 지원이 없었다면 아마 공연은 어떻게든 진행이야 되었겠지만 그 수준이 현저히 떨어지는 것을 막을 길이 없었을 것이다. 부모들의 든든한 지원 없이 정규수업을 벗어나는 어떠한 프로젝트를 진행한다는 것은 불가능한 일이나 다름없다.

학부모에게서 배우기

학교가 학부모를 정규수업에 활용할 수 있는 경우는 아주 드물다. 올리버의 아버지는 유물발굴가다. 선생님은 반 아이들에게 이 금속 탐지기를 달고 있는 사람을 아마추어 고고학자라고 소개했다. 그러나 이날 마인츠 시 주변의 융기된 지역을 탐사하러 가는 아이들은 이 시간이 역사시간이라기보다는 보물찾기를 하는 시간과도 같았다. 한때 이 지역에 문명을 꽃피운 사람들이 사라지고 오랜 시간이 흘렀지만, 아직까지도 당시에 사용한 동전, 창끝이나 도자기 조각들을 찾을 수 있다고 올리버의 아버지는 말했다. 그 증거로 그는 이 지역에서 출토된 모든 로마 유적들을 수업시간에 가져와 학생들에게 보여주고 그것들이 지닌 의미에 대해 설명해줬다. 이제 학생들이 직접 나서서 유적을 찾고자 했다. 어쩌면 올리버 아버지의 지식과 도움으로 무언가를 찾을 수 있을지 누가 알겠는가. 아직 한 번도 발굴현장에 가본 적이 없던 선생님 역시 호기심으로 가득하기는 아이들과 마찬가지다.

도로테아 한 선생님네 반에서도 한 아버지를 초대했다. 그는 양 다섯 마리를 차 뒤 짐칸에 싣고 학교를 찾았다. 학교 마당에서 그는 딸아이와 함께 어떻게 하면 양도, 자신도 다치지 않게 양의 털을 깎을 수 있는지를 손수 보여주었다. 그 반 아이들 중에 용기 있는 아이들은 직접 나와서 털을 깎아본다. 자기들이 깎은 양털은 몇 주 뒤 생물 시간에 다시 등장하게 될 것이다.

한편 건물 총관리인이자 갖가지 수작업에 능숙한 한 아버지는 피자 굽는 화덕을 짓자는 의견을 내놓았다. 자기 아들에게서 그 반이 이제 막 시작한 식생활 프로젝트에 대한 얘기를 들은 것이다. 여기서 학생들은 건강한 식생활을 위해 인간에게 필요한 것이 무엇인지를 주로 다루게 된다. 그리고 그 일환으로 함께 요리를 하는 경우도 종종 있다. 이번에 이 반 학생들은 피자를 굽기로 했다. 이 아버지는 피자 를 굽기로 했으면 기왕이면 제대로 된 오븐에서 구워야 하지 않겠느 냐고 했다. 며칠 뒤 이 반 학생들은 그와 함께 학교 마당 한쪽에 손수 피자 화덕을 지었다.

앞에서 말한 세 분의 아버지는 결코 특별한 경우가 아니다. 모든 부모들은 무언가를 할 줄 안다. 직업이 있으며 어떤 이들은 심지어 두세 가지 일을 동시에 하기도 한다. 또한 흥미로운 취미를 갖고 있 고, 생각을 어떻게 현실화시킬 수 있는지를 알고 있으며, 어떤 일을 진행하기 위해 기업이나 다른 기관과 어떻게 연계하고 네트워크를 구축해야 할지를 꿰뚫고 있는 이들도 있다. 그들 대부분이 적어도 한 가지 분야 이상에서 전문가이며, 학교 교사가 지니지 못한 이들의 다 양한 지식은 학생들의 경험과 지식에 새로운 지평을 열어주기에 충 분하다. 그럼에도 학부모들을 수업과 연계시키려는 시도는 극히 한 정되어 있다.

자기 반 학부모들과 함께 '세대 프로젝트'를 계획하고 시행했던 한 교사의 예는 그 원인을 학교가 아닌 외부 환경에서 찾아야 하는 경우도 있음을 시사한다. 안드레 레제 선생님은 세대 간에 어떠한 교류와 배움의 끈을 찾을 수 있을까 고민했다. 어떤 기술과 능력이 가정 안에서 전수될까? 학생의 할아버지 가운데 특별한 전통 수공기술을 가지고 있어 이를 학생들에게 직접 보여줄 수 있는 분이 있을까? 오늘날 학생들은 이런 것을 보통 비디오 자료를 통해 겨우 접할 수 있을 따름이다. 이러한 생각들을 나누기 위해 그는 6년 전 어느 학부모회의 자리에서 학생들의 부모나 조부모 가운데 전통공예 혹은 기타 수공기술을 워크숍 방식으로 알려줄 수 있는 분이 있을지 물었다. 실제로 학부모들은 아이들과 다양한 주제를 가지고 일주일간 활동하는 것에 대단한 관심과 호응을 보였다. 이렇게 하여 50여 명의 어머니, 아버지, 할아버지와 할머니 그리고 아이들이 작은 모둠을 이루어 함께 일하고 글을 쓰고 요리하고 악기를 연주하고 사진을 찍고 바느질을 하는 일주일간의 프로젝트가 아름답게 진행되었다. 프로젝트의 처음과 끝은 각각 여는 잔치와 닫는 잔치로 매듭지었다.

안타깝게도 이는 예외적인 역사가 되고 말았다. 안드레 레제 선생님은 6년이 지나 다시금 새로 담임을 맡게 되었을 때, 이 같은 프로젝트를 다시 한 번 시도했다. 그러나 학부모들을 학교 일상에 참여시키고자 한 이 노력은 오늘날의 달라진 직업환경과 삶의 조건들에 의해 좌절되고 말았다. 학부모 대부분은 도저히 이를 위한 시간을 낼 수 없을 정도로 일에 얽매여 있는 실정이었다. 또한 조부모 세대가 한 가정의 일상에 직접 관여해 참여하는 일은 매우 드물었다. 바로 이러한 것들이 6년 전 성공을 거둔 세대 프로젝트가 더는 시행되지 못하는 요인인지도 모른다. 이 같은 어려움이 있었지만 우리는 최대한 많은

부모들이 회의적 방관자가 아니라 적극적 참여자로서 아이들 교육에
함께했으면 하는 바람을 잊지 않으려 한다.

학교가 가정교육에 관여하는 문제에 대하여

아이가 집에서 경험하는 일은 학교생활에도 영향을 끼친다. 반대
로 아이들이 학교에서 배우는 것은 사적 영역에서도 드러나게 된다.
학교 교육과 부모의 교육은 긍정적 혹은 부정적으로 상호작용할 수
있다. 여기서 중요한 것은 학교와 학부모가 공동의 목표와 방법에 대
해 기본적으로 한뜻을 가지고 있느냐 하는 점이다. 이는 오랜 시간과
끊임없는 도움닫기 작업들, 또한 깊은 신뢰를 바탕으로 이루어진다.
여기서 신뢰란 하루아침에 생기는 것이 아니라 공동의 경험을 통해
얻는 산물이라 할 수 있다.

가까운 예를 들어보자. 학교에서 아이는 글을 읽고 독후감을 쓰며
맞춤법을 익히고 정기적으로 이야기와 시를 창작해 발표하는 작업이
한창이다. 그러나 집에서는 정반대다. 하루 중 많은 시간을 텔레비전
을 보거나 컴퓨터 앞에 앉아 보내는 것이다. 이런 일은 부모의 암묵적
동의하에 이루어지곤 한다.

우리는 이런 부분에 대해 스스로를 성찰하자는 의미로 사순절(기
독교에서 부활절 전에 금식하는 40일간의 절기-옮긴이) 기간을 종종 활용
했다. 이 기간에는 학생뿐만 아니라 교사까지도 모두가 자기가 절제
하기 힘든 것을 참는다. 자주 언급되는 것으로 군것질이 있지만, 뭐니

뭐니해도 가장 많이 나오는 얘기는 텔레비전이다. 그래서 우리는 3일 동안 각자 텔레비전 시청에 대한 자기평가를 하고 나서 그 뒤 일주일 동안 텔레비전을 절대 보지 말자는 약속을 했다. 그 주에 아이들은 그게 얼마나 어려운 일이었는지를 털어놓느라 난리가 났다. 집에 그냥 있기가 너무 힘들다는 것이었다. 부모들조차 그런 약속은 왜 했느냐며 농담을 했다고 했다.

　이에 우리는 무엇보다 먼저 학부모와의 합의가 있어야 한다는 결론에 도달했다. 아이 방에 텔레비전을 들여놓는 것에 아무런 문제의식도 가지지 않은 부모라면 아이를 우리 학교에 등록시키지 말아달라는 것을 하나의 기본원칙으로 세웠다. 자기 아이에게 어떤 능력을 키워주고 이를 계발하도록 이끌어줄지는 부모가 직접 결정할 문제라 생각했다. 우리는 입학희망자를 위한 학교설명회에서 누차 우리 학교의 교육목표와 우리가 학부모에게 바라는 점(예를 들어, 학생들은 글 읽는 법을 텔레비전이 아니라 책을 통해서 배운다는 점)을 설명했다. 그런데 만일 어떤 학부모가 이러한 교육방침에 동의하지 않아 가정에서는 학교의 교육방침에 반하는 입장으로 아이를 대한다면, 그 아이는 학교와 학부모가 한뜻으로 아이를 대할 때보다 혼란을 겪을 것이 당연하다. 이렇게 한 아이의 교육은 학교와 가정 모두가 책임을 지고 해나가야 할 일이다. 학교는 학생들에게 삶의 바탕이 되는 지식을 체계적으로 전달하고 학생들이 이를 체득할 수 있도록 도와야 한다. 동시에 학교는 여러 가지 행사, 편지, 자료 등을 이용해 학부모에게 수업의 목표와 내용을 알릴 의무를 진다. 학부모는 학교에서 제공받은 정보를 바탕으로 자기 아이를 집에서 어떤 식으로 도울 수 있을지 생각해야 한다. 아이에게 과외를 시키고 받아쓰기나 단어암기를 하게 하라는 게 아니다. 읽기와 쓰기를 예로 들자면, 아이에게 장볼 거리 목록을 만들라고 한다거나 할머니에게 편지를 쓰게 하는 등 다양한 글을 써볼 기회를 은연중에 제공해준다든지, 아이가 읽고 있는 책에 대해 한가한 저녁시간에 함께 이야기를 나눈다든지 하는 것을 뜻한다. 자기 아이가 읽고 쓰는 일을 즐기는 환경을 만드는 데 자신이 얼마나 기여했는지 잠시나마 돌아보는 학부모가 많아진다면, 자기 아이의 읽기와 쓰기 능력이 그저 그런 것에 대한 책임을 모조리 학교 교육에 돌리는 부모들의 원성도 줄어들지 않을까?

또 하나 예를 들어보자. 우리 학교에 배를 곯고 와서 앉아 있다가 쉬는 시간만 되면 뛰쳐나가 매점에서 군것질을 하는 아이들이 점점 많아졌다. 이에 학부모 운영위원회는 학교 매점에 더욱 다양한 제품을 들여놓기로 결정했다. 요구르트, 샌드위치, 군것질거리뿐 아니라 오후에 다양한 특별활동에 참여하는 아이들을 위한 따뜻한 점심식사까지 도입하자는 의견이었다. 하지만 나는 정반대의 입장을 취했다. 이제부터 모든 가정에서 아침에 아이들에게 뮤즐리(곡물과 말린 과일, 생과일 등을 섞어 만든 음식. 보통 우유나 요구르트랑 섞어 먹는다 – 옮긴이)를 먹이고 샌드위치와 사과 하나를 싸서 등교시킬 것과 아이가 학교에 남는 날이면 점심도시락을 싸서 보낼 것을 제안했다. 나의 의견은 전혀 받아들여지지 않았다.

물론 그 까닭을 모르는 바는 아니다. 맞벌이 부부 가정이 점점 늘어나는 추세인 상황에서 분주한 아침시간이 학교의 교육방침에 따라 갑자기 느긋해질 수는 없는 노릇이다. 그나마 건강한 식생활에 대한 의식을 갖고 있는 학부모도 드물다. 상황이 이렇다 보니 부모들 사이에서는 아이에게 군것질을 못 하게 했을 때 생길 난리법석을 감당하느니 하루 종일 방송에서 흘러나오는, 젤리와 크림과자가 우리 아이들을 행복하고 건강하게 만들어준다는 광고를 믿어버리고 말자고 생각하는 분위기가 지배적이다. 그렇다고 해서 학교가 학부모를 설득시키려는 노력을 포기해서는 안 될 일이다. 무엇보다 학교는 수업시간에 식생활이라는 것을 하나의 중요한 주제로 다룰 수 있다. 이 맥락에서 학생과 선생님이 한자리에 모여 건강하게 차린 아침식사를 함께 여유 있게 즐길 수도 있을 것이다. 내 경험에 따르면 학교 매점에서 군것질거리를 판매하지 못하도록 하는 한편, 학부모와는 아이들의 건강한 식생활 교육을 위해 어떻게 힘을 모을 것인가 하는 접점을 찾아내야만 한다. 식생활이라는 것은 학부모의 도움 없이 학교 혼자 어떤 교육 결과를 기대하기가 유독 어려운 문제이기 때문이다.

학부모와 학교 간의 경쟁상황

학교에게 학생은 그 정체성의 정수요, 부모에게 자식은 떼려야 뗄수 없는 존재여서 이 둘이 만나는 지점에서 줄곧 경쟁상황이 벌어지기도 한다. 이는 학교가 아이들이 자기 부모에게서 점차 독립해나가는 과정을 돕기 때문이다.

"여러분의 아이를 놓아주십시오!" 이것이 우리가 해마다 우리 학교에 입학하는 신입생 부모에게 가장 먼저 당부하는 말이다. 유치원에서 초등학교에 이르기까지 자기 아이를 온갖 사랑과 정성으로 키워온 부모가 이런 말을 듣기 좋아할 리 없다. 학부모들은 보통 자기가 아이를 대하는 태도가 아이의 독립성 형성에 중요한 영향을 끼친다는 사실을 머리로는 이해하면서도 이를 쉽게 마음으로 받아들이지는 못한다. 자식이 이제는 자신이 아닌 낯선 이를 스승으로 따르면서 자신에게서는 점점 독립하려는 의지를 보이는 것을 받아들이기는 무척 어렵다.

마리안의 어머니는 날마다 교실 앞에 서 있다가 마지막 종이 울리기가 무섭게 칠판에 적힌 숙제를 메모하고 선생님에게 일일이 그 숙제들의 정당성을 캐묻다시피 했다. 이에 우리가 나서서 계속 그렇게 하면 아이가 스스로 책임감을 갖기 매우 힘드니 앞으로는 그런 행동을 자제해 달라고 청했다. 그러자 그 다음날 마리안의 아버지가 내게 찾아왔다. 자기는 심리학자이며 아이들에게 필요한 것이 무엇인지는 익히 알고 있다고 말했다. "그럴지도 모르죠. 하지만 우리가 보기엔 마리안이 자꾸만 간섭을 받는다고 느끼는 것 같습니다."라고 내가 대답했다. 아이의 부모는 화가 잔뜩 났고 결국 한 학년을 끝내면서 아이를 전학시켰다.

많은 부모들은 학교가 나름대로 입장을 세우고 양보하지 않는 것을 용인하지 못한다. 부모들은 자기 아이의 이익을 대변하는 데 익숙해져 있다. 부모들은 아이를 보호하고 도와주려 한다. 그러나 학교 역시 아이의 이익을 대변하기 위해 존재한다. 바로 부모의 반대쪽에 서서 말이다. 만일 부모가 아이에게 해가 되는 일을 가한다면 학교가 나서서 중재하는 것이 바로 학교의 임무이기도 하다. 헬레네 랑에 학교의 신입생 등교 첫날, 아이를 따라 학교에 오는 학부모들에게 우리는 다음과 같은 뜻을 전하려 한다. "여러분은 우리를 믿고 여러분의 자녀를 우리 학교에 보내셨습니다. 우리는 이것이 의미하는 바를 알고 우리의 힘이 닿는 한 최선을 다해 여러분의 신뢰를 저버리지 않겠습니다. 그러나 우리는 여러분의 자녀 편에 서서 아이들의 이익을 대변하는 일 또한 우리의 중요한 과제라고 생각합니다. 이를 위해서는 여러분과 같은 편에, 그러나 불가피한 경우 여러분의 반대편에 서야 할 때도 있을 것입니다."

여름방학이 되자 마리안의 부모가 아이를 위해 정한 새로운 학교에서 마리안의 학교생활기록부를 넘겨달라는 전화가 왔다. 나는 마리안의 어머니에게 전화를 걸었다. 그녀는 그저 다른 학교는 어떤가 하고 궁금해서 알아봤을 뿐이며 마리안은 앞으로도 헬레네 랑에 학교에 계속 다닐 것이라고 했다.

"그리 간단한 문제는 아닙니다."라고 내가 대답했다. 한번 전학신청을 했으면 전학을 가는 게 원칙이기 때문이다. 단, 만일 앞으로 아이의 학교생활과 관련해 학부모와 학교의 관계를 규정하는 합의서에 서명을 한다면, 그것이 학생의 이익을 대변하는 일이라 여겨 예외 경우로 삼겠다고 했다. 나는 마리안의 어머니에게 부군과 함께 한번 학교에 들러 이야기를 나누자고 제안했다. 그들은 오지 않았다.

그런데 학기가 시작되자 마리안이 학교에 나타났다. 아이의 부모는 아이에게 학교 측에서 재입학을 거부한 사실에 대해서는 한마디도 하지 않고, 그저 개학 첫날 여느 때처럼 학교에 가면 당연히 다시 받아줄 것이라 믿게 한 것이다. 이들은 아마 그렇게 버티면 학교가 양보할 줄로 생각한 모양이다. 그러나 나는 마리안에게 너희 부모님이 네가 다른 학교에 다니도록 신청해놓은 상태이기 때문에 더는 여기 와서는 안 된다고 단호히 일렀다. 그러고는 "적어도 너희 부모님이 나와 이야기를 하기 전까지는 말이다."라고 덧붙였다. 이번에는 두 분이 학교에 찾아왔다.

우리는 실제로 합의서를 작성했다. 부모는 오로지 학교 측에서 초대한 것이 분명할 때만 학교에 올 수 있으며 마리안을 더는 데리러 오지 말 것과 학부모회의 때에는 어떤 문제라도 누군가에게 비난을 퍼붓기 전에 일단 누가 무슨 말을 하는지 경청할 것, 그리고 마리안이 혼자서 숙제를 하도록 놔둘 것을 약속했다. 마리안이 어떤 오류를 범하는지 알아야 아이의 학습능력을 제대로 평가해 효과적으로 도울 수 있기 때문이다. 이에 대한 대가로 마리안을 다시 우리 학교 학생으로 받아줄 것을 약속했다. 그 뒤로도 줄곧 마리안의 부모와는 갈등을 빚곤 했다. 그러나 6년이 지나 졸업식에서 마리안의 부모를 만났을 때 그들은 나에게 자기들의 반대편에 서가면서까지 자기 아이에게 좋은 것을 주기 위해 노력해줘서 진심으로 고맙다고 인사를 했다.

그렇다고 이런 종류의 갈등이 항상 좋게 마무리되는 것은 아니다. 부인과 이혼한 뒤 일과 자녀교육을 병행하는 것을 무척 버거워하던 카롤리네의 아버지는 모든 교사를 적대시했다. 그는 카롤리네가 학교에서 점점 더 반항적으로 행동하는 것이 학교의 책임이라며 학부모회의 때 담임교사를 몰아세우고 사전에 연락도 없이 선생님 집으로 찾아가는 무례를 범했다. 한편 아이에게는 수업시간에 선생님 말은 들을 필요도 없다며 아이를 두둔했다. 그와는 전혀 말이 통하지 않았다. 우리가 카롤리네의 행동과 문제에 대하여 말을 꺼내려고 하면 그건 우리와는 상관없는 일이라며 딱 잘라 말했다. 카롤리네를 지도하던 여러 선생님들의 의견을 종합했을 때 아이의 문제는 수업 자체에서보다는 오히려 가정 안에서 찾아야 했다. 어느 날 나는 아이의 아버지에게 정말로 아이의 문제에 우리가 관여할 바 아니라고 여기고 이 문제를 우리와 함께 해결해나갈 생각이 없다면 학교를 잘못 찾아온 것 같다고 말할 수밖에 없었다. 그는 아무래도 그런 것 같다며 자기 아이를 데리고 학교를 떠났다.

이런 상황에서는 모두가 패자이다. 한 아이가 성장하는 과정은 어른 중 누가 옳고 그른지에 따른 문제가 아니기 때문이다. 만일 학부모와 학교가 대립하는 상황에서 아이가 피해를 보게 된다면 학교는 그 갈등상황이 얼마나 심각하고 신경을 곤두세워야 하고 인내가 필요한 것이었든 간에, 들인 노력과는 별도로 스스로를 돌아보며 행여 잘못한 것은 없었는지 깊이 성찰하는 계기로 삼아야 할 것이다.

루카스는 8학년이 되자 공부에서 완전히 손을 떼버렸다. 숙제를 해오기는커녕 다른 사람이 하는 말을 듣지도, 말을 하지도 않았다. 참을성 있게 몇 주 동안 아이를 지켜보던 담임선생님은 끝내 도대체 무슨 일인지 물었다. 처음에 루카스는 아무 말도 하지 않으려 하더니 이내 눈물을 훌쩍거리며 아빠에게 다른 여자가 생겼다고, 자기 부모님은 이제 집에서 아무 말도 안 하고 지낸다고, 심지어 냉장고까지 선을 그어놓고 쓴다고 말하는 것이 아닌가. 자기 누이는 밤마다 울다 잠이 든다고 했다.

나는 담임선생님에게 이 이야기를 듣고 곧장 루카스 아버지에게 면담을 요청했다. 아이가 다니는 학교의 교장으로서 나는 그와 그의 아내가 보이는 행동이 두 아이의 삶에 미치는 영향을 가만히 두고 볼 수만은 없다고 했다. 돌아온 대답은 다른 사람의 사생활에 신경 쓰지 말아달라는 것이었다. "아버님과 댁내 가정사에 대해 이야기를 꺼내는 것은 저로서도 무척 어려운 일임을 감안해주십시오."라고 정중히 대꾸했다. "말씀하신 대로 저와는 상관없는 일입니다. 그러나 이러한 상황에서 루카스와 따님이 겪는 심적 고통과 파급효과는 저희가 충분히 관여해야 할 일이라고 생각합니다. 그래서 침묵을 지키는 것이 편한 걸 알면서도 이렇게 나서는 것입니다." 루카스의 부모는(나는 아이의 어머니와도 여러 차례 면담을 했다.) 학교에서 대화를 청한 의도를 오해하지 않고 있는 그대로 받아들였다. 우리는 루카스의 부모에게 루카스가 집안에서 일어나고 있는 상황을 소화해내지 못하고 있다고 진지하게 이야기했다. 그리고 학교가 비록 이 상황을 근본적으로 해결할 수는 없어도 부모님이 아이들을 위해 해결책을 모색할 의지가 있다면 힘껏 돕겠다고 했다. 그러자 그들은 이에 동의하고 함께 상황을 개선할 의지를 보였다.

 카롤리네의 아버지와는 달리 루카스의 부모는 자기 아이가 학교에서 한 선생님과 깊은 신뢰관계를 형성해나가며 안정감을 찾아가는 과정을 받아들일 마음의 준비가 되어 있었다. 부모로서는 이런 상황에서 일종의 '경쟁심'을 느낄 수도 있다. 그렇지만 어떻게 생각하면 이는 아이를 위해서는 또 하나의 기회다. 오늘날 아이들이 어머니와 아버지를 제외한 제3의 신뢰관계를 구축하고 있는 경우는 매우 드물다. 아이들이 운동 트레이너 혹은 기타 선생님 등과 기능적 만남을 넘어서는 긴밀하고 사적인 유대를 형성하는 경우는 흔치 않다.

어떤 9학년 종교수업 시간에 학생들이 신과 다양한 종교, 행복이나 그리움 등과 같은 개념들을 어떻게 인식하고 있는지에 대하여 익명으로 설문조사를 했는데 여기서 핵심적인 질문은 두 가지였다. 이같은 주제에 대해 이야기하는 것이 본인에게 중요하다고 생각하는가 하고 물었더니 거의 모든 학생들이 "매우 중요하다!"고 대답했다. 그러면 이런 문제들에 대해 부모님이나 학교 밖 다른 어른들과 대화를 나누느냐라는 질문에는 25명 중 22명이 "아니오."라고 대답했다.

학부모가 학교의 기본원칙을 존중하지 않을 때

우리는 늘 학부모와 뜻을 함께하기 위해 노력해왔다. 학부모는 무엇보다 "이 분들이 좋은 뜻으로 그러는 것이다, 내 아이에 대해 어쩌면 이렇게 잘 알고 있을까, 내 아이를 바르게 인도하기 위해 힘쓰고 있구나."라는 경험을 함으로써 신뢰관계를 쌓는 발판이 마련된다. 그러나 모든 학부모를 이처럼 설득할 수는 없다. 어떤 부모들은 자기 아이가 다니고 있는 학교에서 무슨 일이 일어나는지 모를 정도로 각자의 일에 파묻혀 지내기도 한다. 자기 아이가 무엇에 관심과 흥미를 느끼는지, 어떤 일에 기뻐하고 힘들어하는지에 아무런 관심도 없는 이도 있다. 성적만 잘 받아오면 말이다. 어떤 이들은 학교가 너무 많은 프로젝트에 시간을 쏟는 대신 아이들의 학업성취도와 제대로 된 수업에 더 중점을 두어야 하는 것 아니냐며 학교가 처신을 잘못하고 있다고 비판함으로써 학교 측과 마찰을 빚기도 한다. 혹은 자기 아이가 불이익을 당하고 있다고 하는 이도 있다. 자기 집에서는 아이에게 허용하는 부분을 학교가 나서서 간섭하고 통제한다는 학부모도 있다. 학부모, 담임교사 그리고 교장 간에 이 같은 갈등상황은 언제든 불거져 나오게 마련이다. 이런 상황이 잘 해결되는 경우도 있지만, 어떤 경우에는 극심한 의견 차로 아무런 합의점도 찾지 못한 채 끝나버리기도 한다. 아주 드문 경우이긴 하지만 불가피하다고 판단될 때 학부모와의 갈등해결 과정을 '공개'하는 경우도 있다. 이는 줄타기 같은 모험으로, 우리 학교의 핵심 교육 가치에 위배되는 사안일 때, 그리고 그것을 불분명하게 대충 처리하면 학생들의 가치기준 형성에 악영향을 끼칠 수 있다고 판단되었을 경우에 한해 그렇게 하였다.

소피의 친구들은 방학이 며칠만 더 있다가 시작되었으면 좋겠다고 생각했다. 여름휴가에 대한 기대감이야 더할 나위 없이 컸지만 방학까지 3일밖에 남지 않았다는 사실에 초조해졌다. 다음 학기에 새로 들어올 5학년들을 환영하는 연극 축제를 준비하는 데 딱 3일 남았기 때문이다.

소피는 신경이 곤두서 있었다. 이 열한 살배기도 중요한 역할을 하나 맡았는데 아직 대사를 완벽히 익히지 못했다. 그러나 아이가 떠는 까닭은 다른 데 있었다. 아이의 부모님은 이미 방학 이틀 전에 여름휴가를 떠나는 것으로 모든 예약을 해놓은 것이다. 이는 학교에서 허용될 수 없는 일이었기 때문에 소피는 이 사실을 아무에게도 말하지 못하고 있었다. 부모는 아이에게 의사의 처방전을 마련해주겠다고 했다.

방학 이틀 전! 무대의상이 완성되고 대사도 어느 정도 익혔다. 이제 몇 번 정도 연습을 하기에는 충분한 시간이다. 그런데 소피가 사라진 것이다! 소피도, 그 부모님도 담임선생님의 전화에 응답하지 않았다. 소피의 오빠는 소피가 지금 아파서 누워 있다면서 내일 바로 의사의 처방전을 서무실에 제출하겠다고 했다. 담임선생님이 보기에 이말은 마치 사전에 준비한 말처럼 '어쩐지 어색하게' 들렸다. 선생님은 자기가 받은 인상을 나에게 전했다.

이튿날이 되자 소피의 오빠는 정식으로 도장이 찍힌 의사의 처방전을 들고 나타났다. 나는 소피의 오빠가 막 나서려던 차에 불러세워 내 방으로 오라고 했다. 나는 그 처방전이 가짜이며 소피가 아프다는 건 거짓으로 꾸며낸 이야기가 아니냐며 으름장을 놓았다. 예상이 적중했다! 아이는 부끄러움을 감추지 못하며 사실 소피는 이미 부모님과 휴가를 떠났다고 말했다.

소피의 친구들 몇몇은 이미 처음부터 뭔가 이상하다는 것을 알아채고 있었다. 소피가 그렇게 무책임하게 자기들을 두고 가버린 게 화도 났지만 그 일을 선생님께 이르고 싶지는 않았다. 담임선생님은 소피의 부모가 자신이 거짓말을 하는 것도 모자라 자기 아이들을 시켜 거짓말하도록 한 것이 무척이나 실망스러웠다. 방학이 끝나갈 무렵 나는 소피의 부모에게 면담을 요청했다. 이미 6주나 지났는데 이제 와서 다시 그 일을 들먹일 필요가 있을까도 잠시 생각했다. 하지만 생각 끝에 이번 일은 무언가 근본적인 문제에 맞닿아 있으므로 그냥 지나칠 수는 없다는 판단을 내렸다. 부모 입장에서도 이번 일은 마음에 굉장한 불편함으로 남아 있었다. 다른 학교라면 이런 일은 문제도 아니었겠지만 우리 학교의 경우는 달랐다. 나는 소피의 부모에게 학교에서 정해놓은 날짜를 마음대로 앞당겨 방학을 시작할 수는 없음을 여러 번 강조한 점을 상기시켰다. 게다가 학교의 원칙이 지켜지지 않았을 때 결코 대충 넘어가는 법이 없다는 걸 지난 한 해 동안 충분히 경험하지 않았느냐고 물었다. 소피의 반 친구들이 모든 내막을 알고 있으며, 우리는 당신들이 잘못을 인정하고 아이들 앞에서 사과할 것을 원한다고 했다. "어른들도 그렇게 하는데 아이들더러 그렇게 하지 말라고 어떻게 타이르겠습니까!"라고 말하며. 그들은 긴장했다.

이튿날 학교를 찾은 소피의 부모는 소피의 친구들 앞에서 정식으로 사과했다. 사실은 자기 딸이 아팠던 것이 아니라 자기들이 휴가에 데리고 갔었다고 말이다. 아이들은 놀랐다. "그러면 거짓말을 하신 거네요."라고 한 아이가 말했다. 때로는 불가피하게 거짓말을 해야 하는 상황도 있는 것이라며 소피 아버지가 자기 행위를 정당화하려 하자 다른 아이가 맞받아쳤다. "뭐가 불가피했는데요?"

이 짧고도 긴 15분은 무언가 부끄러우면서도 해방감이 느껴지는 시간이었다. 자기 부모가 같은 반 친구들 앞에 무방비 상태로 서 있어야 하는 상황이 소피에게는 끔찍하지 않았을까? 아이들에게 자기 부모도 언젠가 저런 상황에 처할지 모른다는 두려움을 안겨주지는 않았을까? 만일 그것이 한낱 형식적이고 별 의미 없는 규율을 위반한 정도의 일이었다면 우리는 소피와 그 부모, 학교 친구들에게 이런 불편한 상황을 겪게 하지 않았을 것이다. 그러나 이 문제는 소피의 부모가 우리 학교의 기본원칙을 어긴 사건이었다. 교사와 학생은 함께 일하고 공부하며 서로에게 엮여 있는 존재다. 아마 시험성적 평가가 끝나고 나면 '정상으로 굴러가는 것이 없는' 학교도 있을 것이다.

우리 학교에서는 여름방학 직전까지 모두가 분주하다. 6학년은 다음 학기 시작과 동시에 있을 입학식을 준비하느라, 세 개 학년은 각각 건물 내에서 새로운 층으로 이사할 채비를 하느라, 어떤 반은 프로젝트 결과를 총정리하고 발표하느라 정신이 없다. 이 모든 일에 대해 성적을 매기지도 평가를 하지도 않지만, 우리에게는 성적을 매기는 교과 수업과 똑같은 중요성과 의미를 지닌다. 소피의 부모님만 이 사실을 배워야 하는 게 아니었다. 우리 학교에 들어오는 학생들 역시 공동의 계획을 실행하는 과정에서 연대감이 형성되며, 이때 개개인에게 어떠한 책임이 동반되는지를 차츰 배워나간다. 소피의 반 친구들은 사실 소피가 아팠던 것이 아니라 부모님과 휴가를 떠났다는 것을 알고 있었다. 이런 상황에서 우리가 이 사건을 그냥 모른 체했더라면 큰 잘못을 범하는 것이었으리라.

어른들도 실수를 한다는 것은 열한 살배기도 아는 사실이다. 어른들이 자기 실수를 인정하고 용서를 구하는 것을 목격하는 것은 아이들에게 매우 중요한 경험이다. 아이들은 자기들에게 적용되는 규칙이 어른들에게도 똑같이 적용된다는 사실을 확인하는 것이다. 부모나 선생님이 실수를 했을 때 눈에 빤한 변명으로 자기 행동을 정당화하는 것이 아니라, 잘못을 인정하고 용서를 구하며 상황을 만회하기 위해 할 수 있는 바를 행하는 모습은 아이들에게 그 어떤 도덕적인 설교보다 깊은 인상을 남겨줄 것이다.

15 평가하기

학업성취도 평가와 교육의 질 보장

"한국인만큼 똑똑하고 핀란드인만큼 잘한다." 분명 몇몇 독자들은 타츠(taz)지(타게스차이퉁지Tageszeitung의 약칭 – 옮긴이)에 실린 이 기사제목을 기억할 것이다. 우리 학교의 국제학업성취도 평가 결과가 발표된 뒤 슈피겔지도 다음과 같이 흥분을 감추지 못했다. "비스바덴의 한 혁신학교에서 거의 모든 것을 정규학교와 반대로 하더니 국제학업성취도 평가에서 최상위권을 차지하다." 기자들은 국제학업성취도 평가에서 높은 점수를 기록한 나라들의 평균점수와 독일의 평균점수를 헬레네 랑에 학교의 절대점수와 비교해 그래프를 만들어 이를 시각화했다. 이를 보면 읽기 능력에서 독일이 평균 484점, 핀란드는 가장 높은 점수를 받아 546점 그리고 헬레네 랑에 학교가 579점을 얻은 것을 알 수 있다.

신문편집자들이 내놓은 이 결과물은 얼핏 보면 놀랍고, 다시 한

번 들여다보면 어딘가 이상한 구석이 있다. 이들은 국제학업성취도 평가 결과를 국제적으로 비교하기 위해 각각의 나라에서 임의로 연구대상으로 지정된 학교들의 평가 결과를 합산하여 평균을 냈다. 국가 순위를 집계하기 위한 방법으로 이렇게 할 수는 있겠지만, 이 말은 곧 각각의 나라에 자기 나라 평균 이상의 점수를 얻은 학교가 많이 있음을 의미하기도 한다.

독일의 모든 학교들을 하나의 기준으로 비교한 것 또한 말이 안 된다. 슈투트가르트의 어느 김나지움이 브란덴부르크의 한 레알슐레보다 높은 평균점수를 기록할 가능성이 훨씬 높을 것이다. 학생 대다수가 중산층 이상 가정의 자녀로 이루어진 학교의 평균점수가 상당수

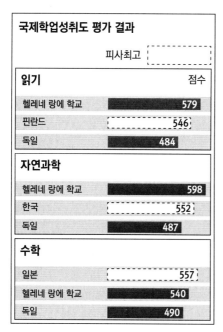

한 신문에서 우리 학교의 국제학업성취도 평가 결과를 왼쪽과 같은 그래프로 표현했다. 우리 학교의 절대점수를 독일과 최상위권 국가들의 평균점수와 비교하였다.

출처: 프랑크푸르터 룬트샤우
(Frankfurter Rundschau)

의 학생이 이민자 출신의 저소득층 자녀인 학교의 점수보다 높을 가능성이 많다는 것은 굳이 확인하지 않아도 될 것이다. 이러한 이유에서 독일 내 국제학업성취도 평가를 담당한 막스 플랑크 연구소에서는 각각의 학교에 대한 기대치를 사전 조사했다. 여기서는 학교 형태, 학생들의 출신, 학교의 위치, 학교 시설 등 다양한 요소들을 고려했다. 즉 한 학교의 교육 질을 평가하기 위해서는 절대점수 자체가 아니라, 그것이 기대치에 미치느냐 못 미치느냐 혹은 기대치를 뛰어넘느냐를 봐야 한다는 것이다. 우리 학교 학생들의 평가 결과는 한국이나 핀란드 학교들의 평가 결과가 아니라, 우리 학생들의 조건을 고려한, 통계학적으로 규정된 일정 학생 수에 대한 기대치와 비교해야 한다. 그래야 비로소 한 학교의 학생들이 그 기대치에 부합하는 성취도를 나타내느냐 하는 것을 논할 수 있다.

결과는 놀라웠다. 읽기에서 기대치인 529점을 훨씬 뛰어넘는 579점을 기록하는 한편, 자연과학 분야에서는 기대치 543점보다 높은 598점, 수학 역시 기대치 523점보다 높은 540점을 기록했다. 이것이 의미하는 바는 무엇인가? 막스 플랑크 연구소에 따르면 20점은 대략 한 학기의 학업성취도를 의미한다고 한다. 읽기와 자연과학 분야에서 우리 학교 9학년 학생들이 보여준 결과는 그들의 지식수준이 약 두 학기 정도 앞서고 있음을 말해준다.

또 한 가지 막스 플랑크 연구소에서 실시한 연구에서 눈에 띄는 사항은 우리 학교가 통합형 종합학교로서 일반적으로 김나지움의 기준에서 요구되는 성취도를 거두었다는 사실이다. 몇몇 '특이사항'이 있다 해도 우리 학교는 그 통합형 종합학교라는 형태 때문에 통계학

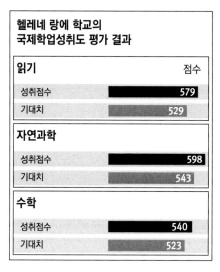

**헬레네 랑에 학교의
국제학업성취도 평가 결과**

읽기	점수
성취점수	579
기대치	529

자연과학	
성취점수	598
기대치	543

수학	
성취점수	540
기대치	523

한 학생이 대략 한 학기 동안 거두는 학업성취도를 20점으로 볼 수 있다. 따라서 기대치와 성취점수 사이의 격차를 보면 읽기와 자연과학 분야에서 우리 학교 9학년 학생들의 지식수준이 약 두 학기 정도 앞서고 있음을 말해준다.

출처: 막스 플랑크 연구소 교육연구원
(Max-Planck-Institut für Bildungsforschung)

적으로 봤을 때 읽기 능력에서 최상위권에 도달하기는 힘들다는 예측이었다. 그러나 사실상 무려 35.5퍼센트에 달하는 학생들이 최상위권에 속하는 결과를 보였다.

이 희소식도 그리 놀랄 일은 아니었다. 국제학업성취도 평가가 실시되기 일 년 전, 헬레네 랑에 학교는 한 국제 수학 및 자연과학 성취도 평가연구에서 연구대상으로 지정되어 평가를 받은 적이 있다.* 여기서는 모든 8학년 학생의 수학 및 자연과학 이해능력과 지식을 평가했는데, 교과서에서 배운 내용 이외의 수학 및 자연과학의 기본개념을 얼마나 이해하며 활용할 수 있는가를 알아보려는 것이었다. 이

---

* '제3회 국제수학·과학성취도 평가연구'에서 헬레네 랑에 학교(그리고 기타 헤센 주에 있는 4개의 통합형 종합학교)를 대상으로 실시한 연구의 자세한 결과는 다음 문헌을 참조. 올라우프 쾰러 / 울리히 트라우드바인, 《학교의 질과 학업성취도(*Schulqualität und Schülerleistung*)》. (juventa, Weinheim / München, 2003.)

연구에서도 우리 학교 학생들이 다른 학교에 비해 비교적 적은 시간을 정규수업에 할애하면서도 높은 학업성취도를 보이고 있음이 밝혀졌다. 우리가 특히 기뻐한 사실은 자연과학 분야에서 남녀 간 성취도 차이가 전혀 없었다는 점이다.

'평가'

십여 년 전부터 한 학교의 실제적 교육능력 '평가'의 필요성이 제기되고 있다. 이십여 년 전, 헬레네 랑에 학교가 김나지움이었을 때에는 몇몇 전문가들이 이런 관심을 갖고 있을 따름이었다. 김나지움에서는(초창기 우리 학교 교사 대부분은 김나지움에서 활동하던 이들이었다.) 누군가가 질적 평가 같은 것에 대해 운운하는 일이 전혀 없었다. 모두가 학습계획에 따라 수업을 진행하기만 한다면 최소한의 기준은 거뜬히 충족할 수 있으며, 수업의 질이야 그 정도 했으면 자연스레 따라오는 게 아니냐고 믿었다. 외부에서 학교를 평가하는 일, 즉 교육감사 등은 전혀 실시되지 않았다. 그러다가 혹 아비투어에서 상당수의 학생들이 최악의 점수를 거두는 사태가 벌어지면 그제야(늘 그런 것도 아니었지만) 학교 교육의 질이라는 문제가 제기되곤 했다. 이런 극단적인 경우가 아니고서는 아비투어라는 것은 '학교 교육의 질'이 아니라, '학생들의 성취도'를 평가하는 장치일 뿐이었다. 최근 국제학업성취도 평가를 계기로 이런 문제들이 다소 공론화되기는 했지만, 안타깝게도 오늘날 대다수의 학교에 이 같은 인식은 여전히 이어지고 있다고 해야 할 것이다.

사실상 우리 학교가 학생들의 활동을 다차원적이며 지속적으로 '평가'하려는 노력을 이미 오래 전부터 해왔다는 것은 스스로의 활동을 돌아보면서 확실히 알 수 있었다. 그러나 학교의 제도적 탈바꿈과 수업형태의 변화야말로 우리가 정기적으로 수업의 질에 대해 성찰하고 개선 가능성을 모색할 수 있는, 나아가 그렇게 해야만 하도록 하는 형식적 틀을 마련한 것이라고 봐야 할 것이다.

학교 내에서 '자체 평가'를 시행하는 핵심 평가단의 하나로, 한 학년을 6년 동안 계속 맡는 교사팀을 들 수 있다. 이미 이들이 오랜 기간에 걸쳐 지속해서 이루어지는 학습과정에 대한 책임을 지고 있음을 이야기한 바 있다. 이들은 각 반에서 이루어지는 학업의 내용과 방법뿐 아니라, 학생들의 행동과 학교생활 전반에 대한 책임을 진다.

각 교사팀에서 한 학년을 마치며 다음 학년도를 위해 짜는 연간학습계획표 역시 계획이라는 목적이 명시되어 있긴 하지만 계획을 세우는 과정에서 일종의 '평가'를 할 수밖에 없도록 하는 것도 하나의 중요한 예다. 연간학습계획표는 계획을 명확하게 세울 수 있도록 하는 수단일 뿐 아니라, 실제 진행과정에서 계획한 바를 충실히 실행하고 있는지 끊임없이 비교, 검토하는 중요한 잣대가 된다. 계획은 언제든 변경할 수 있지만, 이는 뒤에서 몰래 이루어지는 게 아니라 공적으로 이루어진다. 매주 월요일 오후에는 각 교사팀이 2~3시간에 걸쳐 모임을 가지며, 이때 프로젝트를 준비하고 그 각각의 단원들을 되짚으며, 발표를 준비하기도 한다. 하지만 이 자리는 무엇보다 그간의 활동을 평가하는 시간이기도 하다. 한 해에 두세 차례 가지는 각 팀의 연간평가는 지난 수업을 자체 평가하는 자리로, 이 결과는 다음번 계획에 적극 반영된다.

교사팀 말고도 학교 내에는 일상적으로 자기를 성찰하고 계획했던 바가 제대로 진행되었는지를 검토하는 기타 평가단 혹은 기회들이 많이 있다. 예를 들어 교장실과 여섯 명의 교사(각각의 교사팀에서 한 명씩)를 비롯하여 최대 11명으로 이루어진 기획팀은 미래의 활동을 계획하고 현재 진행 중인 활동을 검토하는 역할을 한다. 기획팀은 각 팀의 의견을 모으기도 하고, 반대로 각 팀 혹은 총회의에 의견을 제출할 수 있지만 결정에 대한 권한은 없다. 이들은 학교회의나 총회의 때 평가단의 역할을 한다. 또 하나 중요한 계기는 이틀간 진행되는 교육의 날이다. 이는 일 년에 한 번 교사 전체가 한자리에 모이는 날로, 학교활동을 자체적으로 평가하고 '지평선을 확장'하며 전문가의 도움을 받고 다른 학교의 활동을 엿봄으로써 참신한 생각들을 모으기 위해 마련하는 행사다.

헬레네 랑에 학교의 활동은 '내부 평가' 이외에 외부에서도 집중적인 평가를 받는다. 1992년부터 거의 십 년간 우리는 헤센 주 교육계획 및 학교발전위원회(Hessisches Institut für Bildungsplanung und Schulentwicklung, HIBS)에 속한 외부 전문가에게 지속적으로 교육학적 자문과 비판적 평가를 받을 수 있었다. 그는 학교가 자기 활동을 스스로 진단할 수 있도록 돕는 한편, 다른 학교 및 독일 혹은 다른 나라의 여러 학교혁신 운동에 대해 가지고 있는 전체적 조망을 바탕으로 우리에게 건설적인 제안을 했다.

헬레네 랑에 학교의 '실천'은 학교의 전체 틀에 대한 정보를 얻고 수업에 참관하기 위해 우리 학교를 찾는 여러 방문객들 사이에서도 대두되는 중요한 논의 주제이다. 우리는 매주 적어도 한 번 이 같은 방문객들(교사, 학부모, 정치가 등)을 맞으며, 대부분이 차후에 나름의 인상과 평가를 담은 편지를 보내온다.

우리 학생들은 무엇이 되려나?

한 과정에서 다음 과정으로 넘어가는 단계에서 많은 학부모들은 자기 자녀가 헬레네 랑에 학교에서 보낸 시간에 무엇을 배우고 배우지 못했는지를 평가의 중요한 기준으로 삼는다. 우리 학교를 거쳐 간 졸업생들이 자기 입으로 얼마나 성공적으로 다음 교육과정을 밟고 있는지를 전하는 소식을 자주 듣게 된다. 그러나 우리는 이런 졸업생들의 체계적이지 못한 피드백만으로 자족하며 자만하는 것을 경계하려고 예나 대학교와 함께 수년에 걸쳐 '졸업생 현황 연구'를 진행했다. 여기서는 김나지움, 레알슐레, 하우프트슐레로 나뉘는 시점에 있는 학생들의 현황을 조사한 뒤, 같은 학생들을 각각의 과정, 즉 김나지움 상급과정 혹은 직업교육과정을 마치고 난 뒤에 다시 한 번 조사하는 것이다.

이 연구에서 특히 두드러지는 결과는 김나지움 상급과정 진학생들에게서 드러났다. 이 집단에 속한 학생 대부분은 '잘 준비된' 것도 모자라 심지어 '필요 이상의 자격을 갖춘' 것으로 느끼고 있었다. 스스로 하는 학습, 학교 밖에서 하는 학습, 외부 전문가에게 조언 구하기 등은 안타깝게도 이들이 진학한 학교에서는 매우 한정적으로만 이루어진다는 것이었다. 다른 학생들과의 공동학습도 눈에 띄게 줄었다고 했다. 교과목 차원에서 스스로가 얼마나 잘 준비되었다고 느끼는가 하는 질문에 대해서는, 9학년에서 10학년 때 자신이 어떤 것을 중점적으로 공부했는지 혹은 교사의 수업방식이 어떠했는지에 따라 다음 과정으로 진학한 초기에 다소 모자란 부분이 드러나기도 했다는 대답도 있었다. 그러나 이중 대부분은 이런 사실에 자의식을 잃지 않고 스스로가 부족하다고 느끼는 부분을 체계적으로 보충해나갈 수 있는 능력이 있다는 확신을 가지고 있었다.

우리 시도의 성공 혹은 실패를 판가름하기 어려운 첫 몇 해 동안 학부모들이 우려한 부분이 크게 두 가지 있었다. 첫째, 우리 학교에서는 마지막 10학년까지 모든 학생들이 학습수준에 상관없이 학급 단위로 수업을 한다는 점이다. 김나지움이 아니더라도 일반 종합학교들에서조차 7학년부터는 독일어, 영어, 수학과목에서는 수준별 수업을 하는 것이 보편화된 가운데 우리가 이렇게 하는 것은 특이할 만한 일이었다. 둘째, 우리는 프로젝트 수업, 연극 그리고 학교 밖 수업 등을 하기 위해 기존의 정규수업 시간을 대폭 축소했다는 점이다.

해마다 10학년 졸업생 가운데 45에서 55명 사이의 학생들이 아비투어를 치르기 위해 김나지움 상급과정으로 진학한다. 이들은 여기서 다른 김나지움에서 온 학생들을 만나고 기존의 수업방식에 적응해야 한다. 또한 아비투어에 합격하기 위해서는 다른 모든 학생들과 마찬가지로 일반적으로 김나지움에서 요구되는 학업성취도를 거두어야만 한다. 적지 않은 학부모들이 우리의 수업방식으로 학생들이 제대로 다음 과정 준비를 할 수 있겠느냐고 우려를 표했다. 오랜 기간 우리는 이에 대해 아무런 대답도 할 수 없었다. 새로운 교육학적 개념들을 우리 학교에 적용시킨 지 6년이 지나자 첫 졸업생들이 배출되었다. 그리고 이들이 아비투어를 보기까지 또다시 3년이 걸렸다.

위에서 말한 졸업생 현황 연구 이외에도, 최근 들어 우리 학교에서 자체적으로 김나지움 상급과정 진학생들의 학습능력계발 현황을 조사한 '연구'들이 있다. 현재 진행 중인 연구는 지난 3년간 이루어지고 있는 것으로 2002년도 아비투어를 본 우리 학교 졸업생들의 성취도를 파악하는 것이다. 결과는 놀라웠다. 상급과정 진학 초기와 비교하여 아비투어에서 그 평균이 상향 조정되지 않은 과목이 없었다. 독일어와 역사에서는 모든 진학생의 평균점수가 2.1점이나 올랐다. 물리에서는 1.9점, 수학에서는 1.8점 올랐다. 특히 수학의 사례는 이 같은 결과가 최상위권 학생 몇 명에 의한 것이 아니라 헬레네 랑에 학교 졸업생 대다수의 보편적인 성취도에 의한 것임을 더욱 명확히 보여준다. 총 55명 가운데 44명이 상급과정 진학 초기와 비교하여 자기 점수를 지키거나 오히려 올렸다. 2점 이상 떨어진 학생은 네 명에 그쳤다.

자기주도 학습과 좋은 성과를 얻고자 하는 학생 개개인의 학습동기는 헬레네 랑에 학교의 새로운 교육학적 시도들에 기반을 둔다 해도 지나친 말이 아닐 것이다. 헬레네 랑에 졸업생들이 주를 이루고 있는 한 김나지움 상급과정의 교장선생님은 지난 현황조사에서 다음과 같은 문장으로 평가를 마무리했다. "헬레네 랑에 학교에서 진학한 학생들은 스스로 주체가 되어 학습하고, 학습의 결과물을 학급과 평가단 등에게 발표하며, 외부 전문가의 지식을 맥락에 맞게 끌어다 쓰

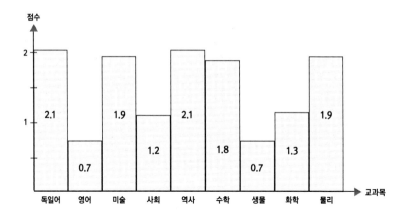

상급과정에서의 학업성취도 변화 상급과정 진학 초기와 비교하여 헬레네 랑에 학교 출신 학생들의 아비투어 평균점수가 상향 조정되지 않은 과목이 없다. 출처: 헬레네 랑에 학교

고, 사회활동에 적극적으로 참여하는 것을 몸소 탁월하게 체득하고 있다. 특히 주목할 만한 점은 이들 대부분이 자기 계발과 잠재력에 대해 높은 성취욕구를 갖고 있다는 점이다."

학생들이 외부기준으로도 좋은 평가를 받은 것에 우리는 기쁘고 어떤 점에서는 안도가 되기도 했다. 우리가 걸어온 길이 틀린 것은 아니었음을 '입증'할 수 있었기 때문일까? 그러나 더욱 중요한 점은 이같은 평가를 통해 얻는 충고와 조언들을 바탕으로 끊임없이 우리 학교와 우리의 수업방식을 개선하는 노력을 하는 것이다.

가르치는 기관에서 배우는 기관으로

한 학교의 교육 원칙은 중요한 사상에 토대를 두고 있어야 어려운 시기에도 일관성을 지키며 다른 이들을 설득하는 동력을 얻을 수 있다. 그 예로 평화, 정의, 창조세계의 보존과 같은 문제를 비롯해, '통합(이는 특정집단 혹은 개인에 국한된 문제가 아니다)', '폴리스로서의 학교, 즉 후세를 위한 시민학교', 혹은 '기회의 균등' 등과 같은, 우리 시대의 핵심 사안들을 들 수 있겠다. 이 같은 거시적 주제들은 상반관계에 있는 게 아니며, 오늘날 대부분의 학교에 이러한 사상의 흔적들이 각각 조금씩이나마 남아 있을 것이다. 그러나 진정으로 변화를 꿈꾸고 이를 위해 '발걸음을 뗀' 학교라면 이런 사상들이 그 교육 원칙의 핵심에 놓여 있어야 한다. 헬레네 랑에 학교는 다음과 같은 생각을 가지고 있다. 학교라는 곳이 배움의 자리라는 사실을 직시한다면 우리는 무엇보다 그 구체적 방법과 절차에 대해 끊임없이 고민해야 한다. 우리 학교에서는 어떻게 배우고 있으며, 어떻게 배울 수 있을지, 어떻게 배워야 할지를 생각해야 한다. 그 어떤 이도 우리의 배움에 대한 목적과 대상, 동기를 물어보지 않는다. 이는 우리가 스스로에게 해야할 질문이다.

학교의 교육내용에 대해 이 같은 분석을 하려면 비판에 대해 열린 마음으로 대처할 수 있어야 한다. 우리 학교 교사들과 초기 입학생들 사이에서 마음을 열고 대하는 여유는 시간을 보내면서 차츰차츰 생겨났다고 봐야 한다. 이처럼 여유를 갖게 된 데는 분명 우리 모두가 함께 디딘 첫발의 '성공'과 다 같이 이루어낸 결과물에 대한 자긍심이 한몫한 것 같다. 이러한 여유가 있어야 비판을 무작정 거부하지 않고 그 내용을 곰곰이 따져 생각하는 법을 배울 수 있다. 비판 가운데 어떤 것이 정당하지 않고 또 어떤 것이 지나치게 이상적인가? 그

가운데 우리가 뜻하고 계획하는 바를 더 잘 이룰 수 있도록 돕는 조언과 충고가 있는가? 행여 우리 목적 자체에 대해 멈추어 다시 한 번 돌아볼 필요가 있지는 않은가?

장기적으로 봤을 때 학교가 마음의 여유를 갖게 되면, 학교 내에서 스스로의 활동을 끊임없이 성찰하는 것을 일상화할 수 있다. 우리가 목적하던 바를 달성했는가? 우리가 원하던 것이 자리 잡았는가? 수시로 이렇게 되물어야 비로소 학교가 스스로를 '평가'하고 진정으로 추구하는 방향으로 나아갈 수 있다. 즉 가르치는 기관에서 점차 배우는 기관으로 변모하는 것이다. 하나의 기관으로서 스스로를 돌아보고 자기의 경험을 의식적으로 성찰하며 이를 통해 스스로 배워나가는 능력을 갖춘 학교가 되는 것이다.

학교가 일상에서 개혁을 해나가는 데 특히 중요한 것은 분위기, 혹은 감히 말하건대 이 변화의 도정(道程)을 지배하는 '혼'이라 할 수 있다. 이는 물잔이 반 찼느냐 혹은 반 비었느냐 하는 문제와도 같다. 지금껏 자리를 굳혀온 구조("지금까지 우린 늘 이렇게 해왔어!")는, 닥쳐올 어려움만을 비관적으로 두려워하고 있거나("이걸 어떻게 기존 시간표에 배정하잔 말입니까!" 혹은 "김 선생님, 이게 도대체 보험적용 범위는 고려한 계획입니까?"), 앉아서 생각만 하고 있거나, 과거에 실패한 경험이 미래에도 반복될 것이라 일반화시켜서는("또 똑같은 얘기! 이 계획은 이미 3년 전에 한번 시도했다가 실패한 일이에요. 그래서 어떻게 되었죠? 일만 늘어난 것 기억 못 해요?") 결코 변화시킬 수 없다. 대신 필요한 것은 머뭇거리는 이들의 걱정을 잠시나마 잠재우고 신명을 불러일으킬 긍정적 희망이다. 생각하고 말할 자유가 있고, 때론 자기 집 안방에 모신

'신주단지'에도 의문을 제기하거나 풍자할 수 있는 해학이 살아 있으되, 그것이 냉소적이거나 남에게 책임을 돌리며 자기를 분열시키는 것이 아닌, 그런 환경이 조성되어야 한다. 급진적으로 (뿌리까지 파고들어) 생각할 수 있어야 하며, 그렇게 해야만 한다. 그 다음 실천단계에서는 보통 한 발짝 한 발짝 천천히 떼게 되는데, 이때는 모든 것을 침착하고 신중하게 하되 목표를 정해놓고 올바른 방향을 향해 나아가야지, 남들이 하라는 대로 이리저리 경거망동해서는 안 된다.

최적의 환경은 마술처럼 저절로 하루아침에 만들어지는 게 아니다. 오랜 시간 쌓아올린 공동체적 노력 그리고 여러 형태의 상호관계를 통해 얻게 되는 결과물이다. 학교가 학생 하나하나를 절대적 가치가 있는 인격체로 인정하고 존중하려면, 우선 교사 하나하나가 학교에서 이같이 존중받고 귀히 여김을 받아야 한다. 인격적 주체로서 나 자신과 나의 노력이 인정과 존중을 받지 못한다고 느끼면 존재의 근원이 병들게 된다. 세심한 교육자라면 학생들이 바로 그와 같은 존재임을 잘 알 것이다. 이는 또한 교사에게도 적용된다. '평가'라는 말이 학생들의 성취도에 따라 교사의 자질을 판단한다는 식의 단순한 공식과 동일시된다면, 인정과 존중이 설 자리는 없다. 통제와 경쟁이라는 가치가 학교의 일상을 좌우하게 해서는 안 된다. 인정과 존중 역시 단순히 위에서 등 몇 번 토닥여주는 것과는 다르다. 이는 동료교사 간에, 교사와 학생 간에 그리고 학부모와 학교 간에 서로를 대하는 방식을 결정짓는 원칙이 되어야 한다. 이 역시 공감과 다른 사람에 대한 관심과 배려를 바탕으로 한 끊임없는 노력의 결과물이다.

바깥에서 본 교장선생님

라인하르트 칼 (Reinhard Kahl)

"이끌고자 하는 자는 자신이 이끌고자 하는 이들의
길을 막고 서 있으면 안 된다." – 노자

이 마지막 장에서는 교장에 대한 이야기를 해야겠다. 지금까지 다룬 내용에서 여러 주제를 언급하는 가운데 이미 드러나기는 했지만, 이 장에서는 특별히 교장선생님이라는 인물을 중심으로 삼고자 한다. 성공적인 학교를 만드는 데 있어 그녀의 역할은 무엇이었을까? 짐작이 가겠지만 이 질문에 에냐 리겔 스스로가 나서서 답을 하긴 쉽지 않은 노릇이다. 이를 대신하여 바깥에서 본 그녀를 소개하고자 한다.

내가 에냐 리겔을 알고 지낸 것은 1980년대 중반부터다. 당시 하노버에서 열린 한 교육자회의에서 그녀는 새로운 생각으로 청중을 사로잡았다. 나아가 이를 실현시키고자 하는 그녀의 열정은 우리를 설득시키기에 충분했다. 나는 이때부터 헬레네 랑에 학교를 지켜보기 시작했다. 나는 곧 그녀에게 매료됐지만, 그렇다고 해서 처음부터 그녀에게 전적으로 동의한 것은 아니었다. 학생과 교사의 자율권을 그처럼 강화시키다 보면 교장의 위상과 영향력은 자연히 줄어들 수밖에 없지 않겠는가 하는 우려를 잠재울 수 없었다.

*

에냐 리겔이 헬레네 랑에 학교에 교장으로 부임하던 날 그녀의 눈앞에는 온통 검은색뿐이었다. 교사들이 장례식 차림으로 학교에 나온 것이다. "리겔은 절대 거부한다!"라는 뜻이었다. 학교 역사상 이같은 거부시위는 유례가 없는 일이었다.

20년 가까이 지나 그녀가 은퇴하던 날, 교사회는 그때까지 독일의 어느 학교에서도 보지 못한 큰 잔치를 베풀어 교장선생님에 대한 고마움을 표현했다. 교사들은 몇 날 며칠을 지새워 프로그램을 짜고 서커스장 모양의 행사장을 준비했다. 서커스 천막을 짓는 일은 학생과 기술자들이 도왔는데 이들은 보통 팝스타들의 공연장 설치작업을 하는 전문가들이었다. 모든 것이 에냐 리겔에게는 비밀에 붙여졌다. 그러나 이 학교에서 하는 일이 언제나 그러하듯, 일을 준비하는 기쁨으로 들뜬 분위기를 감출 수는 없었다. 여기저기 톱밥이 흩날리고 구조물에 천막이 씌워지며 색색의 조명이 설치되자 분위기는 최고조에 달했다. 한껏 차려입은 하객들은 학생들이 손수 차린, 고급 레스토랑 못지않은 식탁 앞에 앉아 있었다. 어떤 손님들은 교사와 졸업생들의 수준급 연극공연을 두 눈으로 보면서도 믿지 못하겠다는 듯 입을 딱 벌렸다. "학교에서 이런 걸 본 적은 단 한 번도 없어요." 잘렘성 기숙

학교(Salem Internatschule, 전원이 풍부하고 역사 유적이 있는 곳에 학교를 세우고 공동체 생활을 바탕으로 독특한 교육과정을 운영하는 대안학교 중 하나-옮긴이) 교장인 베른하르트 부브 씨는 이렇게 말하면서 음악연주자, 연극배우들 그리고 기술 면에서의 전문성을 격찬하였다. "저기 저 분들이 교사들이라고요? 믿기지가 않는군요!" 그들은 교사가 맞았다. 무대 위에는 20여 년 전에 검은색 옷으로 차려입고 에냐 리겔을 반대하는 시위를 했던 교사들도 있었다.

이렇게 작별하는 자리는 여러 해에 걸쳐 이 학교에서 일어난 일들을 압축해 드러냈다. 이 학교는 고집이 세다. 나름의 틀을 갖추고 의례를 만들어냈다. 이 학교에 속한 모두가 많은 에너지를 쏟아붓는다. 그만큼 수확하는 결실도 크다. 그리고 추수의 기쁨을 만끽한다. 이 학교를 방문하는 사람들은 이 같은 분위기를 금방 피부로 느낀다. 집 같은 편안함과 자유를 느낀다. 에냐 리겔이 학교와 작별을 고하던 2003년 2월의 어느 날이 바로 그러했다.

그러나 이런 축제 분위기 속에 아무도 알아차리지 못한 그늘이 드리워져 있었다. 사실을 아는 이는 단 두 사람, 교장 자신과 젊은 의사인 그녀의 딸뿐이었다. 이날 오전, 하르트무트 폰 헨티히와 안드레아스 플리트너(Andreas Flitner) 그리고 전 문화부장관인 하르트무트 홀츠아펠(Hartmut Holzapfel)이 맨 앞줄에 앉아 있었고, 누군가의 말을 이어받아 에냐 리겔이 연설을 할 차례였다. 연설 도중 그녀에게 갑작스런 심장마비가 왔다. 정도는 약했지만 모두가 놀라지 않을 수 없었고 그녀 자신조차 처음에는 이 사실을 받아들이려고 하지 않았다. 20년 넘게 교직생활을 한 대가가 결국 이것이란 말인가? 자기를 너무

혹사시킨 게 아니었을까? 이 사람이 진정 교장으로서의 모범 사례를 보여주는 걸까? 헬레네 랑에 학교는 역시 교장 한 사람의 헌신으로 이루어낸 하나의 예외적인 경우일 뿐 범례가 될 수는 없단 말인가? 아니면 우리 스스로가 세상에는 좋은 학교를 만드는 정답이 있는 게 아님을 깨달아야 할 때인가?

헬레네 랑에 학교는 '좋은 학교'라는 공식이 있을 것이라는 우리의 그릇된 믿음 앞에서 해방을 외치는 가장 좋은 모범이라 생각한다. 한 개인과 마찬가지로 이 학교도 자기 나름의 역사가 있고, 이러한 역사를 이룰 수밖에 없었던, 밖에서 주어진 배경과 조건이 있었을 것이다. 헬레네 랑에 학교는 일종의 모델이나 마찬가지다. 여기서 불완전함은 감춰야 하는 부분이 아니다. 잘못과 오류야말로 배움을 위한 중요한 자산이 된다.

첫 발짝을 이 교장선생님이 내디뎠다. 다른 사람의 종으로 살기를 거부하는 일을 몸소 실천했으며 이로부터 긍정적인 바이러스가 퍼지기 시작했다. 스스로를 이 같은 실험에 내맡긴 그녀가 시도한 일이 모두 성공한 것은 아니지만 수많은 열매를 거둘 수 있었던 것이 사실이다.

파나마로 가자!

모두가 아마 야노쉬의 이야기를 알고 있을 것이다. 곰과 호랑이가 낙원을 찾아 떠나는 이야기 말이다. 그들은 바나나 상자에 쓰여 있는 이름을 보고 파나마로 가기로 결정한다. 그런데 그렇게 파나마를 찾아 세상을 한 바퀴 돌고 돌아 결국 이르게 된 종착점은 바로 다름 아 닌 그들의 오두막이었다. 이제 그들은 자기들의 오두막을 늘 갈구하 던 낙원으로 만들기로 한다. 1982년 에냐 리겔이 헬레네 랑에 학교의 교장직에 지원하던 순간은 그녀에게 있어 바로 파나마로 떠난 여행의 종결부를 의미했다.

에냐 리겔은 헬레네 랑에 학교의 학생으로서 이 학교와 첫 인연을 맺었다. 학부를 졸업하고 실습교사로 일했고 정식교사로서 첫 몇 해 를 헬레네 랑에 학교에서 보냈다. 그녀의 기억에 헬레네 랑에 학교에 서의 학창시절이 아름답게 간직되어 있던 것과는 달리, 교육자로서 바라본 학교는 크게 실망스러웠다. 에냐는 재능이 있었다. 2학년 때 월반을 한 어린 에냐는 뛰어넘은 간극을 메우기 위해 학교에서 못 배 운 내용을 집에서 보충해야 했다. 그녀의 어머니는 어린 딸에게 부족 한 공부를 가차 없이 주입시켰다. 아마 끔찍했을 것이다. 이런 식으 로 높으신 집안의 안주인은 자기 삶에 방해가 되는 딸아이에게 복수 했다. 어린 에냐는 집안에서는 비록 이런 불행을 겪었지만, 할아버지 와 나란히 비스바덴의 빌헬름 거리를 거닐 때만큼은 행복감에 충만 했다. 할아버지는 성공한 사업가였다. 이 순간만큼은 온 세상을 가 진 듯했다. 할아버지는 자상했고 그녀에게 사랑을 듬뿍 주었으며 집 에서와는 다른 세계가 있다는 확신을 가지게 해주었다. 바로 할아버 지에게서 에냐는 목적을 이룬 삶은 위기에 처한 삶을 구할 수 있다는 긍정적 희망을 유산으로 받았다. 그녀에게 학교라는 곳은 바로 이 더 나은 세상에 속하는 것이었다.

이 양극 사이에서 이 비스바덴의 소녀는 우리 삶에서 모든 것이

가능하다는 것을 깨달았다. 무엇보다 인간은 누구나 자신을 환영하고 믿어주는 곳이 하나라도 있어야 함을 경험했다. 그녀의 할아버지가 사랑하는 에냐에게 그러했던 것처럼.

독문학과 영문학 공부를 마친 뒤 모교의 실습교사로 부임한 그녀는 자기가 어릴 적 다니던 학교를 새로운 눈으로 보게 되었다. 아이들과 청소년들에게 학교는 사람들이 말하는 것처럼 아름다운 '헬라(헬레네 랑에의 약칭 – 옮긴이)'가 아니었다. 전혀 아니었다. 교무실은 다가가기 무서운 곳이었고, 수업은 교과목으로 짜인 시간표에 따라 쳇바퀴처럼 굴러갔다. 학생을 위해 수업이 있는 게 아니라 마치 수업을 위해 학생이 존재하는 듯했다. 하루 일과는 45분 단위로 딱딱 나뉘었다. 새로운 관점에서 볼 때 학교라는 곳은 둔중하기 이를 데 없었고 그곳에서 기대할 거라곤 아무것도 없어 보였다. 그러나 이제는 에냐가 아닌 리젤로 불리기 시작한 한 여성에게 오랜 기억 속에 있는 학교에 대한 희망마저 죽은 것은 아니었다.

교사실습을 시작한 것은 1969년이었다. 당시는 모든 것이 새로운 질서를 찾아가는 시대였다. 에냐 리젤 역시 그의 부모와 조부모 세대가 지금까지 행한 일이 무엇인지 알고자 했다. 그녀는 우리가 과연 그들의 자손으로 남아야 할지, 혹은 우리 스스로 완전히 새로운 존재로 재탄생해야 할지를 놓고 고민했다. 그녀는 독일이 1945년 이후 독일의 재건과 경제 부흥을 위해 끊임없이 '더 높이, 더 많이'를 외치며 뒷전으로 미뤄놓았던 역사의 부름 앞에 서고자 했다. 심지어 그녀는 시민으로서 지녀야 할 모든 덕목을 싸잡아 파시즘으로 여긴 때도 있었다. 예를 들어 정리정돈을 하라는 것은 유대인 집단수용소를 연상시킨다며 '결벽증'으로 폄하했다. 이런 식으로 모든 것을 연결지었다. 목욕물을 버리며 주저 없이 아이까지 쏟아버리는 꼴이었다. 그러나 당시 그녀로서는 이런 극단적인 저항이 피할 수 없었던 중요한 과정이었다.

실습 및 도제기간

어느새 에냐 리겔은 어머니이자 도시의 유명인사가 되었다. 당시 사람들은 그녀가 반권위주의적인 어린이집(1960년대 학생운동의 시도로 우리나라의 공동육아식 보육활동에 해당 – 옮긴이)을 설립해 오래 전 그 위상을 잃어버린 공동묘지를 모험 가득한 놀이터로 변모시켰다고 말하곤 했다. 어린이집 주변의 도로까지도 어린이들의 놀이공간으로 공표하였다. 어찌 되었든 오래된 공동묘지가 놀이터로 변했고 이는 오늘날까지도 변함없다. 그러나 1970년대 초에는 소문이 무성했다. 빨갱이 에냐가 아이들을 선동해 공동묘지의 나무들에 불을 지르고 무덤을 훼손시킨다는 것이었다. 근거 없는 말이었지만 그림에는 맞아 들었다. 실제로 그녀는 이 어린이집에서 새로운 장을 맞이하였다. 그녀는 권위주의에 대한 저항운동 자체만으로 더 많은 자유를 얻을 수 있는 것은 아님을 깨닫게 된다. 또한 폐허를 잘 손본다고 해서 그것이 새로워지는 것은 아니며, 지금껏 학교와 가정 교육에서 행하고 있는 바가 이와 다르지 않다고 생각했다. 새로운 것이 지어지지 않는다면 그 위에 남는 것은 황폐함뿐이라는 것을 알게 되었다. 어린이집에서 아이들이 절실히 필요로 하는 것은 어른들과 신뢰관계를 쌓아나가는 것이며, 아이들은 다름 아닌 정당한 규칙과 의례에 목말라한다는 사실이 점점 명확해지고 있었다. 이런 문제들은 곧바로 쟁점이 되었다. 결국 모든 것이 당장 완전히 바뀌어야 한다는 이야기가 아닌가. 저항의 중심에 서 있던 에냐는 이내 생각이 많아졌다. 그녀가 자기만의 생각에 사로잡힌 독단론자인 적은 단 한 번도 없었다. 그러나 한편에서 그녀를 빨갱이 에냐로 몰아가는 동안, 다른 한편에선 그녀를 현실과 타협한 현실주의자라고 비난했다.

그러니까 그녀는 교사실습 때부터 다시 옛적의 김나지움으로 귀환한 셈이다. 1970년대 초에 헬레네 랑에 학교에 새로 부임한 여교장선생님은 프랑크푸르트에 있는 한 종합학교 교사로 있던 분으로, 열정을 갖고 모든 것을 바꾸고자 했다. 취임사에서 그녀는 지난 수백 년간 쌓인 학교의 먼지를 털어내고 김나지움과 당시 교육제도에 널린 쓰레기와 폐허를 청산할 것을 외쳤다. 이 같은 위에서의 개혁은 교사회와 학부모 일부를 자극했고 이들 사이에 개혁에 대한 불신이 커지고 있었다. 이들은 이 새 여교장을 몰아내고자 했다. 다음 회의가 있던 날 교사 일부와 교장 대리인과 연합한 학부모회가 교무실 창문 바로 앞 학교 마당에 쓰레기 컨테이너를 설치했다. 물론 지역매체에 계획을 통보한 상태였다. 얼마 지나지 않아 이 새로운 교장선생님은 제 발로 학교를 떠났다.

당시 상당수 학교에서와 마찬가지로 헬레네 랑에 학교에서도 사회와 학교의 개혁이라는 거창한 말들이 대단한 인기를 끌었다. 그러나 실제 수업과 학생들의 학교 일상은 이 말들과 무관하게 흘러갔다. 교사회 내에서는 이른바 기존의 교육질서와 '가치'를 고수하자는 보수파와 매번 자기네끼리 분열되곤 하던 신좌파 해방론자들 간의 싸움이 끊이지 않았다. 이런 식으로 1970년대 초반에 생긴 분열의 틈새는 이후 30여 년간 지속된 독일의 교육전쟁을 거치는 동안 끊임없이 유지되었고 싸움의 끝에 남는 것은 황폐함뿐이었다.

그러던 어느 날 후버트 이보라는 새로 부임한 교장선생님이 상황을 진정시킬 것을 약속했다. 그는 독일어수업을 위한 새로운 교수법을 고안하고 당시 뜨거운 논란이 되었던 헤센 주 교육방침 제정에 참여한 바 있었다. 그는 사상가였고 사람들을 감동시키는 능력이 있었으나 대부분의 시간은 강연을 하러 다니느라 매우 바빴다. 2년이 채지나기도 전에 그는 한 대학교의 부름을 받아 떠났다. 그의 뒤를 이어 새로운 교장이 부임했고 이내 많은 지지와 신임을 얻었다. 그러나 그에게 중등단계 상급과정이 잘 갖추어진 한 유명 고전어 김나지움 (라틴어 등 고전어 교육에 역점을 둔 김나지움 – 옮긴이) 교장직 제안이 들어오자 그 역시 바로 떠나버렸다. 교사회는 자기들이 학교개혁에 대한 열정을 안고 큰 신뢰를 가졌던 이 두 사람에게 버림받고 상처받았다고 느끼고 있었다. 이런 상황에서 그러면 누가 아이들을 돌보고 학교의 일상을 책임지겠는가? 에냐 리겔은 이 문제를 놓고 고민했다. 그녀는 새로운 방안이 필요하다고 생각했으나 아직은 때가 아니었다. 지금은 작은 발걸음을 용감하게 내디뎌야 할 때이며, 발끝을 쳐다보지 않고 저 멀리 있는 지평선을 내다보며 걸어야 한다고 생각했다.

교사실습을 끝내고 4년간 헬라의 교사로 있던 즈음에 그녀는 당시 교실 정리와 질서관리 문제로 교장 대리인과 마찰을 빚었다. 그녀는 교육의 근본을 접할 수 있는 곳, 되도록이면 하우프트슐레로의 전근을 원했다. 그러나 그녀는 슈투디엔래틴(중등교육 상급단계 과정을 교수하는 교사 – 옮긴이)이었기 때문에 이는 불가능한 일이었다.

그러나 종합학교로 전근하는 것은 가능했다. 그곳에서 그녀는 노동자와 이민자 출신 자녀들이 주를 이루는 어려운 형편의 아이들을 만나 교사의 근본을 새롭게 깨쳐나가기 시작했다. 이 아이들은 종합학교 과정이 끝나면 주로 빌헬름 로이슈너 학교(Wilhelm-Leuschner-Schule)에 진학했다. 이내 그녀와 동료 몇 명은 그들이 이미 어린이집에서 느꼈던 바를 다시금 확인하게 되었다. 즉 학생들에게는 매시간 왔다가 가버리는 전문가들이 필요한 게 아니라 자기들이 믿고 의지할 수 있는 어른들이 필요한 것이라는 사실 말이다. 대부분의 학생들이 경험하는 세상은 결코 아름답지만은 않다. 이런 아이들에게는 마음의 고향이 될 만한 곳이 필요하다. 종합학교에서는 학생들이 수강 과목과 성취도에 따라 끊임없이 교실을 옮긴다. 끊임없이 레일을 바꾸는 기차와 같다. 교사들은 성적 매길 때 헷갈리지 않으려고 아이들의 사진을 찍어 붙여놓았다. 당시 에냐 리겔은 담임교사가 다른 과목도 가르칠 수 있게끔 하자고 제안했으나 이는 결국 받아들여지지 않았다. 인사위원회와 교사조합은 최종적으로 과목별 전문교사 채용을 결정했다. 이런 식의 이른바 전문화를 통하여 임금상승 효과도 누릴 수 있다는 판단이었다.

에냐 리겔은 학생들에게 더 가까이 다가가기 위해 초등학교로 전근 신청을 했다. 누가 봐도 하향지원을 하는 것이었다. 초등학교에서 그녀는 교장보다 높은 임금을 받는 집단에 속했다. 그러나 여기서 비로소 그녀는 개혁적 생각들을 실천에 옮길 수 있었다. 그녀는 프랑스의 프레네 교육에서 한 대로 학생들에게 읽기와 쓰기를 작은 인쇄소 작업을 통해 가르치는 시도를 했다. 결과는 매우 성공적이었다. 그러나 다른 분야에선 어떠했는가? 교장은 날마다 가장 먼저 학교에 왔고, 7시 45분에 교사 한 명 한 명과 악수를 하고는 곧장 자기 방으로 사라졌다. 그 시간 이후로 교장을 만날 일은 없었다. 그는 교장실에 처박힌 채 숨어서 학교를 운영하고 있었다. 학교 곳곳에서 일어나는 일을 그는 청소부 아주머니들에게서 보고받았다. 어디가 특히 더러웠나? 누가 요새 시끄러운가? 복도에서 사람들이 무슨 말들을 하나? 자기 맘에 안 드는 이야기가 들려오면 그저 그것을 금지시켰다. 어느새 청소부 아주머니들이 학교의 숨은 권력자로 등극하고 있었다. 교사들은 이들을 구슬리고 때론 뇌물도 주었다. 이런 식으로 이른바 교육자라고 하는 이들은 어차피 변하지 않는 그 무언가와 타협하는 법을 터득하고 있었다. 에냐 리겔은 결코 있을 수 없는 일이라며 자리를 박차고 일어났다. 이건 내가 일하고자 했던 그런 학교가 아니라고, 이건 사는 게 아니라고 생각했다.

여느 불만족스런 교사들과 마찬가지로 그녀는 교육부 쪽에서 할 수 있는 일이 없을까 알아보던 차에 헤센 주 교육연구원(Hessisches Landesinstitut für Pädagogik, HeLP)에 시간제로 참여하기 시작했다. 그러나 자기 자신조차 동의할 수 없었던 학교 일상을 다른 교사들에게 어떻게 강요하란 말인가? 겁쟁이들이 거창한 용기에 대해 말하는 것을 그녀는 용납할 수 없었다. 어린 학생이던 어린 에냐의 오래된 꿈이자 이제 교사의 입장에 선 에냐 리겔이 새롭게 품게 된, 희망과 통찰이 서서히 하나로 모이기 시작했다. 교장이 되어야겠다고 생각한 것이다. 그녀가 헤센 주 교육연구원에서 일한 경험은 교장 세계의 분위기를 파악하는 기회가 되었다. 여기서 그녀는 한물간 연방법원장 같은 권위주의적인 교장이 행여 뭐라도 잘못되지는 않을까 노심초사하며 학교를 단속하는 동안, 새로운 유형의 부드러운 교장이 점점 자기 영역을 확보해나가고 있음을 볼 수 있었다. 옛 체제의 관리인 같은 유형의 교장과 마찬가지로 새로운 중재자 역시 중재하는 것 말고는 아무것도 스스로 나서서 하려 하지 않았다. 두 유형 모두 공격을 받거나 위험부담을 떠안아야 하는 그 어떤 행동도 직접 나서서 하고 싶어하지 않았다. 연방법원장 유형은 정부 차원의 통보와 학습계획에 대한 권한을 쥐고 있음으로써 자기 영역을 굳혔다. 새로운 유형은 자기를 숨겼다. 교사들은 모든 결정에 자기들이 왠지 참여하고 있는 것 같은 인상을 받았지만 어디까지나 그런 인상을 받는 것이 다였다. 새로운 유형의 교장은 교사회의를 직접 맡아 진행하는 일은 드물었고 대부분은 동료 교사들에게 이를 위임했다. 또 다른 사람들의 의견을 묻고 자료를 요청했다. 평등한 토론을 장려하고 쓸데없는 말들을 끝없이 반복했다. 그러나 최종결정권만큼은 절대로 양보하지 않았다. 실제로 그는 뒤에서 모든 것을 조종하였고 교사들은 금세 이 전략을 모방했다. 이런 학교에는 모함이 성행하고 명확히 드러나지 않는 권력집단이 힘을 쥔다. 정치색 등으로 나뉜 작은 집단들이 원한을 품고 서로에게 대항한다. 그중 한 집단이 앞으로 나서면 반드시 내부와 외부에서 적이 나타난다.

이런 식으로 모두가 어딘가에 속해 바삐 움직이지만 몹시 지치고 힘들어한다. 실제로 수업과 학생들에게 관심을 쏟는 이는 한 사람도 없다. 이 기간에 에냐 리겔이 목격한 것은 주로 교무실에서 학생들을 욕하고 있는 교사들의 모습이었다. 학생들은 안중에도 없었다. 어떨 때는 심지어 증오의 대상이 되기도 했다. 이런 적대관계는 도대체 어디에서 나왔단 말인가?

수습기간

1982년 에냐 리겔은 42세가 되었다. 13년간 교사로서 거의 모든 형태의 학교와 다양한 나이대의 학생들을 경험했으며 독일과 프랑스의 여러 흥미로운 학교들을 견학했다.

에냐 리겔은 헬레네 랑에 학교의 교장 공모가 자기에게 주어진 소명이라 생각할 수밖에 없었다. 그녀는 혼자였다. 학교운영위원회는 그녀의 지원을 막고 나섰다. 비스바덴 시 청빙위원회에게는 여전히 공동묘지의 빨갱이 에냐가 뇌리에 박혀 있었고, 이에 다소 연륜이 있는 이 학교 출신의 교사 한 명을 경쟁자로 내세워 리겔을 차석으로 밀어내려 하였다. 당시 장관이던 크롤만은 에냐 리겔에 대한 긍정적인 평가를 들은 바 있었다. 그는 두 사람에게 대화를 청했다. 평소 청바지를 입고 다니던 리겔은 이날 잘 갖추어진 정장을 한 벌 구입해서 입었다. 그러고는 장관에게 정장 상의 벗는 것을 좀 도와달라고 말했다. 이날 대화를 나눈 뒤 결정을 내린 장관은 자기 친구이기도 한 비스바덴 시 학교지원국장에게 전화를 걸어 그 사실을 알린다. 그는 내키지는 않지만 승낙한다. 인사위원회 각계각층의 끈질긴 반대가 수그러들기까지는 일 년이 넘게 걸렸다. 그러고 나서 누가 봐도 관료적 지략이 뛰어날 것 같지도 않고, 그렇다고 리더십이 있어 보이지도 않는 이 여성이 교장으로 임명되었다.

황량한 방에 화환도 음악도 없이 교사회 전체가 검은 장례식 차림을 하고 새로 부임할 교장을 기다리고 있다. 일부는 그녀가 장관의 호의로 임명되었기 때문에, 또 일부는 빨갱이 저항자로서의 에냐를 기억하기 때문에 그녀를 거부했다. 또 어떤 이들은 이런 상반된 모습을 보이는 그녀를 정신 나간 여성으로 여겼다.

당시에는 68운동과 그 이후 세대들이 교사의 주류를 이루고 있었다. 중등교육 상급과정은 1974년을 기점으로 분리된 상태였다. 당시 교사들 상당수가 이때 이 상급과정이 있는 학교로 전근했다. 헬라의 빈자리는 젊은 교사들로 채워졌다. 그들은 변화를 원하고 있었지만 어떻게 해야 할지 구체적인 방법을 모르고 있었다. 교사회는 한편으로 잦은 교장 교체에 지쳐 있었고, 다른 한편으로 아예 교장제도 자체에 회의를 느끼고 있었다. 더군다나 자기 이력 쌓을 생각만 하는 그런 여성이라면 더욱더 필요 없다며 거부감을 드러냈다. 1980년대 초의 무거움을 그대로 드러내는 상황이었다. 학교로서는 바닥을 치고 있었다고 볼 수도 있을 것이다. 그러나 이를 다른 눈으로 보자면 이런 절대적 침체기야말로 그 시대의 요구에 귀 기울이고 행동할 수 있는 가장 적절한 시점이었다. 그리고 에냐 리겔은 이 상황을 이런 눈으로 읽고 있었다. 그녀는 몸을 움직이고자 했다. 분명 그렇게 하고자 했다. 그녀의 관심은 그저 중재하고 위에서 내려오는 명령을 하달하는 것이 아니었다. 그녀는 현실적 이상주의자였고 지금도 그러하다.

처음으로 도입한 것은 가장 기본적인 근무환경이었다. 즉 아침을 제때 맞춰 시작하고 교사 한 명이 아프면 누군가가 이를 대신할 것, 회의는 수업시간이나 누군가의 생일에 하지 말 것, 그리고 오전시간에는 음주하지 말 것 등이다.

교사회의 신임을 얻었던 그녀의 경쟁후보는 이제 그녀의 대리인이 되어 있었다. 교사회는 그를 중심으로 새로운 여교장에게 끈질기게 맞섰다. 일 년 가까이 지나도록 거의 말이 오가는 일이 없었다고 봐야 할 것이다. 결국 대리인은 자기 자리를 포기하고 다른 나라에 있는 학교로 옮겼다.

그 뒤 부활절 방학이 시작되었다. "개학을 하자 마치 완전히 새로운 교사들이 와 있는 것 같았다."며 에냐 리겔은 당시 분위기를 떠올렸다. 대리인이 학교를 떠남과 동시에 이 여교장이 어떤 어려움도 극복해내고 학교를 운영할 것임을 인정하는 듯했다. 한 교사가 꽃다발을 안고 여교장을 맞았다. "이제 일할 때가 되었군요."라고 그가 말했다. 이 모든 과정을 통해 교사들도 다시금 그들이 교사가 되기로 결심하던 첫 마음을 떠올리는 듯했다. 좋은 수업을 하고 교사와 학생이 더불어 다니고 싶은 학교를 만들어나가는 것 말이다.

첫 몇 달간의 긴장이 한꺼번에 풀리기라도 한 듯 갑자기 물꼬가 터졌다. 기존의 낡은 관습과 작별을 고하고 이제 스스로 학교의 역사를 써나가는 일에 동력이 생겼다. 10세에서 16세 사이의 다루기 힘든 청소년들이 다니는 학교를, 처음부터 모든 것을 아비투어에 목표를 두지 않고 만들어나가는 작업이다. 교사와 교장은 수업과 학생들 그리고 자기의 활동을 정확히 관찰하고 자기 자신도 다른 교사가 관찰할 수 있도록 할 것을 서로 약속했다. 이는 학교의 전체 분위기가 완전히 바뀌어야 가능한 일이다. 불신을 줄이고 서로를 신뢰하기. 다른 사람의 약점과 다치기 쉬운 곳을 들추어내기보다는 장점을 살려주고 약점을 존중하기.

새로운 학교 일상을 위한 이 같은 정책에 하나의 정답이 있는 것은 아니었다. 단, 교장으로서 지켜야 할 한 가지 불문율이 있었다. 즉, 신뢰란 다른 사람에게 요구함으로써 얻어내는 것이 아니라 내가 다른 사람에게 믿음을 주어야만 얻을 수 있다는 사실이다. 그것도 되도록이면 많이, 넘친다 싶을 정도로. 이 규칙을 모르는 이라도 그것이 침해되면 누구나 느낌으로 안다. 특히 교사들은 이에 매우 민감하다.

에냐 리겔은 날이 갈수록 학교를 이끌어간다는 것은 '주변을 살피며 운영하는 것'이라고 이해하게 되었다. 관찰하고, 묻고, 의견이 다를 때는 맞서기도 한다. 항상 하나의 인간으로 참여할 것 그리고 색깔 없는 중재자가 되지 말 것. 왜냐하면 "삶은 삶을 통해서만 생성되기 때문이다". 장 폴의 말에서 따온 이 인용구는 심리학자이자 교사이기도 한, 그녀의 절친한 가족과도 같은 친구, 힐드부르크 카거러가 그녀에게 해준 말이었다.

이렇게 비탄에 잠긴 한 해를 넘기며 이 여교장은 교사회의 시험을 통과한 셈이었다. 교사들은 그녀가 어떤 사람인지, 그녀의 진심이 무엇인지를 알고자 했다. 그녀를 믿을 만한 인간으로 받아들일 수 있는

가, 혹시 저항하는 티나 내려는 공무원 나부랭이는 아닐까를 시험하
고자 했다. 그러자 예상치 못했던 도움의 손길이 밖에서 뻗쳐왔다.

에냐 리겔의 장인시대

1985년 헤센 주 의회는 5학년과 6학년을 각각 심화과정으로 편입
시켜 아이들이 4년간의 초등학교 과정의 연속선상에서 2년을 더 함
께 보낼 수 있도록 하는 법안을 통과시켰다. 이 심화과정은 초등학교
혹은 종합학교에 편입시킬 수 있도록 하였다. 이에 헬레네 랑에 학교
는 5학년과 6학년 과정 없이(여기에 더해 중등단계 상급과정도 없이) 그
대로 김나지움으로 갈 것이냐 아니면 종합학교로의 변혁을 감행할
것이냐 하는 기로에 서게 되었다. 어떻게 해야 할까? 불현듯 더 나은
수업을 위한 아이디어뿐 아니라, 위기에 처한 학교의 운명을 이끌 비
전이 절실해졌다. 학교로서는 그 목적을 달성하기 위한 전략이 필요
했다. 누군가의 이끎이 필요해졌다. 독일에서는 과거사로 볼 때 입 밖
으로 꺼내기 어려운 말, 독재와 동일시될 수도 있는 말이다.

이끈다는 말이 다른 뜻을 가질 수는 없을까? 외부에서의 위협은
근본적인 논쟁을 제한했다. 실행을 해야 하는 시점이 왔다. 이 문제
는 지역구별로 배정되는 학생들을 임의로 떠안지 않는 학교 모델을
제시하는 것이기도 했다. 헬레네 랑에 학교는 시장에서 학부모와 학
생들의 바람과 이익을 충족시킬 수 있어야 한다. 사람들은 어떤 학교
를 필요로 하는가? 교사회로서는 낯설지만 생동감 돌게 하는 도전이

었다. 이러한 때를 위하여 에냐 리겔이 예비되었다고 해도 과언이 아닐 것이다.

그녀는 실습과 도제기간을 통해 그녀가 원하는 것이 무엇인지를 이미 깨닫고 있었다. 어린이들과 청소년들이 더는 소속감을 느끼기 위해 찾아 헤매지 않아도 되는 종합학교. 신물 나게 듣는 소리, "난 어디에 속하나요?"라는 물음은 이제 그만 나오도록 하자. 그러나 어떤 경우에도 학생들이 기차역의 미아처럼 느끼는 그런 종합학교가 되어서는 안 된다. 배우는 공장으로서의 학교는 그녀 자신이 이미 겪지 않았던가. 그녀는 무엇보다도 김나지움의 전통 위에 많은 부분 잊혔던 개혁교육학의 정신을 접붙이고자 했다. 끊임없이 "이제 내가 뭘 하면 돼요?"라고 묻는 것이 아니라 스스로가 무언가를 간절히 원해야 한다. 학교는 배우는 인간이 가진 그 본연의 자유, 즉 성취와 실패를 거듭하는 경험을 통해 다음 발걸음을 내딛는 그 자유를 스스로 만끽하는 곳이어야 할 것이다. 이렇게 본다면 학교가 처한 위험은 하나의 행복한 기회이기도 했다. 곤경과 필요에 의해 건설적인 행동을 할 수밖에 없는 상황이 되었다. 곤경과 필요에 의해 발걸음을 떼는 것이다. 이 상황에서 절실히 요구되는 것은 에냐 리겔의 가장 핵심적인 동력의 근원이기도 했다. 즉 '원해도 된다', 나아가 '원해야 한다'는 정신이다.

이것이 학교 일상에서 의미하는 바는 무엇인가? 교사회가 종합학교로 전향할 것을 결정하고 학교 전체회의에서 학부모들이 이에 동의한 뒤에는 실제 변화를 감행할 일만 남았다. 가장 먼저 교사들이 한 일은 작은 모둠을 지어(한 차에 가득 태울 만큼) 각각 새로운 교육을 시도하고 있는 다른 학교들을 견학하는 것이었다. 이중에는 하나의 커다란 마을처럼 만들어놓은 빌레펠트 실험학교(Bielefelder Laborschule, 빌레펠트 대학 부속 실험학교. 하르트무트 폰 헨티히가 설립 – 옮긴이), 소규모로 한눈에 들어오는 학교들을 그보다 큰 단위의 학교에 접목시킨 카셀 발다우 종합학교(Gesamtschule Kassel-Waldau), 정규 학교과정 졸업과 동시에 수공예교육 과정 및 도제시험을 볼 수 있도록 한 오덴발트슐레(Odenwaldschule) 등이 있었다. 모든 것을 무에서 창조해야 하는 것은 아니었다. 만일 에냐 리겔이 실습 및 도제기간에 가지고 있던 생각들을 교사회에게 가르치려 들었다면 아무 소용 없었을 것이다. 교사들은 스스로 대안을 찾아가기를 원했고 또 그리해야만 했다. 이렇게 해서 새로운 것을 그 현실적 제약 속에서 실현해 나가는 작업을 했다. 동시에 전체를 조망하는 누군가를 곁에 두고 있다는 것이 그들에게는 커다란 장점이었다.

이제는 혁신이 필요했다. 즉 교사들은 지금까지와는 다른, 그러면서도 더 나은 형태와 내용의 수업을 학생들에게 제공해야 했다. 새로운 것은 항상 두려움을 동반한다. 교장은 최대한 교사들의 어깨를 가볍게 해주어야 했다. 한 예를 들어보자. 기존의 수업계획표는 교육내용을 과목별로 나누어 배우도록 규정하고 있다. 그러나 프로젝트 작업을 통해 훨씬 더 효율적인 학습이 가능한 경우가 있다. 그래서 생물, 화학, 독일어, 사회학과목 그리고 예술과목을 분리하지 않고 프로젝트 수업 안에서 통합해 다루도록 하였다.

학교가 이렇게 해도 되나? 학부모와 교사들이 이렇게 물어오면 여교장은 한결같이 대답했다. "물론이죠." 수업계획표라는 것은 어떤 방향성을 제시해주는 것이지 일일이 따라야 하는 사용설명서가 아니라는 것이었다. 그리고 계획대로 시행될 수 있도록 하는 책임은 모두 교장이 지겠다고 했다. 그냥 말로만 그런 것이 아니었다. 교사들은 프로젝트의 결과에 대해 물어오는 교장에게 성실히 답해야 할 의무를 졌다. 교장실은 외부로부터 교사들의 자율권을 보호해주는 한편 안으로는 스스로가 일정 거리를 두고 내부활동을 감사하고 평가하는 역할을 했다. 그러나 교육당국은 이를 곱지 않은 시선으로 봤다. 얼마나 불신이 깊게 자리 잡고 있는가! 그러나 이들조차 여러 해에 걸쳐 이 자율적인 학교의 성취를 보며 차츰 설득을 당하게 된다. 적지 않은 이들이 이 학교가 자유방임주의의 의미로 학생들을 각자 하고 싶은 대로 하도록 방임하는 게 아니냐고 우려했으나, 오히려 시간이 흐를수록 이 학교의 학생과 교사가 하나같이 자기의 능력을 썩히지 않고 최대의 역량을 끌어내려 하는 모습을 보게 된 것이다.

학교에서 새롭게 시도하는 학습방식은 시 교육청, 학부모 혹은 공공을 상대로 비밀리에 진행된 적이 단 한 번도 없다. 최근 들어 자주 인용되는 에냐 리겔의 유명한 말이 있다. "우리가 종종 장학관인 모스 씨에게 우리는 좀 다르게 했으면 한다는 의사를 표명하는 건 사실입니다. 그러나 우리는 그가 우리의 제안을 거부할 수 있을 정도로 실은 충분히 그를 배려하고 있습니다." 어쨌든 에냐 리겔의 이 말은 1993년 한 텔레비전 방송을 탔다. 비밀리에 하는 것은 이런 건 아닐 것이다.

변혁의 초반기에 여교장은 실제로 학교에서 이미 오래 전부터 통합교과형 연간학습계획을 짜고 있을 때, 교육청에는 기존 수업 체제대로 구성된 과목별 시간표를 제출했다. 교육청에서 이 사실을 사전에 알았더라면 어떻게 했을까? 또 자기들이 시범적으로 운영하고자 하는 일이 실은 교육청의 허가를 받지 못했다는 사실을 알게 되었을 때, 교사들이 과연 적극적으로 행동에 나섰을까? 비밀리에 진행된 일이 나름의 성공적인 결과를 가져온 뒤에야 교육청은 기존 질서를 깬 행위를 납득하고 나아가 축하해줄 수 있는 여유를 가질 수 있었다. 교장실이 아니면 누가 이 악순환의 고리를 끊을 수 있었겠는가?

교육청 지시에 따르면 모든 종합학교에서는 학생들을 그 성취도에 따라 차등을 두어 가르치도록 되어 있다. 이에 따라 모든 학교에서는 학생들을 여러 집단으로 나누었다. 에냐 리겔과 그 동료교사들은 이 지시문을 자세히 읽어내려 갔다. 여기에는 단지 차등을 두어야 한다고만 나와 있지 학생들을 여러 집단으로 나누어야 한다든지 학급이나 교사를 따로 두어야 한다든지 하는 내용은 명시되어 있지 않았다. 따라서 이 지시문을 다르게 해석하였다. 즉, 학급 단위 내 차등을 두는 것이다. 훗날 정부측 인사는 "그렇군요, 리겔 선생님. 이 문장은 해석의 여지가 있군요."라고 인정할 수밖에 없었다. 교장은 때론 이렇게 여우처럼 교활해야 한다.

헬레네 랑에 학교처럼 대범한 발걸음을 내딛기 위해서는 물론 자기가 올바른 길 위에 서 있다는 확신이 있어야 한다. 또 실수를 잘못으로 보지 않고, 오히려 현재 자기가 서 있는 자리를 더 잘 이해하도록 해주는 지표로 삼을 수 있는 강단이 있어야 한다. 교장실은 학교가 마음 놓고 자기를 모험에 던질 수 있도록 안정감을 주어야 한다.

이런 의미에서 이끈다는 것은 부담을 주는 것이 아니요, 힘이라는 것은 권력을 쥐는 행위가 아니다. 여기서 독일어로 힘(Macht)은 오히려 영어의 파워(Power)라는 단어로 이해할 수 있다. 철학자 한나 아렌트(Hannah Arendt)는 독일어의 힘(Macht)이라는 말의 어원을 원함 혹은 좋아함(Mögen)에서 찾으며, 힘이란 사람들이 자기 삶과 관계를 다른 사람들과의 약속을 통해 형성해가는 과정에서 생성되는 것이라 보았다. 바로 이런 일이 일어난 것이다. 헬레네 랑에 학교에서는 많은 힘이 교사팀으로 넘어갔다. 여기서 넘어갔다는 건 무얼 뜻하는가? 교사들은 팀을 이루어 협동함으로써 지금까지와는 전혀 다른 새로운 경험을 하게 된다. 무엇보다 함께한다는 것이 얼마나 즐거운 일이며 혼자 동떨어져 있을 경우 얼마나 많은 힘이 소모되는지를 경험한다. 각각의 교사팀은 사소한 것을 쟁취하기 위해서 그 힘과 영향력을 소모하는 것이 아니라, 모두를 위한 힘을 확충하기 위해 서로 관심을 쏟았다. 이들은 마치 여러 가지 실험이 이루어지는 연구소의 연구원과도 같았다. 전통적인 권력집단에서는 힘을 쓰는 데 관심이 많다. 그렇게 함으로써 자기들이 키운 힘을 갈기갈기 찢어버린다. 이런 역사 때문에 힘이라는 것은 부정적 의미를 가지게 되었다. 이제 우리는 다시 어떻게 하면 힘을 생성시킬 수 있는지를 배워야 한다. 헬레네 랑에 학교는 이렇게 힘을 생산해내는 데 성공했다. 이 사실만 보더라도 이 학교가 시대의 부름에 응하고 있음을 알 수 있다. 에냐 리겔은 각각의 교사들이 자기가 가진 능력을 발견하도록 깨우쳤다. 그것이 설혹 학습계획 어디에도 나와 있지 않은 것이라도 말이다. "또 무엇을 할 줄 알죠? 플루트를 부나요? 줄타기를 할 줄 아나요?" 그녀는 교사채용 면접 때 번번이 이 같은 질문을 했다. 에냐 리겔은 학교를 마치 사람수집가처럼 운영했다. 그녀는 이내 재능 카드라는 것을 만들었다. 누군가가 그가 한 일로 이 여교장을 설득하거나 놀라게 하면 그녀는 바로 그를 찾아가 혹시 언젠가 헬레네 랑에 학교에 와서 일해볼 의향이 없느냐고 물었다. 꼭 교사여야 한다는 법이 있는가? 실습교사나 인턴십으로 와 있는 사람이 특출난 재능을 보이거나 눈에 띄는 연극연출가를 발견하는 날이면, 그녀는 이들을 재능카드에 기록해두었다. 경영인들이 이런 식으로 일한다. 그런 면에서 에냐 리겔은 마치 경영인과도 같았다. 일반적으로 학교장들은 교사들이 자기 학교에 배치될 때까지 기다린다. 경영인은 기대치에 못 미치는 성과를 거두는 근로자를 파면시킬 수 있다. 그러나 학교장은 그렇게 할 수 없다. 그렇기 때문에 재능카드라는 것은 교장이 큰 인내심을 가지고 있을 때에야 비로소 의미가 있는 것이다. 어떨 때는 한 사람을 얻기 위하여 몇 년을 기다려야 할 때도 있다.

이 사람수집가이자 경영인으로서의 자질을 동시에 갖춘 여교장의 강점을 보여주는 또 다른 예가 있다. 종합학교에는 목공소, 직물 및 옷감을 다루는 작업실, 자전거 공방, 요리실, 인쇄소 그리고 연극 연습실이 있다. 그리고 몇몇 교사만이 여기서 학생들과 함께 작업을 할 만한 전문 지식과 능력을 갖추고 있었다. 따라서 이 공간들을 실제로 사용하는 경우는 아주 드물었다. 예를 들어 요리실에서 더 많은 시간을 할애해 줄 인력이 없었다. 에냐 리겔은 오늘날 경영이론상 모범 경영 사례(실무 현장에서 가장 일을 잘하는 사람의 업무수행 방식. 보통 과거 시점에 귀속된 경우를 말함. ‒ 옮긴이)를 뒤엎는 차세대 경영에 해당하는, 즉 올바르며 용감한 다음 발걸음을 뗀 것이다.

그녀는 대기 중인 실업인력을 채용했다. 노동청에서는 이를 무척 반겼다. 사회복지부에서는 합법적으로 난민 명단에 오른 이들 가운데 학교에 채용할 만한 이들을 알선해주었고 학교로서는 그들에게 임금을 지급하지 않아도 되기 때문에(이들의 임금은 노동청에서 전액 지급함. – 옮긴이) 일거양득인 셈이었다. 얼마 지나지 않아 학교에는 재단사, 요리사, 화가, 목공업자 그리고 연극연출가들이 생동감 넘치게 활동을 시작했다. 어떤 해에는 다양한 작업실에서 일곱 명이나 되는 외부인력이 함께 일한 적도 있다. 이들 중 교사교육 과정을 이수한 이는 단 한 명도 없었다. 그러나 학생들의 입장에서 이 현장활동에 능한, 먼 나라에서 온 '외교관'들은 더할 나위 없이 풍성한 배움을 가져다주었다.

이 여교장에 대한 이야기들은 어쩌면 듣는 이들에게 자화자찬처럼 비칠지도 모른다. 자화자찬 맞다. 그러나 어디까지나 30퍼센트만 그렇다. 나머지 70퍼센트는 스스로에 대한 비판적 시각이다. 그녀는 자기 속으로 바깥세계가 흘러들어오는 것을 원하여 스스로가 교사들과 학생들의 입장에 서기를 주저하지 않았다. 그들은 이 교장선생님을 진심으로 존경하였다. 에냐 리겔은 몇 해에 걸쳐 적극적으로 게롤드 베커에게 자문을 구하고 비판받고 조정하기를 마다하지 않았다. 곧 게롤드 베커는 교사팀의 자문역할을 했고 이후 십여 년이 넘도록 헬레네 랑에 학교의 충실한 조언자가 되었다. 이처럼 외부에서 수정과 보완작업을 도와주는 이들이 있었기에 여러 가지 결정과 행동방식이 상당부분 긍정적으로 조정될 수 있었고, 스스로는 인식하지 못할 잘못들을 바로잡을 수 있었다. 이러한 과정이 없었다면 지금의 헬레네 랑에 학교는 존재하지 않았을 것이다. 또한 여교장과 그 대리인 클라우스 슈발벤바흐(Klaus Schwalbenbach)의 협동작업도 큰 기여를 했다. 그는 많은 점에서 여교장과는 상반되는 면모를 갖추었기에 더할 나위 없이 이상적인 동업자이기도 했다. 슈발벤바흐는 에냐 리겔이 새로운 생각을 내놓을 때마다 우선 면밀하고 비판적으로 꼼꼼히 따져 물었다. 어떤 생각들은 너무 성급한 것으로, 또 어떤 것들은 실현 불가능한 것으로 판명나기도 했다. 그의 존재가 교장실에게 어떤 의미였는지 에냐 리겔은 그녀의 이임사에서 다음과 같이 표현했다. "제가 서커스에서 제멋대로 위태로운 동작으로 그네를 타는 동안 저 꼭대기에서는 제가 떨어지지 않도록 그가 그물을 조이고 있었죠. 그는 오케스트라에게 신호를 주고 조명이 제대로 비치도록 하는 존재였습니다." 부실한 곳을 꿰뚫어 보는 그의 신랄한 눈이 없었다면 이 학교는 아마 제 꾀에 제가 넘어갔을지도 모른다. 리겔에게 있어 슈발벤바흐는 그야말로 몸으로 일하는 살아 있는 평가자였다. 심지어 학교 지도부 선에서 일을 추진하기로 결정한 뒤에도 자질구레한 일은 그가 도맡아 했다. 그는 이 일을 즐겼다. 그는 행정업무의 대가였고, 그런 점에서 그는 이 분야에는 딱히 열정을 느끼지 못하던 에냐 리겔에게 더없이 좋은 파트너였다. 교장실은 이런 식으로 끊임없이 협업으로 일을 추진해나갔고 이들은 또다시 교사들과 힘을 합쳤다. 지휘자와 오케스트라 단원들 그리고 연주자가 모여, 마치 하나의 재즈 밴드처럼 서로의 음악을 가슴과 머리로 따라가다가 각자가 솔로로 나설 대목에서 멋지게 두각을 드러내는 것과 같았다. 이끌기 위해서는 권위가 필요하지만 이끄는 자는 이를 다시금 내려놓을 줄도 알아야 한다.

어쩌면 가장 중요한 것은 이 여교장이 자기가 다른 이들에게 바라는 것을 직접 행했다는 점인지도 모른다. 이러한 안팎의 일치야말로 신뢰의 바탕이 된다. 진정 훌륭한 학교장은 결코 '단순한 기능적 직무수행자'가 아니다. 이들은 자기가 하는 일을 체득할 줄 안다. 그러기 위해서 계획하고 있는 일들을 자기 스스로를 대상으로 시험하기를 주저하지 않는다. 따라서 좋은 지도자는 항상 어떤 불만족을 안고 간다. 좀 감정적으로 말하자면, 세상에 대해 '고통을 느끼는' 학교장은 좀 더 '열정적'이다. 지금까지 독일 안팎에서 지켜본 결과 열정을 다해 학교운동을 하는 이들 가운데 학교를 변화시킨 힘으로 자기 자신의 인생계획까지 변화시키지 않은 이가 없다. 이것이 바로 레싱(E. Lessing)이 천재에 대해 한 말과 같은 것이다. "그를 움직이는 것은 세상을 움직이고, 그의 마음에 드는 것은 세상의 마음에도 들었다. / 그가 즐기는 것은 세상 또한 즐겼다." 나는 감히 이 천재적인 여성에게 이 말을 바치고 싶다.

이미 말한 바와 같이 훌륭한 학교장은 단순한 기능적 직무수행자도, 연방법원장도 아니며 그저 '지금 여기를 살 줄 아는 한 인간'일 뿐이다. 이렇게 함으로써 일정한 위험부담을 안아야 하며 예상치 못한 문제들이 닥칠 것을 알면서도 이를 감수하는 것은, 그렇게 하지 않으면 우리 학교들이 '좀비'로 가득할 것을 알기 때문이다.

감사의 말

이 책은 지난 이십여 년간 힘들고 즐거웠던 모든 시간을 함께할 수 있었던 열정 넘치는 헬레네 랑에 학교 교사들이 없었다면 결코 쓸 수 없었을 것입니다. 제가 학교를 떠난 뒤 다시 한 번 저의 기억들을 되짚어가며 써내려 갈 수 있도록 힘을 실어준 모든 분께 감사의 마음을 전합니다.

아르민 베버(Armin Beber), 그는 헬레네 랑에 학교 졸업생이자 저의 좋은 친구로 저를 끊임없이 격려하고 긴장을 늦추지 못하도록 하는 분입니다. 그는 이 책의 발간을 위해서 자기의 소중한 시간을 내어주었을 뿐 아니라 이야기의 내용을 풍성하게 하는 데 많은 조언을 해주었습니다.

게롤드 베커, 거의 십 년이라는 세월 동안 헬레네 랑에 학교의 공식 자문위원이었던 그는 몇 해전부터는 저의 친구이기도 합니다. 그는 모든 글을 읽고 부분적으로 피드백을 주었습니다. 우리는 지난

1992년부터 학교를 어떻게 설명할지에 대해 함께 꾸준히 작업을 해왔습니다. 그래서 이 책에서는 그의 동의를 얻어 매번 각주를 달지 않고 그의 글을 인용한 부분이 있음을 밝힙니다.

라인하르트 칼, 그야말로 진정 헬레네 랑에 학교와 여러 독일 및 외국 학교들의 전문가이며, 이 책의 제목을 짓는 데 결정적인 영향을 주었습니다. 그는 날카로운 질문으로 제가 스스로의 행보를 일정 거리를 두고 비판적으로 되돌아볼 수 있도록 도와주었습니다. 그리고 '신념'을 가진 인간이 그 한계 속에서 행할 수 있는 바를, 그래도 그 정도면 잘 수행해냈다는 확신 또한 주었습니다.

이 책에서 언급한 몇 가지 이야기와 사례들은 《만들고 행동하고 표현하라(Das Andere Lernen, Entwurf und Wirklichkeit)》(알마, 2011)에서 인용한 것들입니다. 그 내용 없이 이번 책이 출간될 수 없었기에, 당시 그 책을 함께 집필한 모든 동료들에게도 깊은 감사의 말을 전합니다.

상상을 현실로 만든 혁신학교 이야기

꿈의 학교, 헬레네 랑에
Helene-Lange-Schule

초판1쇄 발행 2012년 2월 20일   **초판9쇄 발행** 2017년 5월 8일

지은이 에냐 리겔   **옮긴이** 송순재

펴낸이 전광철   **펴낸곳** 협동조합 착한책가게

주소 서울시 은평구 통일로 684 1동 3C033

등록 제2015-000038호

전화 02) 322-3238   **팩스** 02) 6499-8485

이메일 bonaliber@gmail.com

ISBN 978-89-954742-0-4 03370